제4판

유아교육기관에서의

유아생활지도

조운주 · 최일선 지음

창지사

머 리 말

최근 유아교육기관에서는 유아생활 부분에 많은 관심과 비중을 두어 지도하고 있다. 핵가족 및 결손가족 등과 같은 다양한 가족 구조가 형성되면서 과거 가정에 일임되어 온 영유아들의 기본생활습관 지도 부분이 유아교육기관의 중요한 역할로 인식되고 있는 실정이다. 특히 유아교육기관에서 장시간 생활하는 영유아들의 수가 증가하면서 유아교육기관에서는 가정에서 충분히 경험하기 어려운 갈등, 규칙, 친사회적 행동 등 집단생활에 필요한 사회적 기술들을 지도하는 역할을 담당하게 되었다. 더욱이 경쟁적인 사회 분위기, 가족의 해체 등으로 사회적 · 정서적 문제를 드러내는 유아들이 증가하면서, 이러한 유아들에 대한 지도 또한 유아교사들의 역할로 생각되고 있다.

이와 같이 생활지도에 대한 유아교사의 복합적인 역할과 책임 때문에 유아교사들은 실제적으로 어떻게 유아들의 생활지도를 해야 하는지 많은 어려움에 직면한다. 이에 이 책은 유아교육 현장에서 교사들이 유아들의 기본생활습관, 집단생활, 사회적 · 정서적 문제를 지도하는 데 필요한 지식과 구체적인 지도 방법을 중점적으로 다루었다.

그동안 생활지도와 관련되어 출판된 책들과 이 책의 다른 점은 첫째, 주제별로 유아의 행동 특성을 이해할 수 있는 이론과 함께 유아들의 문제행동을 파악할 수 있는 관찰 도구 및 관찰 방법을 제시하였다는 점이다. 이를 통해 유아행동에 대한 근원적인 이해를 돕고자 하였다. 둘째, 유아교육 현장에서 교사들이 경험했던 생활지도의 사례를 제시하여 문제원인 및 해결방법에 대해서 생각하고 토론할 수 있도록 하였다는 점이다. 이러한 과정을 통해 유아행동에 대한 합리적인 문제해결 방안을 모색하도록 하였다.

이 책은 크게 두 부분으로 구성되었다. 제1부에서는 유아생활지도의 정의 및 내용, 발달 특성, 유아의 행동에 영향을 주는 요인 및 유아의 행동 이해와 지도를 포함한 기초 이론을 다루었다. 제2부에서는 유아교육기관에서 유아의 생활지도에 필요한 실제 부분을 다루었다. 특히 실제 부분에서는 현장에서 가장 일반적으로 나타나는 유아의 행동을 중심으로 발달특성, 지도 내용 및 원칙, 문제 사례 및 지도 방법을 체계적으로 소개하여 유아교육기관에서의 생활지도에 도움을 제공하고자 하였다.

이 책의 이러한 특성 때문에 예비교사와 현직교사들에게 생활지도에 대한 실제적인 도움을 제공할 수 있을 것으로 생각한다. 더욱이 이번 개정을 통해서 생활지도의 내용을 2019년 개정 누리과정의 교육내용에 기초하여 제시하였고, 생활지도의 실제 부분에서 문제 행동의 경우, 유아교육 현장에서 빈번히 발생하는 내용에 초점을 맞추어서 수정하였다. 이러한 수정·보완의 노력에도 불구하고 여러 가지 부족함과 아쉬움은 남는다.

이 책은 지금까지 살아오면서 맺은 좋은 만남의 결실로, 많은 분들의 도움과 격려가 큰 힘이 되었다. 끝으로 이 책의 출판을 허락해 주시고 정성을 기울여주신 창지사 김기섭 사장님과 관계자 분들께 진심으로 감사드린다.

2020년 1월

저자 일동

차 례

제2부 유아생활지도의 실제 • 103

제6장 기본생활습관 지도 • 105

제7장 집단생활 지도 • 167

제8장 사회성 문제 지도 • 195

제9장 정서 문제 지도 • 221

제10장 발달지체 및 행동장애 지도 • 263

부록 • 287

참고문헌 • 317

PART 1

유아생활지도의 기초 이론

1 유아생활지도의 개념

1 유아생활지도의 정의 및 필요성

1. 정의

유아생활지도는 흔히 훈육, 버릇들이기, 유아지도, 유아행동지도 등 여러 가지 용어로 사용되어 왔다. 일반적으로는 훈육이라는 개념이 많이 쓰이고 있으며, 훈육은 유아의 행동을 변화시키거나 통제하려는 시도로 이루어지는 모든 행동이나 말로 정의되기도 한다(Marion, 1991). 훈육(discipline)은 라틴어인 'discipulus'에서 유래된 말로 지시하거나 가르치는 것을 의미한다(Klein, 2013). 전통적인 관점에서 훈육은 본보기가 되는 대상을 관찰하고 행동을 배우도록 하는 것이며, 바람직한 행동을 하도록 유아를 이끌고 바로잡는 일이라고 보았다. 그리하여 유아들은 권위나 통제에 순종하여 부모나 교사들이 바라는 것이나 옳다고 생각하는 것을 따르고, 바람직하지 못한 행동을 하였을 때는 벌이나 체벌을 통해서 통제를 받게 된다(Gatre, 1994).

이러한 전통적인 훈육의 의미는 점차 발달심리의 연구와 아동중심적인 사상의 확산을 계기로, 어른에 의한 훈육보다는 유아 자신의 자율적인 자기 통제에 의한 훈육의 개념으로 수용되고 있다. 이로 인해 점차 훈육보다는 생활지도라는 용어를 사용하는 경향으로 변화되었다(Gatre, 1994).

이재창(1995)은 생활지도를 개인이 긍정적인 행동을 하도록 돕는 것을 의미하는 것으로 정의하면서, 개인으로 하여금 자기 자신과 주위세계를 잘 이해해서 현명한 선택과 적응을 하여 건전한 사회의 일원으로서 성장 · 발달할 수 있도록 하는 일련의 지속적인 조력 과정이라고 하였다. 김충기(1997)에 의하면 생활지도는 일상생활에서 교육, 가정, 신체, 도덕, 정서 등의 문제를 스스로의 힘으로 해결할 수 있도록 돕는 것이며, 개인의 흥미, 적성, 능력, 성격 등 인격적인 특성과 잠재력을 이해하고 발견하여 이를 최대한 발전시켜 나가게 하는 것이라고 하였다. 공석영 등(2000)은 유아의 생활지도란 유아가 자기 자신과 자신이 살고 있는 환경에 대한 이해와 통찰을 통해 자율적이고 자주적인 생활습관을 가지고 보다 안정되고 통합된 성장 · 발달을 할 수 있도록 조직적이고도 전문적으로 도와주는 교육활동을 의미한다고 하였다.

이상의 생활지도에 대한 개념을 종합하면, 유아의 생활지도는 사회적 요구에 기초하여 전 생애에 거쳐 유용한 기술을 발달시키고 긍정적으로 행동하게 도우며, 일상생활에서 문제를 스스로 해결하도록 도와주는 과정이다. 또한 자신의 개인적인 특성을 이해하여 최대한 잠재력을 개발할 뿐 아니라 주변 세계를 잘 이해하여 현명한 선택을 하고 잘 적응하여 건전한 사회 일원으로 성장 발달할 수 있도록 지원해주는 과정이라고 볼 수 있다.

따라서 유아교육기관에서의 생활지도는 유아들이 자기 자신에 대한 이해와 더불어 자신을 둘러 싼 다양한 세계를 살아가는 데 필요한 올바른 지식과 태도, 기술을 형성하도록 방향을 제시하거나, 정보와 조력을 제공하는 등 유능한 사회구성원으로 성장하도록 돕는 과정으로 정의할 수 있다.

2. 필요성

유아기는 변화 가능성이 높은 인생의 초기단계로, 이 시기의 바람직한 생활지도는 미래의 성장과 발달에 크게 기여할 수 있다. 따라서 유아들이 앞으로 직면하게 되는 다양한 변화에 대응하여 살아갈 수 있도록 적극적인 생활지도가 필요하다. 생활지도의 필요성을 사회적 차원과 개인적 차원에서 살펴보면 다음과 같다.

1) 사회적 필요성

가족구조의 변화, 문제행동의 증가 및 기관에서의 생활지도 비중의 확대 등 사회가 급속히 변화함에 따라 유아생활지도의 필요성이 더욱 강조되고 있고, 유아교육기관에서의 생활지도의 필요성이 높아지고 있다. 생활지도에 대한 사회적 필요성을 구체적으로 살펴보면 다음과 같다.

첫째, 가족구조의 변화로 인해 생활지도가 필요하다. 유아들은 미숙하고 의존적인 경향성을 갖고 있으므로 가족의 영향을 많이 받을 수밖에 없다. 그런데 현대의 가정은 부모와 자녀만으로 이루어진 핵가족의 확대로 인해 과거 대가족 제도에서 조부모와 여러 형제 사이에서 자연스럽게 이루어지던 교육적 기능과 사회적 기능은 약화되고 있는 실정이기 때문에 생활지도가 더 필요하다.

둘째, 유아교육의 확대에 따라 유아교육기관에서의 생활지도의 필요성이 증가하였다. 유아교육이 점차 일반화되고 공교육화 되어감에 따라 대부분의 유아가 유아교육기관에서 교육받을 기회가 확대되고 있다. 더욱이 여성의 사회적 진출이 증가되면서 어머니가 제공하는 양육이나 교육의 기회가 상대적으로 줄어들고 유아교육기관에서의 교육에 대한 요구가 증가하고 있다. 이러한 사회적 현상은 유아교육기관의 역할 확대 및 생활지도의 필요성을 부각시킨다.

셋째, 문제행동의 증가로 유아기의 생활지도가 더욱 필요하게 되었다. 이혼 가정, 한부모 가정, 조손 가정 등 가족의 해체는 유아의 심리적 안정에 부정적인 영향으로 작용하고 있는 실정이다. 이로 인해 사회적으로 청소년 비행이 증가하고 있고, 그 연령이 점차 낮아지고 있는 실정이다. 청소년 비행의 원인이 유아기에서 비롯된다는 종단적 연구의 증거들이 이미 제시된 바 있다. 따라서 인성의 기본적 틀이 완성되는 유아기부터 생활지도를 통한 긍정적인 행동 지도가 필요하다.

2) 개인적 필요성

개인적 측면에서의 생활지도의 필요성은 기본생활습관 형성, 개인의 잠재능력 발달 및 성격 형성 측면에서 설명할 수 있다. 구체적으로 개인적 필요성을 살펴보면 다음과 같다.

첫째, 유아가 사회생활을 하는 데 필요한 바른 기본생활습관을 형성하기 위해서 생활지도가 필요하다. 기본생활습관은 타인과의 원만한 관계형성에 있어 중요한 기초가 될 뿐 아니라 앞으로의 전인발달에서도 중요한 역할을 하므로 생활지도를 통해 올바른 기본생활습관을 형성하도록 해야 한다.

둘째, 원만한 성격형성을 위해서 생활지도가 필요하다. Freud(1948)는 인생초기의 경험이 성격형성에 절대적인 영향력을 미친다고 주장한 바 있다. 또한 Erickson(1950)은 신뢰감, 자율성 및 주도성과 같은 성격요인을 유아기를 비롯한 어린 시절에 이루어져야 할 과업으로 보았다. 일관성 있고 안정된 생활지도를 경험한 유아들은 제한이나 결과에 대한 신뢰감을 형성하게 될 뿐 아니라 나아가 자신을 적절하게 규제하는 능력을 학습할 수 있다(Klein, 2013). 따라서 유아기에 원만한 성격형성이 이루어지도록 지도하는 것이 개인의 성장 발달의 근거를 마련하고 문제예방과 성장촉진에 도움이 됨을 주지해야 한다.

셋째, 유아가 자기 자신을 제대로 알고 개인이 가지고 있는 잠재적인 능력의 발달을 도모하기 위해서 생활지도가 필요하다. 유아는 생활지도를 통해 자신의 발달적 측면에 대한 이해를 도모하고, 자신의 잠재적인 능력을 발견할 수 있는 기회를 가질 수 있다. 즉, 유아는 생활지도를 통해 자신에 대한 이해를 증진하여 자신의 능력을 신장시킬 수 있다.

2 유아생활지도의 목표

생활지도는 개인 유아 스스로가 자신이 당면해 있는 생활이나 사회를 이해하고, 나아가 교육적 · 사회적 · 신체적 · 도덕적 문제 등을 해결할 수 있는 능력을 함양하도록 도와주며, 자신의 잠재력을 향상시키도록 지원해 주는 과정이다. 모든 사람들은 유아가 바람직한 행동을 할 수 있도록 지도하는 것이 중요하다는 것에 동의할 것이다. 그러나 바람직한 행동이 무엇인지를 규정하는 기준은 사람마다 다르며 시대나 문화, 그리고 유아의 연령에 따라서도 차이가 있다.

유아생활지도는 궁극적으로 모든 유아가 안정되고 건전하며 통합된 성장과 발달을 이루도록 돕는 교육적 활동이다(안영진, 2014). 따라서 유아생활지도의 목표를 설정함에 있어, 단순히 사회에서 필요로 하는 지식, 기술, 태도를 수동적으로 수용하는 유아보다는 사회에서 필요한 역할을 유능하게 수행할 수 있는 유아로 성장하도록 지도하는 것에 초점을 두어야 한다. 이에 유아의 장기적인 생활지도 목표를 제시하면 다음과 같다(안영진, 2014; 장선철, 1995; Fields & Boesser, 1994).

첫째, 유아가 기본적인 생활습관을 형성하여 신체적으로 건강하게 한다. 영유아기는 기본적인 습관이 형성되는 시기로 바른 습관을 형성하도록 지도하는 것이 필요하다. 식사지도, 대소변 훈련, 청결 및 안전지도, 수면지도, 인사 지도 등을 통해 일상생활에서의 바른 습관을 형성하고 신체적인 건강을 유지할 수 있다.

둘째, 유아가 긍정적인 자아존중감을 갖고 성장하도록 돕는다. 자기 존중감은 자신에 대한 가치, 자신의 능력, 자신의 영향력의 3요인에 의해 결정된다(Marion, 1991). 이는 자신뿐 아니라 타인으로부터 가치를 인정받고 존중받으며, 자신이 상황을 조절할 수 있도록 허용될 때 키워진다. 특히 긍정적 자아존중감은 타인으로부터 유아가 존중받고 정당하게 평가받는 것에서 강화되므로, 유아가 어떻게 취급받는가는 중요하다. 따라서 생활지도는 유아를 한 인격체로서 존중하는 것에서 시작되어야 하며, 이를 통해 긍정적인 자아존중감을 갖도록 지원해야 한다.

셋째, 유아가 자기 통제력을 갖도록 성장시킨다. 즉, 유아를 위한 생활지도의 목표는 타인이 강요하여 따르기보다는 개인적 가치와 사회적 기대에 맞게 자신의 행동을 내적 · 자발적 으로 조절할 수 있는 자기 통제력을 증진시키는 것에 있다.

넷째, 유아에게 도덕적 자율성을 갖도록 한다. 생활지도는 다른 사람의 관점을 고려하여 스스로 도덕적 판단과 결정을 내리는 능력인 도덕적 자율성을 함양하게 한다. 따라서 유아가 도덕적 자율성이 발달되기를 기대한다면, 생활지도 시 벌이나 보상을 사용하여 행동을 제재하는 방법보다 유아 스스로 자신의 도덕적 가치를 형성하도록 격려해야 한다.

다섯째, 유아의 문제해결능력을 신장시킨다. 생활지도를 통해 경험하게 되는 갈등이나 문제 상황들을 적절하게 해결하는 방법들을 경험함으로써 현명하게 문제를 해결하거나 판단하는 능력을 기를 수 있도록 지원해야 한다.

여섯째, 유아의 전인적인 성장과 발달을 돕도록 한다. 생활지도를 통해 유아가 신체적, 인지적, 사회적, 정서적으로 조화되고 인생을 즐길 수 있도록 돕는다. 특히 긍정적인 성격과 정서적인 안정이 이루어지도록 지원하고, 원만한 대인관계를 형성할 수 있도록 한다.

3 유아생활지도의 내용

유아생활지도의 내용은 국가 수준의 교육과정에 기초하여 구성할 수 있다. 2019년에 고시된 개정 누리과정은 유아가 놀이를 통해 심신의 건강과 조화로운 발달을 이루고 바른 인성과 민주 시민의 기초를 형성하는 것을 목적으로 한다(교육부,

2019a).

2019 개정 누리과정의 영역별 생활지도 내용을 살펴보면 다음과 같다. 먼저 신체운동 · 건강영역은 유아가 자신의 몸에 관심을 가지고 신체활동에 즐겁게 참여하며, 건강하고 안전한 생활을 해 나가는 다양한 경험과 관련된 내용이다. 신체운동 · 건강영역의 목표 및 내용범주는 유아가 다양한 신체활동에 참여하는 것을 즐기고, 청결과 위생, 즐거운 식사, 적당한 휴식을 통해 건강하게 생활하며, 일상에서 안전하게 생활하는 방법을 배우고 실천하는 내용으로 구성되었다. 이 영역의 목표는 '실내외에서 신체활동을 즐기고, 건강하고 안전한 생활을 한다' 로, 구체적인 하위목표는 '신체활동에 즐겁게 참여한다', '건강한 생활습관을 기른다', '안전한 생활습관을 기른다' 이다(교육부, 2019a).

신체운동 · 건강영역에서 생활지도에 해당하는 내용범주는 '건강하게 생활하기' 와 '안전하게 생활하기' 가 있다. '건강하게 생활하기' 는 유아가 스스로 몸과 주변을 깨끗이 하고, 즐겁게 식사하며, 자신의 신체 리듬에 맞게 휴식을 취하고, 질병을 예방하는 다양한 방법을 실천하는 내용이다. '안전하게 생활하기' 는 유아가 안전하게 놀이하고 생활하며, 자주 접하는 TV, 컴퓨터, 스마트폰을 바르게 사용하고, 안전하게 다닐 수 있도록 교통안전 규칙을 지키며, 안전사고, 화재, 재난, 학대, 유괴 등의 위험한 일이 발생하였을 때 도움을 요청하거나 대처할 수 있는 방법을 경험하는 내용이다(교육부, 보건복지부, 2019b).

사회관계 영역은 유아가 자기 자신과 다양한 삶의 모습을 이해하고, 다른 사람과 더불어 살아가기 위해 필요한 의미 있는 경험과 관련된 내용이다. 사회관계 영역의 목표 및 내용범주는 유아가 자신을 이해하고 존중하며, 친구와 가족, 또는 다른 사람들과 사이좋게 지내며 유아가 속한 지역사회와 우리나라, 다양한 문화에 관심을 갖는 내용으로 구성되었다. 이 영역의 목표는 '자신을 존중하고 더불어 생활하는 태도를 가진다' 로, 구체적인 하위목표는 '자신을 이해하고 존중한다', '다른 사람과 사이좋게 지낸다', '우리가 사는 사회와 다양한 문화에 관심을 가진다' 이다(교육부, 2019a).

사회관계 영역에서 생활지도에 해당하는 내용범주는 '나를 알고 존중하기'와 '더불어 생활하기'이다. '나를 알고 존중하기'는 유아가 자신을 나타낼 수 있는 것과 자신의 감정을 알고 상황에 맞게 적절하게 표현하며, 자신이 할 수 있는 것을 스스로 해 봄으로써, 긍정적인 자아존중감과 자율성을 경험하는 내용이다. '더불어 생활하기'는 유아가 가족의 의미와 소중함을 알며, 친구와 서로 돕고 양보, 배려, 협력하며 사이좋게 지내고, 사람들마다 감정, 생각, 행동이 각기 다름을 알고 존중하여, 친구와의 갈등을 여러 가지 긍정적인 방법으로 해결하는 내용이다. 또한 친구와 어른께 예의 바른 태도로 말하고 행동하며, 사회 공동체의 일원으로서 약속과 규칙의 필요성을 알고 지키는 내용이다(교육부, 보건복지부, 2019b).

2019 개정 누리과정 영역별 생활지도의 주요 내용을 제시하면 다음 〈표 1〉과 같다.

〈표 1〉 2019 개정 누리과정에서 생활지도와 관련된 영역 및 내용

영역	내용 범주	내용
신체운동·건강	건강하게 생활하기	자신의 몸과 주변을 깨끗이 한다.
		몸에 좋은 음식에 관심을 가지고 바른 태도로 즐겁게 먹는다.
		하루 일과에서 적당한 휴식을 취한다.
		질병을 예방하는 방법을 알고 실천한다.
	안전하게 생활하기	일상에서 안전하게 놀이하고 생활한다.
		TV, 컴퓨터, 스마트폰 등을 바르게 사용한다.
		교통안전 규칙을 지킨다.
		안전사고, 화재, 재난, 학대, 유괴 등에 대처하는 방법을 경험한다.
사회관계	나를 알고 존중하기	나를 알고 소중히 여긴다.
		나의 감정을 알고 상황에 맞게 표현한다.
		내가 할 수 있는 것을 스스로 한다.
	더불어 생활하기	가족의 의미를 알고 화목하게 지낸다.
		친구와 서로 도우며 사이좋게 지낸다.
		친구와의 갈등을 긍정적인 방법으로 해결한다.
		서로 다른 감정, 생각, 행동을 존중한다.
		친구와 어른께 예의바르게 행동한다.
		약속과 규칙의 필요성을 알고 지킨다.

이상 제시한 2019 개정 누리과정에 기초하여 다루어져야 하는 일반적인 유아생활지도 내용은 기본생활습관 지도와 집단생활 지도가 있다. 기본생활습관 지도와 집단생활 지도 이외에도 문제 행동을 나타내는 유아들에 대한 지도도 생활지도 내용으로 포함된다.

1. 기본생활습관 지도

기본생활습관이란 인간이 살아가는 데 기본이 되는 생활 전반의 지식과 기술 등을 포함한 행동 양식을 익혀 습관화하는 것을 의미한다. 이는 인간의 개인적인 필요 차원을 넘어 더불어 살아가는 사회구성원으로서 주변 환경과의 관계를 잘 관리하는 것으로 반드시 갖추어야 할 덕목이다.

올바른 기본생활습관은 그 사람의 성격형성이나 성장과 더불어 계속되는 사회화에 매우 긍정적인 영향을 끼치므로 유아기 초기부터 잘 형성되도록 지도해야 한다. 왜냐하면 유아기는 발달의 가소성을 가지고 있으므로, 습관이 어느 한 시점에 고착되기 이전에 좋은 습관을 가질 수 있도록 지도해 주어야 하기 때문이다. 기본생활습관의 지도 내용 및 지도방법은 다음과 같다.

1) 기본생활습관 지도내용

기본생활습관의 지도내용은 식사지도, 배변지도, 수면지도, 청결지도, 예절지도 및 안전지도이다. 2019 개정 누리과정에 근거하여 유아교육에서 다루어질 수 있는 기본생활습관 지도내용을 살펴보면 〈표 2〉와 같다.

〈표 2〉 2019 개정 누리과정에 근거한 기본생활습관 지도내용

누리과정			기본생활습관 지도내용	
영역	내용 범주	내용	영역	세부지도내용
신체운동·건강	건강하게 생활하기	몸에 좋은 음식에 관심을 가지고 바른 태도로 즐겁게 먹는다.	식사습관	• 음식을 골고루 먹기 • 적당량의 음식을 남기지 않고 먹기 • 몸에 좋은 음식과 나쁜 음식을 알기 • 음식을 천천히 꼭꼭 씹어서 먹기 • 음식을 먹기 전에 손을 씻고, 먹은 후에는 이를 닦기 • 바른 자세로 음식 먹기 • 음식을 자리에 앉아서 먹기 • 음식을 먹기 전에 감사하는 마음 표현하기 • 음식을 기쁘고 즐거운 마음으로 먹기 • 다른 사람이 식사를 마칠 때까지 기다리기 • 음식을 먹은 후에 자기 자리 및 그릇은 스스로 정리하기
		자신의 몸과 주변을 깨끗이 한다.	배변습관	• 규칙적으로 대소변을 보는 습관 기르기 • 대소변 후에 손 씻기 • 화장실에 들어가기 전에 노크하기 • 화장실 깨끗하게 사용하기 • 화장실에 있는 기기의 정확한 사용법 알기 • 화장실내의 휴지, 물, 비누 등을 아껴 쓰기
		하루 일과에서 적당한 휴식을 취한다.	수면습관	• 규칙적인 수면 리듬을 갖고 일정한 시간에 자고, 일어나기 • 잠투정을 하지 않기 • 자기 전에 음식물을 먹지 않기 • 자기 전에 대소변을 보고, 양치질 및 세수하기 • 자신의 옷과 침구를 스스로 정리하기
		자신의 몸과 주변을 깨끗이 한다. 질병을 예방하는 방법을 알고 실천한다.	청결습관	• 음식 먹은 후에는 이를 닦기 • 매일 아침저녁으로 세수하고 목욕 자주하기 • 식사전후나 대소변 후에는 손을 씻기 • 휴지는 쓰레기통에 버리기 • 자기물건이나 사용한 물건 정리하기 • 유아교육기관의 시설을 깨끗이 사용하기 • 공공시설물 깨끗이 사용하기

누리과정			기본생활습관 지도내용	
영역	내용 범주	내용	영역	세부지도내용
신체운동 · 건강	안전하게 생활하기	일상에서 안전하게 놀이하고 생활한다.	안전습관	• 안전사고의 위험성 인식하기 • 놀이기구나 놀잇감, 도구를 바르게 사용하기 • 안전한 곳에서 안전하게 놀이하기 • 차량이용 시 안전하게 행동하기 • 교통신호 지키기 • 미디어 바르게 사용하기 • 재난 및 사고 등 위험한 상황(낙상, 화재, 질식, 화상, 감전, 물놀이 등)에서 적절하게 대처하기
		TV, 컴퓨터, 스마트폰 등을 바르게 사용한다.		
		교통안전 규칙을 지킨다.		
		안전사고, 화재, 재난, 학대, 유괴 등에 대처하는 방법을 경험한다.		

2) 기본생활습관 지도원칙

유아에게 좋은 기본생활습관을 형성시켜 주기 위한 지도 원리를 소개하면 다음과 같다(이시용 외, 2000; 장선철, 1995; 정용부 · 고영인 · 신경일, 2003).

첫째, 유아의 자율성을 신장시키는 데 초점을 맞추어야 한다. 명령과 지시에 의한 맹목적인 복종을 요구하거나 강화나 보상의 원리만을 강조한 훈련은 장기적인 효과를 기대하기 어렵다. 따라서 유아 스스로 자신을 자율적으로 통제하고 문제를 자발적으로 해결할 수 있는 힘을 길러야 한다.

둘째, 유아들의 협동심을 신장시키는 데 초점을 맞추어야 한다. 유아의 기본생활습관은 자신과 관계된 사람과 주변 환경과의 관계를 고려함으로써 형성되기 때문에 서로가 공동의 목표를 위해 협력하는 성향을 키워 주어야 한다.

셋째, 실제 경험을 통한 체험교육이 되어야 한다. 실생활에서 유아들에게 바른 생활습관을 경험할 수 있는 기회를 충분히 제공하여 자신의 생각과 느낌을 표현하고 교환할 수 있게 함으로써 올바른 생활습관을 형성하도록 한다.

넷째, 체계적이고 지속적인 교육이 일관성 있게 이루어져야 한다. 기본생활습관은 한 가지 행동을 반복하는 과정에서 자연스럽게 정착될 수 있도록 규칙적으로 연습할 때 비로소 형성된다. 습관이란 하루아침에 형성되는 것이 아니므로 조급히 서두르지 않고 끈기와 인내로써 지도해야 한다.

다섯째, 유아에게 부모나 교사가 행동의 모범을 보여야 한다. 언어를 통한 일반적인 지시나 훈육보다 성인이 보여주는 모델은 유아들의 생활습관 형성에 영향을 주므로 바람직한 모델을 제공해 주어야 한다.

여섯째, 유아들이 스스로 하고자 하는 의욕, 즉 동기유발을 고려해야 한다. 이를 위해 교사와 부모는 유아 스스로 참여할 수 있는 환경을 조성하고, 유아가 바람직한 행동을 보일 때는 적극적인 칭찬과 격려를 제공함으로써 기본생활습관을 형성하도록 유도한다.

일곱째, 유아 개개인의 발달단계 및 습관형성의 시기를 고려해야 한다. 유아들은 개개인마다 발달속도 및 개인차가 있기 때문에 개인수준에 맞는 적절한 내용을 선정하여 지도할 필요가 있다.

여덟째, 유아의 기본생활습관 형성에 대한 주기적인 평가가 이루어져야 한다. 주기적인 평가를 통해 유아 개인별 특성수준을 파악하여 이를 교육활동에 반영함으로써 질적 변화를 도모할 수 있다.

2. 집단생활 지도

유아는 혼자서 생활하는 것이 아니라 가정의 구성원으로서, 유아교육기관의 구성원으로서, 그리고 지역사회의 구성원으로서 생활한다. 따라서 유아가 속해 있는 집단 속에서 유아에게 주어진 규칙이나 규범을 지켜나가는 것은 매우 중요하다. 집단생활 지도는 집단에 소속된 유아가 다른 사람과의 관계에서 생기는 문제를 자발적으로 해결하는 능력을 함양시키고, 집단규칙을 이해하게 하고, 친사회적인 행동을 증진시키는 것이다. 집단생활 지도내용 및 지도원칙은 다음과 같다.

1) 집단생활 지도내용

유아교육기관에서 다루어질 수 있는 집단생활 지도내용으로는 집단규칙, 갈등, 친사회적 행동을 들 수 있다. 2019 개정 누리과정에 근거한 집단생활 지도내용을 살펴보면 〈표 3〉과 같다.

〈표 3〉 2019 개정 누리과정에 근거한 집단생활 지도내용

<table>
<tr><th colspan="3">누리과정</th><th colspan="2">집단생활 지도내용</th></tr>
<tr><th>영역</th><th>내용
범주</th><th>내용</th><th>영역</th><th>세부지도내용</th></tr>
<tr><td rowspan="4">사회
관계</td><td>나를
알고
존중
하기</td><td>나의 감정을 알고 상황에 맞게 표현한다.</td><td rowspan="3">갈등</td><td>• 규칙 정확하게 알고 지키기
• 규칙위반 시 대응하기
• 소유 분쟁 해결하기</td></tr>
<tr><td rowspan="3">더불어
생활
하기</td><td>친구와의 갈등을 긍정적인 방법으로 해결한다.</td><td rowspan="2">• 침해행동에 대처하기
• 공격적인 행동에 대응하기
• 힘겨루기 최소화하기</td></tr>
<tr><td>약속과 규칙의 필요성을 알고 지킨다.</td></tr>
<tr><td>약속과 규칙의 필요성을 알고 지킨다.</td><td>집단
규칙</td><td>• 놀이규칙 알고 지키기
• 유아교육기관에서의 생활규칙알고 지키기
• 공공장소에서 규칙알고 지키기</td></tr>
</table>

누리과정			집단생활 지도내용	
영역	내용범주	내용	영역	세부지도내용
사회관계	더불어 생활하기	가족의 의미를 알고 화목하게 지낸다.	친사회적 행동	• 친사회적 행동의 필요성 인식하기 • 도와주기 • 양보하기 • 기다리기 • 예의바르게 행동하기 • 나누어 갖기 • 협동하기 • 감정이입하기
		친구와 서로 도우며 사이좋게 지낸다.		
		서로 다른 감정, 생각, 행동을 존중한다.		
		친구와 어른께 예의바르게 행동한다.		

2) 집단생활 지도원칙

집단생활지도를 위한 일반적인 원칙을 소개하면 다음과 같다(박성수 · 유효순, 1995; 정용부 · 고영인 · 신경일, 2003).

첫째, 규칙을 정한다. 규칙은 매우 구체적으로 분명하게 설명한다. 그러나 위협적인 전달은 바람직하지 않으며, 규칙이 왜 필요한가를 이야기한다.

둘째, 유아의 자기통제방법을 사용한다. 이 방법은 유아 스스로 잘못된 행동을 고치고 좋은 행동습관을 기를 수 있도록 격려하는 것이다. 구체적으로는 헛기침, 주시 등과 같은 신호를 사용하는 방법이나, 관심을 환기시키거나 유머를 사용하는 방법을 들 수 있다.

셋째, 상황에 따라 어려움을 극복하도록 돕는다. 일상적인 일을 예측 가능하게 하거나, 격리, 제지, 유혹적인 자극의 제거 등을 통해 지도하는 방법이다.

넷째, 현실적인 평가 방법을 사용한다. 유아에게 좀 더 건설적인 행동을 하도록 격려하고 앞으로의 결과를 예측해 보는 능력을 강화시키는 방법이다. 구체적으로는 행동의 결과를 설명하거나 규칙에 대한 한계 설정, 감정이 고조되거나 불안감이 조성된 상황의 사후검토, 유아의 행동을 분석하여 행동을 이해하도록 돕는 것 등을 들 수 있다.

다섯째, 벌은 부정적인 영향이 많으므로 신중하게 사용되어야 한다. 벌을 사용할 때는 분명하게 그 이유를 밝혀야 한다. 벌에는 특권의 박탈, 격리, 외부 권위에의 호소, 개별면담의 방법을 사용할 수 있다.

3. 문제행동 지도

1) 사회성 문제

발달이 왕성한 유아기는 한 개체로서 살아가려는 생리적인 욕구뿐만 아니라 애정, 소속감, 사회적 승인, 독점 등의 인격적, 사회적 요구가 강하게 나타나는 시기이다. 이 시기의 유아들은 그를 둘러싸고 있는 사회의 공통의 목표, 즉 사회적 행동의 규준이나 기대되어지는 역할, 행동에 맞도록 생활을 해야 한다(김충기 · 장선철, 2002). 하지만 그렇지 못할 경우 사회적인 문제행동을 나타내게 되는데, 구체적인 사회성의 문제행동 유형 및 일반적인 지도내용을 살펴보면 다음과 같다.

(1) 사회성 문제 지도내용

일반적으로 유아의 사회성 문제행동 유형에는 공격성, 고립, 거짓말 등이 있다. 2019 개정 누리과정에 근거하여 사회성 문제 지도내용을 살펴보면 〈표 4〉와 같다.

〈표 4〉2019 개정 누리과정에 근거한 사회성 문제 지도

<table>
<tr><th colspan="3">누리과정</th><th colspan="2">사회성 문제 지도내용</th></tr>
<tr><th>영역</th><th>내용범주</th><th>내용</th><th>영역</th><th>세부지도내용</th></tr>
<tr><td>신체운동·건강</td><td>안전하게 생활하기</td><td>일상에서 안전하게 놀이하고 생활한다.</td><td rowspan="3">공격성</td><td rowspan="3">• 공격적인 행동의 위험성 인식하기
• 다른 사람 또는 동물에게 상처를 입히지 않기
• 물건을 파괴하는 부정적인 행동 하지 않기
• 적절한 방법으로 감정 해소하기
• 긍정적인 방법으로 갈등 해결하기
• 적절한 방법으로 감정과 의사 표현하기</td></tr>
<tr><td rowspan="6">사회관계</td><td>나를 알고 존중하기</td><td>나의 감정을 알고 상황에 맞게 표현한다.</td></tr>
<tr><td>더불어 생활하기</td><td>친구와의 갈등을 긍정적인 방법으로 해결한다.</td></tr>
<tr><td rowspan="2">나를 알고 존중하기</td><td>나를 알고 소중히 여긴다.</td><td rowspan="4">고립</td><td rowspan="4">• 친구의 감정과 의도 바르게 이해하기
• 상황에 맞게 적절하게 반응하기
• 긍정적인 방법으로 문제 해결하기
• 긍정적인 상호작용방법 알기</td></tr>
<tr><td>나의 감정을 알고 상황에 맞게 표현한다.</td></tr>
<tr><td rowspan="2">더불어 생활하기</td><td>친구와 서로 도우며 사이좋게 지낸다.</td></tr>
<tr><td>친구와의 갈등을 긍정적인 방법으로 해결한다.</td></tr>
</table>

(2) 사회성 문제 지도원칙

사회성 문제는 사회 환경에 적응하기 위한 생활능력과 기술을 습득하지 못했거나 부모의 잘못된 양육태도로 인해 사회화되어야 하는 행동에 여러 가지 지장을 가져온 것이 원인이다. 사회성 문제를 가진 유아를 지도하는 지도원칙은 다음과 같다.

첫째, 사회적인 문제행동은 예방하도록 주의를 기울여야 한다. 즉, 문제가 표면화되기 이전인 초기 잠복상태에서 정확히 문제를 찾아내어 예방하도록 하는 것이 보다 효과적이다.

둘째, 외형적인 변화나 일시적인 개선보다는 심리적인 변화가 일어나도록 한다. 위협이나 벌을 사용하면 표면적으로는 즉각적인 효과를 얻을 수 있다. 하지만, 지속적인 효과를 기대할 수는 없음을 인식하고 심리적인 변화가 동반되도록 노력해야 한다.

셋째, 유아가 나타내는 문제행동은 언어로 표현할 수 없는 심리적인 긴장을 행동으로 표현한 것이므로, 표면적인 증상이 아닌 문제행동의 본질을 이해하고 근본적인 원인을 해결하도록 해야 한다. 이를 위해 유아의 내면세계를 이해하고 공감적인 태도를 취한다.

2) 정서 문제

유아는 어머니와의 기본적인 정서관계에서 그리고 그 후에는 유아를 둘러싼 가족이나 또래관계에서 심리적 갈등이 커지게 되면 정서 문제가 발생한다. 정서적인 갈등을 극복할 만큼 자아가 강하지 못하면 문제행동이 발생하게 되는 것이다(김나영 · 이승희, 2002). 정서적인 문제행동 지도내용 및 지도원칙을 살펴보면 다음과 같다.

(1) 정서 문제 지도내용

유아의 정서 문제와 관련된 행동 유형에는 격리불안, 대물 애착, 스트레스, 성적 문제, 미디어 중독 등이 있다. 2019 개정 누리과정에 근거하여 정서 문제 지도내용을 구체적으로 살펴보면 〈표 5〉와 같다.

〈표 5〉 2019 개정 누리과정에 근거한 정서 문제 지도내용

<table>
<tr><th colspan="3">누리과정</th><th colspan="2">정서 문제 지도내용</th></tr>
<tr><th>영역</th><th>내용범주</th><th>내용</th><th>영역</th><th>세부지도내용</th></tr>
<tr><td rowspan="4">사회관계</td><td rowspan="2">나를 알고 존중하기</td><td>나의 감정을 알고 상황에 맞게 표현한다.</td><td>격리불안</td><td>• 정서적 안정감 가지기
• 자신의 감정을 적절하게 표현하기
• 적응능력 기르기</td></tr>
<tr><td>나를 알고 소중히 여긴다.</td><td>대물애착</td><td>• 정서적인 안정감 가지기
• 자신에 대한 자신감 가지기</td></tr>
<tr><td>나를 알고 존중하기</td><td>나의 감정을 알고 상황에 맞게 표현한다.</td><td rowspan="2">스트레스</td><td rowspan="2">• 정서적 안정감 가지기
• 적절한 방법으로 부정적 정서 해소하기
• 자신의 감정을 적절하게 표현하기
• 친구와 긍정적인 상호작용 경험가지기</td></tr>
<tr><td>더불어 생활하기</td><td>친구와의 갈등을 긍정적인 방법으로 해결한다.</td></tr>
<tr><td>신체운동건강</td><td>안전하게 생활하기</td><td>안전사고, 화재, 재난, 학대, 유괴 등에 대처하는 방법을 경험한다.</td><td rowspan="3">성적문제</td><td rowspan="3">• 신체에 대해서 이해하기
• 자신과 타인의 몸의 소중함 인식하고 소중히 여기기
• 임신과 출산 과정에 대해서 이해하기
• 남자와 여자의 신체 특징 이해하고 존중하기
• 위험한 상황에서 자신과 타인의 몸을 보호하기</td></tr>
<tr><td rowspan="2">사회관계</td><td>나를 알고 존중하기</td><td>나를 알고 소중히 여긴다.</td></tr>
<tr><td>더불어 생활하기</td><td>친구와의 갈등을 긍정적인 방법으로 해결한다.</td></tr>
</table>

누리과정			정서 문제 지도내용	
영역	내용범주	내용	영역	세부지도내용
신체운동·건강	안전하게 생활하기	TV, 컴퓨터, 스마트폰 등을 바르게 사용한다.	미디어 중독	• TV, 인터넷, 통신기기 등의 위해성 알기 • TV, 인터넷, 통신기기 등을 허락받고 사용하기 • TV, 인터넷, 통신기기 등의 사용시 약속 지키기 • TV, 인터넷, 통신기기 등의 사용시 욕구 조절하기 • 적절한 방법으로 감정과 의사 표현하기
사회관계	나를 알고 존중하기	나의 감정을 알고 상황에 맞게 표현한다.		
	더불어 생활하기	서로 다른 감정, 생각, 행동을 존중한다.		

(2) 정서 문제 지도원칙

정서 문제는 심리적으로 적응에 어려움이 있는 상태이다. 이러한 정서상의 문제를 그대로 방치하면 왜곡된 성격으로 고착될 수 있으므로 조기에 발견하고 지도할 필요가 있다. 여러 가지 정서적인 문제행동의 발생을 방지하기 위해서는 바람직한 정서적인 관계가 중요하다. 부모나 교사는 유아와의 관계에서 함께 공감할 수 있는 마음을 갖는 것이 필요하다. 더불어 교사나 부모는 표면적인 행동만으로 전체를 평가하거나 주관적이거나 감정적인 평가를 하지 않도록 해야 한다. 또한 유아의 정서 지도가 바람직하게 이루어지기 위해서는 정서 발달에 영향을 주는 다음의 요인을 먼저 검토할 필요가 있다.

첫째, 유아의 신체적인 상태를 점검한다. 유아는 신체적으로 건강할 때 즐거움을 느끼고 강화를 받는 반면에 신체가 허약한 경우에는 불쾌감을 갖고 무력감을 갖는다.

둘째, 유아의 감정 상태를 파악한다. 부모나 성인은 유아가 자신의 감정과 생각을 인식하는 과정을 통해 타인의 감정과 생각을 고려하도록 격려한다. 그리고 즐거운 정서를 갖고 일상생활을 할 수 있도록 미리 부정적인 정서의 발생요인을 차단해 주도록 한다.

셋째, 유아의 주변 환경을 점검한다. 유아 자신의 정서적인 어려움을 표현하고, 감정을 전달할 수 있는 수용적인 분위기를 조성해 준다.

3) 발달지체 및 행동장애

발달지체 및 행동장애는 사회 · 정서적인 문제행동과는 달리 선천적인 요인에 의해 형성되는 경우가 많다. 이러한 문제행동은 조기에 발견되어 적절한 지도와 개입이 이루어진다면 문제해결의 가능성이 상대적으로 높아질 수 있다. 따라서 교사와 부모는 유아의 발달지체 및 행동장애에 지속적인 관심과 노력을 기울여야 할 것이다. 발달지체 및 행동장애 지도내용 및 지도원칙은 다음과 같다.

(1) 발달지체 및 행동장애 지도내용

유아의 발달지체에는 전반적인 발달지체와 언어, 인지, 신체, 사회 · 정서 등 특정 영역의 발달지체가 있다. 행동장애는 주의력 결핍 과잉행동, 자폐 등이 있다. 2019 개정 누리과정에 근거하여 발달지체 및 행동장애의 구체적인 지도내용을 살펴보면 다음 〈표 6〉과 같다.

〈표 6〉 2019 개정 누리과정에 근거한 발달지체 및 행동장애 지도내용

누리과정			발달지체 및 행동장애 지도내용	
영역	내용 범주	내용	영역	세부지도내용
사회 관계	나를 알고 존중하기	나의 감정을 알고 상황에 맞게 표현한다.	발달 지체	• 다른 사람의 행동과 의도 이해하기 • 적절한 사회적 관계 형성하기 • 자신의 정서 조절하기 • 적절한 방법으로 표현하기 • 문제해결능력 기르기 • 기초학습능력 기르기
	더불어 생활하기	친구와의 갈등을 긍정적인 방법으로 해결한다.		
	나를 알고 존중하기	나의 감정을 알고 상황에 맞게 표현한다.	주의력 결핍 · 과잉 행동	• 주의집중력 키우기 • 충동적인 행동 조절하기 • 다른 사람을 배려하기 • 다른 사람들의 생각과 행동 존중하기
	더불어 생활하기	서로 다른 감정, 생각, 행동을 존중한다.		
	나를 알고 존중하기	나의 감정을 알고 상황에 맞게 표현한다.	자폐	• 다른 사람과 적절한 관계 형성하기 • 다른 사람과 적절하게 상호작용하기 • 적절하게 표현하기 • 주의력 가지기 • 자신의 정서 조절하기 • 바른 기본생활습관 형성하기
		내가 할 수 있는 것을 스스로 한다.		
	더불어 생활하기	서로 다른 감정, 생각, 행동을 존중한다.		

(2) 발달지체 및 행동장애 지도원칙

유아의 발달지체 및 행동장애를 위한 일반적인 지도원칙을 소개하면 다음과 같다.

첫째, 불안이나 긴장을 제거하여 자유롭게 말할 수 있는 허용적이고 개방적인 분위기를 조성한다. 이러한 분위기에서 교사나 부모는 유아의 인지 · 언어적인 문제를 인정하면서 서서히 수정하도록 지도한다.

둘째, 성인이 훌륭한 모델이 되어야 한다. 교사나 부모는 항상 정확한 언어를 구성하여 유아에게 좋은 모범을 보여야 한다.

셋째, 개별적인 수준을 고려하여 지도해야 한다. 언어 · 인지적인 문제를 가진 유아들은 개인차가 크기 때문에 개별적으로 지도하는 것이 바람직하다.

넷째, 적극적으로 칭찬과 격려를 한다. 문제행동 지도 시 칭찬과 격려와 같은 적절한 반응을 하여 유아들에게 자신감을 갖도록 해준다.

2 유아의 발달 특성

발달이란 인간의 전 생애에 걸쳐 이루어지는 양적인 측면과 질적인 측면의 모든 변화를 의미하는 것으로, 신체 및 운동 기능, 지능, 사고, 언어, 성격, 사회성, 정서, 도덕성 등을 포함한다. 발달은 유전과 환경의 상호작용에 의해 형성되는 점진적인 성장으로, 낮은 단계에서 더 복잡한 단계로 나아간다.

어린 시절의 환경과 경험은 이후의 발달의 기초가 되며, 지적 발달을 도모하고, 잠재력을 키울 수 있다. 어릴 때 경험이 풍부하면 학습의 잠재 가능성 역시 풍부해지지만, 그렇지 못할 경우 발달상 손상이 나타난다. 따라서 유아는 발달 속도 및 시기에 맞는 적절한 자극을 경험해야 한다. 정해진 시기에 제대로 발달이 이루어지지 않으면, 다음 단계로의 진행이 어려우므로 어릴 때부터 유아의 발달 상태를 잘 관찰하여 제때 필요한 도움을 제공해야 한다. 각 영역별 발달의 중요성을 살펴보면 다음과 같다.

첫째, 신체 · 운동 발달은 성격 · 정서 · 인지와 같은 여러 발달 영역의 기초가 되는 것으로 모든 발달의 출발점이라 할 수 있다. 특히 신체 및 운동 능력의 발달은 유아의 사회생활을 전개하는 데 있어 중요한 기반이 될 뿐 아니라 정신 발달과 밀접한 관련을 갖고 있다.

둘째, 사회성 발달의 경우, 인간은 태어나면서부터 다른 사람과 관계를 맺으면서 사회성이 형성된다. 사회성은 유아가 사회의 한 구성원으로서 성장 · 발달하는 동안에 그 사회에서 공인된 생활양식을 학습하여 타인과의 상호접촉을 통한 건전한 사회생활을 할 수 있는 성향을 의미한다(한국유아교육학회, 1996). 유아기의 사회성 발달은 성인이 되었을 때의 사회적인 관계와 사회적 행동 등의 기초가 되는 것으로 한 개인의 행복한 삶의 가장 중요한 구성요소이다(조순옥 외, 2002).

셋째, 정서 발달의 경우, 정서는 인간이 내면으로 느끼는 어떤 것으로, 특정한 동기유발적 특성이 있어서 인간의 지각 · 사고 · 행동을 유발 · 조절 · 안내하는 역할을 한다(Hyson, 1998). 유아는 경험과 교육을 통해서 인간의 다양한 정서에 대한 이해 및 표현능력을 향상시키고 감정을 이입하면서 정서를 적절하게 조절하는 능력을 발달시켜 나간다. 이러한 정서 발달은 인간관계의 질과 방향에 긍정적인 영향을 준다.

마지막으로 인지 발달로, 인지란 앎에 이르는 인간의 정신적 사고과정과 그 산물, 즉 기억, 상징화, 범주화, 문제해결, 창의성, 환상 등의 모든 정신 활동을 의미하는 광범위한 개념이다(정정옥 · 이경희 · 임은숙, 2003). 언어 능력을 비롯하여 다양한 기억 및 지각 능력과 같은 인지 능력의 발달은 유아의 학습에 있어 중요하다.

1 영아기(만 0~2세)

1. 신체 · 운동 발달

영아기는 인간의 성장이 급속도로 이루어지는 시기로 제1성장 급등기라 불린다. 출생한 신생아의 평균 키는 남아 50.8cm, 여아 50.1cm이며 몸무게는 남아 3.40kg, 여아 3.30kg이다. 몸무게의 성장은 빠르게 증가하는데, 신생아의 몸무게는 1년 후 출생 시의 약 3배가 된다. 키의 성장은 몸무게 증가에 비해 그 속도가 느린데, 신생아의 키는 1년 후 출생 시의 약 1.5배가 되고, 2년이 되면 성인 신장의 약 1/2로 성장한다(대한소아과학회, 2002).

연령이 증가하면서 뼈의 조직은 연골에서 경골화 되어 가며, 영아의 머리뼈 중 천문은 아직 경골화 되지 않다가 18개월에서 24개월 사이에 닫힌다. 영아의 뼈는 유연하기 때문에 손상을 입는 경우가 거의 없고 회복도 빠르다. 이 시기는 근육이 완전히 발달되지 않았기 때문에 신체활동을 하면 쉽게 피곤해지나 회복력이 빠르다. 일반적으로 출생 후 5~6개월경에 유치가 처음 나타나다가 15~18개월경에 16개의 유치, 24개월 전후로는 큰 어금니가 나온다.

영아기는 자신의 신체 여러 부분을 대충 움직일 수 있게 되는 기본적인 토대를 만드는 시기이다. 영아기의 운동 발달은 영아가 자신의 움직임을 자발적으로 통제하는 것부터 시작하는데, 운동 발달은 머리에서 다리 방향으로 이루어진다. 신생아의 운동은 반사 운동과 무작위 운동으로 이루어지며 점차 성장해가면서 소멸해간다.

이후 영아기에 들어서면 머리와 몸통의 통제, 손의 조절 능력, 그리고 보행 운동 능력 등 여러 가지 자유롭고 자발적인 운동이 가능해진다. 이 시기에 주로 나타나는 눈과 손의 협응 기능에는 물체에 손 뻗치기, 움켜쥐기, 잡기, 옷 벗기 등이 있다.

걷기를 하는 영아들

2. 사회성 발달

출생 시부터 신생아는 다른 사람과 사회적 관계를 맺으면서 사회성을 발달시킨다. 이 시기의 사회성 발달의 특징으로는 울기, 미소 짓기, 모방하기와 같은 사회적 표현 행동과 애착관계 형성 및 자아인식 발달을 들 수 있다.

5~6개월의 영아는 선택적인 사회적 미소를 보이기 시작하며, 6개월경에는 자신과 비슷한 또래에게 관심을 갖게 되어 다른 영아를 만나면 미소 짓거나 손으로 만지고 옹알이를 한다. 이 시기에는 친숙한 사람과 낯선 사람을 구별하여 다르게 반응하며, 7개월경에는 애착대상에게서 반응을 유도하기 위해 다양한 신호를 보낸다. 8~12개월의 영아는 상호작용 기술을 적극적으로 사용하면서 보다 유능한 사회적 존재가 되어 간다. 10개월경에는 성인과의 상호작용이 많으며 까꿍놀이와 같은 사회적 놀이가 시작된다. 13~18개월에는 자기중심적 관점에서 세상을 이해하며 대상영속성 개념이 발달한다.

영아들은 분리된 자아감각을 형성하면서 자신을 인식하는데, 자아인식은 자신과 타인 또는 사물이 별개의 존재임을 아는 것으로 존재자아라고 부른다. 19~24개월에 이르러서는 자아개념을 계속 발달시키면서 타인과의 관계를 점차 확장시킨다. 또한 타인의 감정을 인식하며 웃거나 편안해 하고 우는 등의 반응을 보이고 타인의 행동을 모방하려고 한다.

3. 정서 발달

영아기의 정서 발달은 두드러지게 이루어지지는 않지만 약간의 발달은 발견할 수 있다. 신생아의 정서는 단지 명확하지 않은 흥분 같은 것이라는 짐작이 가능하며, 영아기의 정서는 크게 기분이 좋은 쪽의 정서와 기분이 나쁜 정서 두 가지로 나눌 수 있다. 전자는 기쁨 · 만족과 같은 것이고 후자는 공포 · 분노 같은 것이 포함된다(김재은, 1997).

영아의 기쁨은 주로 미소나 웃음으로 표현되는데, 생후 4~8개월이 되면 공포, 행복, 흥분, 기쁨 등의 정서를 표현하는 것이 가능하다. 영아기에는 양육자의 보호를 받기 때문에 공포의 감정을 유발하는 자극이 비교적 적다. 공포의 자극에 대한 반응으로는 울거나 숨을 쉬는 것을 일시적으로 참는 등의 행동을 보인다. 영아는 생후 4개월이 되면 분노의 감정을 화난 표정으로 나타내는데 주로 자신의 욕구가 좌절될 때 분노감을 표출한다. 분노의 감정은 생후 1~2년 사이에 가장 자주 표출되며 연령이 증가하면서 감소된다. 1세 영아의 분노 표현은 소리를 지르거나 발로 차고 팔을 휘두르거나, 바닥에서 구르며 큰 소리로 우는 등의 반응을 보인다. 2세 영아는 이러한 행동 외에 부정적인 언어표현과 때리기나 물기 등과 같은 공격적인 행동을 한다(김경희, 1991; Snow, 1998).

영아기에 경험하는 불안감에는 낯가림과 격리불안이 있다. 낯가림은 생후 6~8개월부터 시작하여 12개월경에 가장 심하게 나타나다가 그 이후 사라진다. 생후 8~9개월의 영아들에게서 격리불안이 보이기 시작하며, 12~15개월경에 최고조에 이르다가 2세경에 소멸된다. 13~18개월에는 독립적인 욕구가 강해지고 성취경험을 통해 긍정적인 자존감을 발달시킬 수 있다. 19~24개월에 이르러서는 자신에 대한 긍정적 감정과 부정적 감정을 모두 발달시키고 타인의 반응을 통해 자존감을 형성한다(송명자, 2001; 이숙재 · 이봉선, 1999).

사회적 미소를 보이는 영아

4. 인지 및 언어 발달

반사 기능만을 가지고 태어난 신생아는 성장하면서 급속도로 인지 발달이 이루어진다. 영아기에는 감각기관을 통해 주변 환경의 정보를 지각하고 선택적으로 획득한 정보를 조직하여 도식(Scheme)을 형성함으로써 인지 발달을 이루게 된다(이숙재 · 이봉선, 1999).

신생아는 영아기를 거치면서 급속도로 인지 발달이 이루어진다. 0~1개월까지의 영아의 행동은 반사적인 것으로, 선천적인 다양한 반사를 사용하면서 외부세계와의 상호작용을 통해 지식을 형성해 간다. 1~4개월에는 우연한 행동으로 만족한 결과를 경험하게 되면서 계속해서 행동을 반복하는 경향을 보인다. 생후 5개월이 되면 눈으로 보게 된 것을 손으로 분명히 잡을 수 있게 된다. 생후 6개월이 되면 주의, 기억력 및 모방작용이 두드러지게 나타난다. 한 예로 단추를 눌러 소리 나는 장난감을 보여 주면 이를 되풀이 하는 것을 볼 수 있다. 4~8개월에는 자신의 신체에 집중된 관심을 외부의 대상과 사건으로 돌린다. 보통 7개월경이 되면 동작 모방이 적극적으로 나타난다. 성인들의 신호나 미소에 따라 재롱을 피우는 시기는 일반적으로 8~9개월경이다. 또한 7~8개월이 되면 영아의 이해력과 표현이 발달되어 성인의 말과 지시에 따라 행동을 취할 수 있다. 예를 들어 음식을 먹을 때, "맘마"하면 입을 벌리거나, 물건을 손에 든 아기에게 "주세요"하면 자신의 손에 있는 것을 준다. 8~12개월의 영아는 인과개념을 갖기 시작하여 대상영속성의 개념을 형성한다(김경희, 1991; 정정옥 · 이경희 · 임은숙, 2003).

영아기의 언어 발달을 살펴보면, 우선 영아는 출생 시부터 울음으로 최초의 발성을 한다. 울음은 의사전달의 수단으로 아기가 요구를 표시할 수 있는 유일한 방법이지만 초기의 울음은 의미가 분화되지 않은 미분화된 울음이다. 그러나 생후 1개월이 되면 영아는 울음을 강도, 고저 등으로 분화시켜 좀 더 명확한 의사전달 수단으로 사용한다. 생후 6주부터는 울음 이외의 소리를 내기 시작하다가 생후 2개월이 되면 신경근육기제가 발달하면서 소리내기가 옹알이로 변한다. 돌을 전후해서 한 단어의 말을 시작하며, 주로 엄마 · 아빠 · 맘마 등 가족의 명칭이나 음식 · 동물의 이름을 말한다. 생후 18개월에서 20개월이 되면 두 단어를 조합한 말을 할 수 있게 되며 2세경에는 초보적인 문장을 사용한다(이순희 · 윤복희 · 박혜경 · 최일선, 2000; 이영자, 1994).

〈표 7〉 영아기에 기대되는 발달 프로파일

기대되는 발달	지표	평가내용
1. 영아들은 개인적으로나 사회적으로 능력이 있다.	자아	① 자신을 다른 사람들과 구별하고 연관되었다는 것을 인식한다.
		② 자신의 능력을 평가하고 자신에 대한 다른 사람의 평가에 흥미를 보인다.
		③ 자신의 행위를 탐색하고, 사회적인 상황에서 자신의 존재를 알게 하고, 타인에게 밖으로 감정을 표현한다.
		④ 사람들 간의 유사점과 차이점에 대한 인식뿐만 아니라 자신과 타인간의 유사점과 차이점을 인식한다.
	대인 관계기술	⑤ 타인의 감정을 인식하고, 타인의 감정표현에 반응한다.
		⑥ 친숙하거나 약간 친숙한 성인 모두와 효과적으로 상호작용한다.
		⑦ 친숙한 성인들과 친밀한 관계나 애착을 형성한다.
		⑧ 특정한 또래들과 관계를 형성한다.
		⑨ 또래나 소집단의 또래와 효과적으로 상호작용한다.
	자기규제	⑩ 내적인 자극과 외적인 자극에 대한 반응을 조절한다.
		⑪ 다른 사람으로부터 도움을 구하거나 의존함으로써 욕구를 조절한다.
		⑫ 자기규제를 하면서 다른 사람의 도움에 반응적이다.
		⑬ 내적인 자극이나 외적인 자극 둘 중의 어느 한 쪽에서 오는 걱정에 반응하면서 자신을 위로한다.
		⑭ 다른 사람들과 상호작용하거나 놀이자료를 탐색할 때 사물이나 환경에 주의 집중한다.

기대되는 발달	지표	평가내용
1. 영아들은 개인적으로나 사회적으로 능력이 있다.	언어	⑮ 생각들을 나타내는 언어에 대한 이해를 보여준다.
		⑯ 언어에 반응하여 행동하거나 의사소통한다.
		⑰ 욕구, 감정과 흥미를 전달하기 위해서 언어와 비언어적인 의사소통을 사용한다.
		⑱ 의견을 교환하는 의사소통이나 대화에 참여한다.
2. 영아들은 유능한 학습자이다.	인지능력	⑲ 과거경험에 대한 인식을 보여주고 사람이나 사물에 대한 정보를 기억한다.
		⑳ 원인과 결과 간의 연결을 이해하는 것을 보여준다.
		㉑ 문제를 해결하거나 발견하기 위한 전략을 사용한다.
		㉒ 다른 사물이나 생각을 나타낼 사물들을 사용한다.
		㉓ 새로운 사람과 사물을 적극적으로 탐색한다.
	수학	㉔ 수나 양의 개념에 대한 이해를 보여준다.
		㉕ 어떻게 사물이 공간에서 이동하거나 다른 공간에 적절한지에 대한 이해를 보여준다.
		㉖ 일과 활동이나 사건의 순서에 대한 이해를 보여준다.
		㉗ 다른 사람이나 다른 사물들을 비교하고 연결하고 범주화한다.
	문해	㉘ 책, 노래, 시, 손유희와 이야기에 관심을 보인다.
		㉙ 사람, 사물과 행동을 나타내는 상징과 그림을 인식하는 것을 보여준다.
3. 영아들은 신체운동 능력을 보여준다.	운동기술	㉚ 신체의 대근육이나 몸 전체를 움직인다.
		㉛ 사물을 잡거나 조작하기 위해서 손을 사용한다.
		㉜ 다양한 위치에서 몸을 안정감 있게 유지한다.
		㉝ 행동을 실행하거나 과제를 완수하기 위해서 눈과 손을 함께 사용한다.

기대되는 발달	지표	평가내용
4. 영아들은 안전하고 건강하다.	안전과 건강	㉞ 개인적인 보호일과에 반응하고 시작한다.
		㉟ 안전에 대한 인식을 보여준다.

출처: California Department of Education(2005). Desired results developmental profile. http://www.cde.ca.gov에서 2008년 6월 인출.

2 유아기(만 3~5세)

1. 신체 · 운동 발달

유아기의 신체적 발달은 영아기만큼 급속도로 빠른 신체 변화가 이루어지지는 않는다. 그러나 유아들은 경험을 통해서 자신의 신체를 통제하는 기술을 점차 발달시켜가고 자신들이 할 수 있는 일들을 탐색해 간다. 이러한 행동은 호기심을 충족시킬 뿐 아니라 신체 조절능력을 더욱 발달시킨다.

3세 유아의 키는 남아 95.7cm, 여아 94.2cm이다. 연 평균 5~7cm씩 증가하여 5세경에는 출생 시 키의 2배, 6세에는 성인의 65%의 성장을 보인다. 몸무게의 경우 3세 남아 몸무게는 15.08kg, 여아 몸무게는 14.16kg이다. 몸무게는 불규칙적인 성장을 보이고 개인차를 보이긴 하지만 매년 약 2~3kg 정도씩 증가하여 5세경에는 출생 시 몸무게의 5배, 6세에는 성인의 약 30% 정도로 성장한다(대한소아과학회, 2002). 2세 이후 연골은 더 빠르게 경골화되고 30개월경에 20개의 유치가 모두 나오게 된다. 6~7세부터는 유치가 빠지면서 영구치가 나오기 시작한다.

유아기는 대 · 소근육이 발달하고 신체의 균형 유지 및 기초적인 협응력이 발달하는 시기이다. 이 시기의 유아들은 주도적으로 행동을 모방할 뿐 아니라 유능한 개인이 되기 위해서 다양한 운동기술을 습득해 간다. 이 시기의 유아들은 자신의 몸을 사용하는 활동에 적극적으로 참여함으로써 성취감과 경쟁심을 배우고 발달시킨다.

유아기의 보편적인 특징은 거의 끊임없이 신체적 활동을 한다는 것이다(Morrison, 2001).

이 시기의 유아들은 키와 몸무게의 성장속도가 점차 완만해지면서, 사춘기까지 느린 성장을 보인다. 또한 연골은 더 빠르게 경골화되며, 하체가 길어지고 가늘어진다. 보행이 가능하게 되면서 활동 반경이 넓어지고 운동량이 증가한다. 전반적으로 대 · 소 근육이 발달하고 신체의 균형유지 및 각 부분의 협응력 등 기초운동 능력이 발달한다. 유아기 운동 발달의 특징은 전신운동의 기본인 보행운동의 발달, 여러 가지 자세와 전신운동, 그리고 손끝의 섬세한 조작적인 능력의 발달을 들 수 있다. 3세 이후 달리기, 뛰기, 균형 잡기, 기어오르기, 공 던지기와 같은 대근육 운동 발달이 가속화되고 숟가락 · 젓가락 사용하기, 옷 입고 벗기, 그리고 쓰기 등의 소근육 발달은 4, 5세에 활발히 일어난다(김재은, 1997; 이숙재 · 이봉선, 1999).

2. 사회성 발달

이 시기의 유아는 자신을 정의할 때 연령, 성, 크기 등과 같은 전체적인 범주 속에 넣어서 표현하는 범주적 자아가 발달한다. 자아개념은 3~4세에 확장되어 소유개념으로 표현된다. 이 시기의 유아에게 교사나 부모는 소유물을 나누어 가지라고 하기보다는 유아의 소유물을 인정해 주고 다른 사람에게 잠시 동안 빌려주기를 권하는 것이 바람직하다(정정옥 · 이경희 · 임은숙, 2003). 4~5세에 이르면 자신을 탐색하고 자신의 능력이나 한계를 확인하려고 한다. 3~6세 시기의 유아의 놀이는 연합놀이, 협동놀이와 더불어 단독놀이, 병행놀이가 상당히 고정적으로 나타난다.

유아기에는 영아기의 사회적 표현 행동, 애착 및 자아인식을 기초로 사회적인 관계를 확장해 간다. 유아는 다양한 사회적 관계 속에서 친사회적 행동, 공격성, 성역할, 도덕성 등을 발달시켜 간다.

함께 놀이하는 유아들

3. 정서 발달

유아기는 쾌와 불쾌라는 단순한 정서의 표현밖에 볼 수 없던 영아기에 비해 매우 복잡한 정서의 표출이 가능할 정도로 분화되어 나타나며, 정서 상태의 지속 시간이 짧고 정서 반응이 폭발적이다. 유아기에 발달적으로 나타나는 공통적인 정서는 기쁨, 불안, 공포, 분노, 애정, 질투 등이다. 2~3세 유아는 다른 유아를 도와주거나, 나누기 및 위로하기를 할 수 있다. 유아는 영아보다 다양한 상황에서 기쁨을 느끼며, 감정 표현도 미소, 웃음, 언어 등으로 좀 더 세련되게 표현한다. 물론 때로는 시끄럽게 소리를 지르거나 손뼉을 치기도 한다.

이 시기의 유아는 화가 나면 분노의 감정을 떼쓰기로 표현한다. 울고, 소리 지르고, 발을 구르고, 바닥에 누워 몸을 뒹구는 등의 떼쓰기 행동은 3~4세경에 심하게 나타난다. 4세가 되면 분노가 다른 유아에 대한 신체적 공격으로 나타나는 경우도 있으나 대부분의 유아들은 노려보거나 단호한 언어표현으로 분노를 표출하게 된다.

유아들은 영아기보다 무서워하는 게 많은데 이는 지능 발달과 더불어 이전에는 인식하지 못했던 것들의 잠재적인 위험을 알게 되기 때문이다. 3세에는 시각적인 것에, 4세는 청각적인 것에 대해 무서워한다. 5세가 되면 점차 공포감을 느끼는 대상이 감소하나 상상력이 발달하면서 유령, 귀신 등을 무서워하게 된다. 이 시기의 공포 반응은 울거나 피하거나 또는 거부 등을 나타내는 언어적 반응을 보인다(김경희, 1991; 김재은, 1997; 이숙재 · 이봉선, 1999).

질투는 애정을 상실했거나 상실하게 되는 것을 두려워하는 정서로 흔히 형제 간에 나타난다. 질투 감정은 화를 내거나, 질투 대상에게 공격적인 행동으로 표현되거나 또는 응석부리기, 말썽부리기, 손가락 빨기 등의 퇴행 행동으로도 나타난다. 이 시기에는 적극적으로 자기를 돌보아 주고 사랑해 주는 부모, 함께 노는 친구나 형제 등에게 애정을 느끼고 적극적으로 애정표현을 한다. 절제되지 않은 방법으로 표현을 하다가, 성장하면서 따뜻한 시선을 보내거나 친절을 베풀거나 언어로 애정을 표현하게 된다(이숙재 · 이봉선, 1999). 만 5세에 이르면, 유아는 여러 가지 정서로 분화하게 되는데, 이러한 정서는 성인이 되어서 표출하는 정서와 거의 유사하다.

4. 인지 및 언어 발달

유아기에는 지능, 기억, 개념, 창의성 등의 각 인지적인 영역의 발달로 인해 다양한 지식이 획득될 뿐 아니라 사고력이 향상된다(이숙재 · 이봉선, 1999). 유아기는 지적인 발달에서 전조작적 단계에 속하는 시기로, 주변 환경에서 경험하는 사물과 대상에 대해 상징과 심상을 표상하는 능력이 발달하는 시기이다. 즉, 이 시기는 언어나 그림을 이용한 상징적 사고가 가능해지면서 행위를 언어로 표현하고 이해하게 된다. 이 시기의 사고특성을 살펴보면 다음과 같다(김재은, 1997; 송명자, 2001; 정정옥 · 이경희 · 임은숙, 2003). 첫째, 타인의 생각, 감정, 지각, 관점 등이 자신과 동일하다고 생각하는 자아중심성을 보인다. 둘째, 한 번에 하나의 상황에 대해서만 생각하고 다른 부분은 동시에 고려하지 못하는 중심화적인 특성이 나타난다. 셋째, 일련의 단계 등을 이해하고 그 단계를 정신적으로 처음으로 되돌아가서 사고하지 못하는 비가역적인 사고이다. 넷째, 물질의 양 · 수 · 길이 · 면적 등은 형태나 위치와 같은 외양을 바꾸더라도 양적 속성이나 실체는 변하지 않는다는 보존개념이 형성되어 있지 않다는 점이다. 다섯째, 생명이 없는 대상에게 생명과 감정을 부여하고 세상의 모든 사물에 생명이 있다고 생각하는 물활론적 사고를 보인다.

복잡한 퍼즐을 맞추는 만 5세 유아들

유아기 언어 발달의 특징을 살펴보면, 이 시기의 유아들은 문법에 대한 규칙을 이해하고 적용할 수 있게 된다. 그래서 3, 4세가 되면 3~4개의 단어로 문장을 구성하는데, 대명사, 조사, 형용사, 부사를 포함한 복합문장을 사용하게 된다. 4~5세가 되면 4~5개의 단어를 가지고 문법적으로 정확한 문장을 사용하며, 대부분의 기본 언어규칙을 터득하여 쉽게 다어문을 말할 수 있다(이영자, 1994). 한편 어휘의 획득은 급속도로 증가하여 2세에는 25개 정도, 3세에는 약 600개, 5세 이후에는 2,000개 이상의 어휘를 획득하게 된다(김경희, 1991).

문어는 유아가 인쇄 글자 유형을 구별하고 인쇄글자가 어떻게, 왜 사용되는가를 이해하기 시작하는 3세경에 습득한다. 4세경이 되면 기호나 인쇄글자에 흥미를 갖게 되고 점차 자기에게 친숙한 글자를 읽기 시작한다. 5세 유아는 흔히 몇 가지를 읽을 수 있다. 이기숙 등(1993)이 연구한 쓰기 발달의 단계 및 특징을 보면 2~3세 유아는 쓴 것과 그린 것을 구별한다. 3~4세에는 긁적거리기 단계로 자기 이름에 있는 글자를 배우고 간혹 어떤 글자를 써달라고 요구한다. 4~5세에는 여러 가지 글자 놀이를 즐기며 자기이름을 쓸 줄 안다. 5~6세가 되면 여러 가지 상황에 맞는 글이 있음을 알고 간단한 단어를 쓸 수 있다.

〈표 8〉 유아기에 기대되는 발달 프로파일

<table>
<tr><th>기대되는 발달</th><th>지표</th><th>평가내용</th></tr>
<tr><td rowspan="15">1. 유아들은 개인적으로나 사회적으로 능력이 있다.</td><td rowspan="2">자아</td><td>① 다른 사람과 구별하면서 자신의 신체적 특징, 선호와 경험에 대한 인식의 향상을 보인다.</td></tr>
<tr><td>② 능숙하게 수행하는 자신의 능력을 평가하고 즐거움을 가진다.</td></tr>
<tr><td rowspan="6">사회적 대인 관계기술</td><td>③ 타인의 감정을 인식하고, 점점 타인에게 적절한 방법으로 감정의 표현에 반응하는 것을 보인다.</td></tr>
<tr><td>④ 공유하기, 함께 계획하기와 문제해결하기를 포함하여 점점 더 협동적인 방법으로 성인과 상호작용한다.</td></tr>
<tr><td>⑤ 경험과 활동을 공유하면서 특정 또래와 더욱더 친밀한 관계를 형성한다.</td></tr>
<tr><td>⑥ 공유한 목적을 위해서 더욱더 협동 지향적인 놀이를 통하여 다른 유아들과 상호작용한다.</td></tr>
<tr><td>⑦ 다른 유아의 욕구를 이해하고 사회적 규칙과 가치를 제한하는 범위 내에서 건설적으로 협상하는 방법을 학습한다.</td></tr>
<tr><td>⑧ 자신과 타인 간의 유사점과 차이점을 인식하고 반응하며, 사회에서 각 개인의 가치를 이해하는 것을 학습한다.</td></tr>
<tr><td rowspan="3">자기규제</td><td>⑨ 점점 더 사회적으로 적절한 방법으로 반응을 조절하는 전략들을 발달시킨다.</td></tr>
<tr><td>⑩ 순서 지키기에 대한 향상된 이해를 발달시키고 전략들을 제안하기 시작한다.</td></tr>
<tr><td>⑪ 타인과 공유하는 능력을 발달시키고 공간과 사물을 공유하기 시작한다.</td></tr>
<tr><td rowspan="4">언어</td><td>⑫ 점점 더 복잡한 말, 구, 아이디어들을 사용하는 표현언어를 수용하고 이해하며 반응한다.</td></tr>
<tr><td>⑬ 점점 더 복잡한 지시와 요구들을 이해하고 반응한다.</td></tr>
<tr><td>⑭ 점점 더 복잡한 말과 문장으로 대화하기 위해서 언어를 사용한다.</td></tr>
<tr><td>⑮ 적절한 언어의 사회적 사용에 따르면서 점점 더 확장된 대화에 참여한다.</td></tr>
</table>

기대되는 발달	지표	평가내용
2. 유아들은 유능한 학습자이다.	학습	⑯ 지식이나 새로운 자료나 활동에 대한 이해를 추구한다.
		⑰ 힘들거나 어렵더라도 자신이 선택한 활동을 이해하고 습득하기 위해서 계속한다.
	인지능력	⑱ 친숙하고 비 친숙한 사건들, 과거 경험들, 사람과 사물에 관한 정보를 저장하고, 검색하고 사용한다.
		⑲ 원인과 결과 간의 관계에 대해 향상된 이해를 보여준다.
		⑳ 도전적인 문제를 해결하기 위하여 논리적으로 추론하거나 전략을 사용하는 능력의 향상을 보여준다.
		㉑ 구조화된 역할놀이와 상징놀이를 이용하여 다른 사람들과 놀이하는 것을 학습한다.
	수학	㉒ 양을 나타내는 수 이름을 사용하고 점점 더 많은 사물의 집합을 센다.
		㉓ 작은 양의 사물의 덧셈과 뺄셈능력의 향상을 보여준다.
		㉔ 모양과 그 특징에 대한 향상된 지식을 보여준다.
		㉕ 일과 활동, 순서와 사건의 지속, 시간에 관한 단어와 관련지어 시간을 이해하고 사용한다.
		㉖ 공통적인 특성에 따라 사물을 집단으로 비교, 연결, 분류하는 능력의 향상을 보여준다.
		㉗ 길이, 무게, 부피와 같은 것을 측정할 수 있는 도구에 대한 이해의 향상을 보여주고 그러한 특성을 수량화하기 시작한다.
		㉘ 다양하고 복잡한 패턴을 구별하고, 따라 그리고, 만들어 내는 능력의 향상을 보여준다.
	문해	㉙ 책, 노래, 시, 이야기, 쓰기와 다른 문해 활동에 관심을 보인다.
		㉚ 환경에서 상징, 글자와 단어와 소리와의 관계에 대한 인식의 향상을 보여준다.
		㉛ 긁적거리기, 상징, 글자와 의미를 나타내는 단어를 사용하여 쓰는 능력의 향상을 보여준다.
		㉜ 인쇄 자료의 규정과 자연적인 조직과 의미를 전달하는 인쇄물에 대해 향상된 이해를 보여준다.
		㉝ 단어에서 소리의 분절을 포함하여 말을 구성하는 소리들에 대한 인식과 글자의 압운과 두운에 대한 구별을 보여준다.

기대되는 발달	지표	평가내용
3. 유아들은 신체운동 능력을 보여준다.	운동기술	㉞ 대근육(팔과 다리)을 사용하여 협응된 방법으로 이동능력을 연마한다.
		㉟ 잡기, 풀어 주기, 힘 주기의 사용을 계획하고 협응하며, 기능적인 놀이 활동을 위해 손가락과 손을 조절하는 능력을 연마한다.
		㊱ 유아는 공간에서 자신의 균형을 유지하는 능력을 연마한다.
4. 유아들은 안전하고 건강하다.	안전과 건강	㊲ 건강한 성장을 지원하고 전염의 확산을 막는 데 도움이 되는 개인의 보호일과를 수행하는 데 있어 향상된 자립성을 보여준다.
		㊳ 위험을 최소화하고 건강한 성장을 지원하는 안전한 실제에 대한 인식의 향상을 보여준다.
		㊴ 건강한 삶을 선택하는 데에서 향상된 자립심을 보여준다.

출처: California Department of Education(2005). Desired results developmental profile. http://www.cde.ca.gov에서 2008년 6월 인출.

3 유아행동의 영향 요인

1 기질

기질은 환경적 자극에 대한 정서 반응의 질과 강도에서 안정적으로 나타나는 개인차를 의미한다(Goldsmith, 1987). 기질은 출생 후 1년 간에 식별되거나 형성되는 발달적 특성으로 성격 형성의 기저를 이루는 중요한 요소이다. 기질에 따라서 유아들은 상이한 행동 특성을 나타내는데, Thomas와 Chess(1977)는 기질의 유형을 다음의 3가지로 구분하였다.

첫 번째 유형은 순한 아이(easy child)이다. 수유, 배설, 수면 등의 일상 생활습관이 규칙적이면서 환경 변화에 대한 적응력이 높다. 새로운 경험에도 쉽게 적응하고 낯선 사람에게도 두려움 없이 접근하며 대체로 안정적이면서 행복한 정서가 주로 나타난다. 두 번째 유형은 까다로운 아이(difficult child)이다. 수유, 배설, 수면 등의 일상생활의 습관이 규칙적이지 않고 새로운 경험에 대한 적응을 어려워하며 주로 울음이나 저항 등의 부정적인 반응을 보인다. 낯선 사람을 보면 피하며 울거나 새로운 음식을 주면 뱉어내는 등의 강하고 부정적인 반응을 보인다. 세 번째 유형은 느리게 반응하는 아이(slow to warm up child)이다. 새로운 환경 변화에 적응이 늦고 낯선 사람이나 새로운 것에 대해 부정적인 반응을 나타낸다. 그러나 까다로운 아이와는 달리 새로운 음식을 주면 뱉어 내지는 않는 등 새로운 자극에 대해서 약한 반응 강도를 나타낸다. 이처럼 기질에 따라 유아의 행동은 다르게 나타나므로 각 유아의 기질을 고려하여 생활지도를 함으로써 발달과 적응을 도와야 할 것이다.

2 애착

애착은 Bowlby에 의해 사용된 개념으로 영아가 자신과 가장 가까운 사람(주로 양육자)과 정서적인 유대를 강하게 형성하는 것을 의미한다(Ainsworth, Blehar, Waters, & Wall, 1978; Bowlby, 1958). 애착 형성을 설명하는 대표적인 이론으로 애착을 학습 경험의 결과물로 보는 행동주의 이론, 생존을 위한 진화된 행동 체계의 하나로 보는 동물행동학 이론이 있다. 이외에 구강기의 욕구를 만족시켜 주는 과정에서 애착이 형성된다는 정신분석 이론, 애착 형성 능력과 인지발달과의 밀접한 관련성을 강조하는 인지발달 이론이 있다.

애착은 유아가 태어난 직후부터 시작되어 연령의 증가에 따라 상호호혜적인 애착 관계를 형성하여 간다. 애착 발달 과정을 살펴보면 〈표 9〉와 같다.

〈표 9〉 애착 발달 과정

단 계	특 징
1단계 (0~6주) 전 애착형성단계	• 신체적인 접촉을 이끌어 내는 신호를 보내며, 성인의 자극에 반사적인 반응을 보임 • 양육자와 특별한 애착관계를 형성하지 않더라도 특정 냄새와 음성을 선호하는 반응을 보임
2단계 (6주~8개월) 애착형성단계	• 양육자를 보다 뚜렷하게 선호하는 반응을 보임 • 격리불안을 보이지 않음
3단계 (8개월~2세) 분명한 애착형성단계	• 격리불안을 보임으로써 애착 형성을 드러냄 • 대상영속성 개념을 빨리 획득한 영아가 빨리 시작됨

단　계	특　징
4단계 (2세 이후) 상호호혜적 애착형성단계	• 언어와 정신적 표상 능력의 발달이 이루어지면서 격리불안이 급격히 감소 • 인지 및 이해력이 발달하므로 이유를 설명하면 격리불안감을 낮추는 데 효과적임

애착의 유형에는 안정된(secure) 애착, 불안정-회피적(insecure-avoidant) 애착, 불안정-저항적(insecure-ambivalent) 애착이 있다(Ainsworth, Blehar, Waters & Wall, 1978). 유형별 구체적인 특징은 다음과 같다.

첫째, 안정된 애착의 유아들은 엄마와 함께 있을 때 주변을 적극적으로 탐색하고 엄마가 나가려고 하면 당황한다. 그러나 엄마가 돌아오면 반갑게 맞이하고 유아가 당황해 하더라도 금방 달랠 수 있으며, 낯선 사람보다는 엄마를 더 좋아한다. 둘째, 불안정-회피적 애착의 유아들은 엄마와 함께 있을 때에도 주변을 탐색하며 잘 놀지 못하며, 엄마와 떨어졌을 때 별로 고통스러워하지 않는다. 엄마가 접촉을 하려고 노력하면 거부하지는 않으나 안겨 있어도 달라붙지는 않는다. 낯선 사람을 엄마와 동등하게 취급한다. 셋째, 불안정-저항적 애착을 보이는 유아들은 엄마와의 분리 이전에 엄마에게 가까이 있으려고 하고 엄마와 분리될 때 매우 당황한다. 그러나 엄마가 돌아오면 화를 내고 저항하며 쉽게 달래지지 않는다. 낯선 사람의 접촉도 거부한다.

이와 같은 애착 형성의 결과는 유아의 정서적 안정성과 대인관계의 중요한 기초가 되며 이러한 애착은 지속적으로 유아기 이후의 행동에도 영향을 미친다. 따라서 안정된 애착 형성을 위해 양육자와의 상호작용의 질을 높이도록 노력해야 한다.

3 가족

가족은 인간의 삶이 시작되는 최초의 장이자 인간 형성의 가장 중요한 사회화의 장으로서, 유아 발달에 지대한 영향을 미치는 요인이다. 부모의 양육방법은 유아의 사회화 과정에서 중요한 환경요인이 된다. 자녀양육에서의 부모역할은 따뜻함과 통제적인 측면으로 설명할 수 있다. 부모의 양육태도 유형의 특징 및 발달에 미치는 영향을 살펴보면 〈표 10〉과 같다(Baumrind, 1971; Berk, 2000).

〈표 10〉 부모의 양육유형에 따른 발달특성

양육유형 및 특징		유아기 발달특성	청소년기 발달특성
권위 있는 유형 (authoritative)	• 적절한 애정과 통제를 하는 부모로 공정하고 합리적임 • 행동기준이 안정적이고 애정적임 • 발달수준에 준한 민감하고 반응적인 요구를 함	• 생기 있고 즐겁게 지냄 • 자존감이 높고 자기통제를 잘함 • 성유형화가 덜 고정적임	• 자존감 높음 • 사회적 · 도덕적으로 성숙함 • 학업 성취 높고, 교육수준 높음
권위주의적 유형 (authoritarian)	• 복종에 가치를 둠 • 상호호혜적인 의사소통은 거의 이루어지지 않음	• 불안하고 철회적이며 불안정한 기분 상태 • 욕구 좌절 시 적대적인 태도를 나타냄	• 권위 있는 부모의 자녀에 비해 적응력 떨어짐 • 허용적이거나 방임적인 부모의 자녀들에 비해 학업 성취는 높음
허용적 유형 (permissive)	• 비교적 온정적이고 비지배적이며 비요구적임 • 벌을 주는 경우가 거의 없음	• 충동적이고 반항적임 • 성인에게 요구가 많고 의존적임 • 과제완수력이 떨어짐	• 자기통제가 부족하고 학업 성취가 저조 • 빈번한 약물 사용
방임적 유형 (uninvolved)	• 자녀양육에 관심이 적음 • 자녀의 요구를 거부하거나 무시함 • 일관성 있는 훈육을 하지 않음	• 애착, 인지, 놀이 및 사회 · 정서적 기술 부족 • 공격적이고 행동이 앞섬	• 정서적 자기조절과 학업 수행 부진 • 빈번한 약물 사용과 비행

한편, 가정에서의 형제 · 자매관계는 사회화에서 동료로서 그리고 효과적인 교사로서 영향을 미친다. 형제 · 자매와의 경쟁 및 갈등의 경험은 대인관계의 기초를 이

루는 협동, 갈등, 경쟁의 원리를 학습하게 하는 데 기여한다. 특히 형제 · 자매는 안정감과 정서적 지지를 제공하여 애착의 대상이 되며, 사회적 모델과 교사의 역할을 하는 등 상호 긍정적인 영향을 끼치는 것으로 나타났다(Dunn, 1985; Miller & Marayama, 1976).

4 또래

또래란 단순히 동년배라기보다는 행동의 복잡성이 유사한 수준에서 상호작용하는 유아들이다. 유아는 성장하면서 가족과는 다른 형태인 또래집단과 접촉하게 된다. 걸음마 시기 이후에는 성인과의 상호작용이 감소하고 또래와의 상호작용이 증가하며, 특히 아동기에서부터 청소년기까지는 또래가 다른 시기보다 중요한 영향을 미친다(윤운성 · 정정옥, 1998).

또래는 사회적 모델로서 그리고 사회적 행동에 대한 강화자로서의 역할을 담당한다. 유아가 타인의 문제에 관심을 가지고 타인의 관점을 이해하게 되면서 경험하는 또래와의 상호작용은 신체적 · 인지적 · 사회적 기술을 발달시킬 수 있는 중요한 맥락을 제공한다.

유아들은 또래와의 상호작용 과정에서 갈등, 힘겨루기, 소외감, 따돌리기 등과 같은 다양한 사회적인 경험을 하게 된다. 또래관계에 영향을 미치는 요인으로 놀잇감, 놀이집단의 크기, 연령 구성 및 또래의 친근성을 들 수 있다. 이러한 요인들은 또래 상호작용의 빈도와 질에 중요한 영향을 미친다. 자유로운 놀이 환경, 여러 용도로 활용되는 놀잇감의 제공, 같은 연령의 또래 및 친숙한 또래는 긍정적이고 언어적이며, 협동적인 또래 간 상호작용을 촉진한다. 특히 유아의 연령이 높아질수록 또래의 위치나 비중은 중요한 부분을 차지하기 때문에 또래의 격려와 인정은 긍정적인 자아상을 형성하게 해주며 사회 구성원으로서의 기초를 세운다.

또래간 상호작용을 하는 유아들

5 미디어

1. TV와 비디오

대중매체가 보편적으로 보급되면서 TV와 비디오는 유아의 일상생활에서 중요한 비중을 차지하고 있다. TV와 비디오 등은 모방 심리와 감수성이 예민한 유아에게 특정 행동을 하도록 유도하거나 행동 유형을 바꾸게 할 수도 있다. TV의 경우에는 이미 유아의 사회적 태도와 행동, 공격성, 친사회적 행동, 성역할 등에 있어 부정적인 영향을 끼친다는 연구가 많이 보고된 바 있다(Barcus, 1983; Huesmann, 1986; Reinhardt & Fredrikson, 1983). TV와 비디오의 부정적인 측면으로는, 장시간의 TV나 비디오 시청은 학습활동이나 건전한 여가시간을 방해할 뿐 아니라 TV중독증에 걸릴 수 있다는 점을 들 수 있다. 나아가 TV나 비디오 시청은 타인에게 관심을 갖지 않게 하여 사회적 상호작용을 어렵게 하는 요인이 될 수 있다. 또한 폭력적인 장면은 유아에게 공격적인 방법으로 문제를 해결하도록 유도하며 대인관계에서도 적대적인 감정을 갖게 한다(Friedrich-Cofer & Huston, 1986).

이에 TV와 비디오를 유아의 발달과 교육에 긍정적인 영향을 미치는 도구로 활용하기 위해 고려할 사항(박성옥 외, 2003)은 첫째, TV와 비디오 시청 지침을 정한다. 지침사항으로는 시청 시간의 양, 시청 가능한 프로그램 종류, 시청을 피할 시간 등을 들 수 있다. 둘째, TV와 비디오 내용을 계획하고 제한한다. 프로그램을 선정하는 방법 중의 하나로 프로그램 등급제를 활용하는 것도 효과적이다. 셋째, 성인이 유아와 함께 TV나 비디오를 시청한다. 성인은 언어적 상호작용을 하고, 시청한 것 중 유익한 내용에 대해서는 참고자료를 찾아 지식과 경험을 확대할 기회를 마련한다. 한편 폭력적인 프로그램에 노출될 경우에는 유아에게 폭력의 심각성을 설명하고 그들이 시청한 것을 평가하도록 지도한다. 넷째, 성인은 좋은 모델을 보여준다. 성인이 프로그램을 신중하게 선택하고 시간을 스스로 제한하는 모습을 보임으로써 유아는 바른 TV시청 태도를 배울 수 있다.

2. 컴퓨터와 인터넷

컴퓨터 보급의 보편화로, 유아들은 컴퓨터를 친근하게 사용하면서 디지털 키드(Digital Kid)로 자라고 있다. 컴퓨터는 학습 보조매체로 유아의 발달과 학습에 활용할 수 있는 긍정적인 효과가 있다. 하지만, 컴퓨터는 공격적 행동의 조장, 사회적 고립, 충동성 같은 문제점과 전자파 노출에 의한 건강 상의 위험을 내포하고 있다. 한 예로 컴퓨터 게임은 강력한 시각적인 자극을 제공하는 특성이 있어서, 이러한 자극에 익숙해진 유아는 일상의 자극이나 학습 자극이 단순하게 느껴져 일상생활에 대해 흥미를 갖거나 활동에 집중하기가 쉽지 않다. 더욱이 대부분의 게임들이 인간의 공격적인 본능이나 경쟁심을 유발하는 것으로 이러한 경험은 유아가 실생활에서 타인과의 상호작용이나 갈등을 조절할 때 원만한 관계를 형성하는 것을 저해한다. 따라서 컴퓨터를 교육적인 지원매체로서 활용하기 위해서는 좋은 프로그램 개발 및 선정, 그리고 효과적인 컴퓨터 활용에 대한 교사교육이 병행되어야 할 것이다.

한편, 인터넷 환경에 대한 관심과 지도가 중요하다. 정보의 바다라고 하는 인터넷은 수많은 정보를 원하는 시간에 자유롭게 얻을 수 있는 장점이 있지만 이러한 인터넷 정보가 모두 올바르고 유용하기만 한 것이 아님을 주지해야 할 것이다. 최근에는 지나치게 컴퓨터에 접속하여 사회, 심리, 신체 및 직업활동 상 일상생활에 심각한 지장을 초래하는 사이버 중독이 사회적 문제로 대두되기도 하였다.

따라서 이러한 문제에 대해 가능한 대책을 세워 스스로 인터넷 환경으로부터 지킬 수 있는 안전 능력을 키워나가는 것이 필요하다. 유아가 컴퓨터와 인터넷을 바람직하게 활용할 수 있도록 교사는 다음과 같은 역할을 할 수 있다(박성옥 외, 2003).

첫째, 교사는 다양한 컴퓨터 경험과 활동을 통해 불안감을 감소시키고 컴퓨터 활동을 하나의 놀이로서 즐겁게 상호작용하는 모델을 보여준다.

둘째, 유아에게 내적 동기 유발을 촉진시키고 발달적 · 문화적 · 지식적으로 적합한 소프트웨어를 선택하여 제공한다.

셋째, 컴퓨터 소프트웨어를 현 교육과정에 통합시키는 데 있어서 창의적이고 계획적인 구성을 해야 한다.

또한 유아가 건강한 네티즌으로 성장하기 위해 부모와 교사는 컴퓨터와 관련된 환경적 요소, 보호단체, 법적 규제들을 이해하고 실천해야 한다.

4 유아행동의 이해 및 부모상담

1 유아행동의 이해

생활지도는 지식 전달보다 인간의 생각과 행동 자체를 변화시키고 발달을 유도하기 위한 것이므로, 바람직한 지도를 위해서는 교사에게 유아에 대한 체계적인 이해가 선행되어야 한다. 유아의 행동에 대한 바른 이해를 돕기 위해서 평가를 실시할 때 유념할 사항은 다음과 같다.

첫째, 평가는 문제를 가진 유아, 특수한 유아를 포함한 모든 유아를 대상으로 시행해야 하며 생활지도에 대한 혜택이 제공될 수 있도록 다각적인 관점에서 시행되어야 한다.

둘째, 개인의 존엄성과 개성을 존중하는 방향으로 시행되어야 한다. 즉, 각 유아의 개인차를 반영하여 개별성과 독특성을 고려한 평가를 행해야 한다.

셋째, 지속적이고 체계적인 과정에서 이루어져야 한다. 유아의 행동을 바르게 이해하기 위해서 평가는 체계적인 계획에 의거하여 계속적으로 관심을 갖고 시행되어야 한다.

넷째, 객관적이면서 종합적인 자료에 의거하여 유아를 이해하도록 노력해야 한다. 교사 자신의 주관적인 판단이나 단편적인 정보에 의하여 유아를 판단하지 않도록 주의해야 한다.

유아들의 행동을 어떻게 이해하느냐는 유아 생활지도에 있어 중요한 과제가 되므로 유아 행동을 보다 객관적이고 정확하게 다면적으로 평가하며 분석하는 일은 매우 중요하다. 유아의 행동을 다각적으로 평가하기 위한 방법으로는 비형식적 평가방법인 관찰, 면접, 포트폴리오 등과 형식적인 평가방법인 심리검사가 있다.

1. 비형식적 평가

1) 관찰법

유아교육기관에서 교사들이 가장 자연스럽게 사용하는 유아 평가방법 중의 하나가 관찰이다. 관찰은 교사에게 유아의 발달수준에 대한 이해와 더불어 개성과 문제점을 발견하는 데 도움을 준다. 특히 관찰 자료는 교수방법을 선택하고 평가하는 모든 교육활동의 기초가 될 뿐 아니라 교사 자신의 수업평가의 기회를 제공한다.

관찰법을 활용할 때 교사는 과학적이고 신뢰도가 높은 방법이 되도록 다음과 같은 점을 고려해야 한다. 첫째, 관찰할 때 무엇을, 언제, 어떻게 관찰할 것인가를 사전에 명백하고도 구체적으로 결정한다. 둘째, 가능하면 한 번에 한 유아만을 관찰하도록 한다. 셋째, 중요한 행동과 중요하지 않은 행동을 구별하고 중요한 행동을 중점적으로 관찰하도록 한다. 넷째, 관찰 시간을 충분히 갖고 지속적으로 한다. 다섯째, 객관적인 관찰능력이 되도록 노력해야 한다. 여섯째, 관찰 기간 동안에 메모지나 녹음기 등의 다양한 기록 방안을 모색한다. 일곱째, 가능하면 관찰이 끝나는 즉시 관찰내용을 기록하고 요약해 두도록 한다.

관찰의 단계는 크게 기록, 추론, 해석(평가)의 단계로 이루어지는데, 구체적인 내용을 살펴보면 다음과 같다. 첫째, 기록 단계는 관찰자 앞에서 일어나고 있는 장면을 가능한 한 자세하고 객관적으로 적는 것이다. 둘째, 추론의 단계는 눈으로 보이는 것만을 넘어서 행동의 원인, 그 행동을 할 때의 감정 등을 추측해 보고 기록된 자료의 의미를 찾아보는 과정이다. 셋째, 해석(평가)의 단계는 축적된 관찰 자료를 바탕으로 현재의 상태와 앞으로의 방향에 대한 결론을 내리는 단계이다(이정환 · 박은혜, 1996; 전남련, 1999). 관찰유형을 살펴보면 다음과 같다.

(1) 표본식 기술

표본식 기술(specimen description)은 관찰자가 관찰 대상이나 장면, 시간을 미리 선정한 후 그 장면에서 일어나는 유아의 행동과 상황을 집중적으로 기록하는 방법으로, 있는 그대로의 원 자료를 가능한 한 많이 수집하는 것이 목적이다. 이 관찰 방법은 모든 장면을 아주 자세하게 기록하므로 관찰 대상에 대한 자세한 정보를 얻을 수 있으며, 특별한 도구가 필요 없이 단순히 필기도구만 있으면 되는 장점이 있다. 단점은 시간이 많이 걸리고 주관적인 해석이나 추론으로 흐를 가능성이 많다는 것이다. 표본식 기술 시 유의점은 다음과 같다(이정환 · 박은혜, 1996; 전남련, 1999).

- 관찰지에 관찰 날짜, 관찰 시간, 관찰 유아, 관찰자의 이름, 관찰 유아의 생년월일, 관찰 유아의 성별 등을 사전에 적어 놓는다.
- 보통 1회 10분 내지 30분 정도 관찰하고, 모든 행동을 전체적으로 기록한다.
- 유아의 행동을 관찰한 장소 및 장면을 기록한다.
- 실제 보고 들은 것을 있는 그대로 일상적인 용어를 사용하여 객관적으로 기록한다.
- 관찰 대상 유아뿐 아니라 대상 유아와 상호 작용하는 모든 사람의 말과 행동도 적는다.
- 현재형으로 직접화법을 이용하여 유아의 대화를 그대로 기록한다.
- 사건이 일어난 순서에 따라 적는다.

- 유아들의 행동 지속 시간이나 관찰 장면이 바뀔 때는 시간 표시를 한다.
- 관찰 유아들의 행동은 긍정적으로 기술한다.
- 발달영역별로 간단하게 요약한다.

예시 표본식 기술

유 아 명 : 정혜성　　성　　별 : 남 (여)　　생년월일 : 2014. 6. 20
관 찰 일 : 2017. 9. 10　　관 찰 자 : 김진희
관찰장면 : 자유놀이시간　　관찰장소 : 교실(쌓기영역)

관찰시간	기　록
10:30~10:35 10:35~10:40	혜성이는 레고블록으로 자동차길을 만들고 나서 진수가 가지고 있는 빨간색 자동차를 말 없이 그냥 빼앗으려고 한다. 진수는 "나도 필요해. 다른 차 써."라고 말한다. 그러나 혜성이는 왼손으로 자동차를 잡고 있는 진수의 손을 누르며 "내 놔."하고 말하면서 오른손으로 계속 뺏으려고 한다. 이 상황을 본 교사가 혜성이에게 "진수가 먼저 사용하고 나서, 혜성이는 쓰자."고 말한다. 혜성이는 큰 소리로 "싫어요. 선생님 나빠."하고 소리친다.
요약 및 해석	소유개념이 발달되어 있지 않다. 자기주장이 강하고 남을 배려하지 못한다.
지도계획	쌓기영역 놀잇감의 수를 늘려 준다. 언어적으로 자신의 요구를 표현할 수 있도록 한다. 타인의 감정을 조망할 기회를 제공한다.

(2) 일화기록

일화기록(anecdotal record)은 기록할 만한 가치가 있는 한 가지 행동이나 상황에 초점을 맞추어 구체적인 행동사례나 사건에 관련된 것들을 신문기사 쓰듯이 기록하는 방법이다. 일반적으로 유아의 발달적 특성이나 부적응 행동을 파악할 때 유용하게 사용된다. 메모를 활용할 때는 6하 원칙에 따라 기록해 놓으면 도움이 된다. 이 방법은 간결한 형태로 기록되므로 시간이 많이 소요되지 않는다는 장점이 있지만, 관찰자의 편견이 들어가거나 잊어버리는 경우가 있고 상황묘사가 제한적이라는 단점이 있다.

일화기록은 단편적인 사건의 기록이므로 지속적으로 일정한 간격을 통해 유아의 행동에 대한 계속적이면서도 체계적인 기록 자료를 수집하는 것이 바람직하다. 일화기록 시 일반적인 지침은 다음과 같다(이정환 · 박은혜, 1996).

- 관찰하고자 하는 연령집단의 발달적 특성을 정확하게 이해해야 한다.
- 유아의 일상생활에서 일어나는 중요한 일들을 잘 알고 있어야 한다.
- 행동이 관찰된 직후에는 종이에 간단하게 메모를 한 다음 기억이 선명할 때 자세하게 기록한다.
- 관찰 시간, 장소, 장면, 진행 중의 활동 등 상황에 대해서 기록한다.
- 관찰 대상뿐 아니라 관찰 대상과 상호작용하고 있는 사람들과의 말과 행동을 구체적으로 적는다.
- 있는 그대로 자세하게 기록하며, 현재형으로 기술하고 직접화법으로 기술한다.
- 맨 마지막에는 발달 상 중요한 포인트를 적는다.

예시 일화 기록

관찰유아 : 김문식　　성별 : (남) 여　　생년월일 : 2010. 8. 28 (남)
관 찰 일 : 2015년 11월 5일
관찰장면 : 정리시간에 퍼즐 정리하기

관찰시간	기 록
9:30 9:35	문식이가 조작영역에서 퍼즐을 가지고 놀고 있다. 정리시간이 되어, 교사가 정리 피아노를 친다. 문식이는 퍼즐을 맞추지 못해, "어떻게, 나 이거 못 맞추는데."라고 말하며 울상을 짓는다. 옆에 앉은 소이가 "나랑 같이 정리해. 내가 도와줄게."라고 말한다. 문식이는 소이를 보며, "정말?"이라고 묻는다. 소이가 "도와줄게, 같이 정리하자."라고 말한다. 문식이는 소이를 보며 "고마워."라고 말하며 퍼즐을 정리한다.
요약 및 해석	문식이는 의존적이며 스스로 문제해결에 있어 자신감이 결여되어 있으며, 소이는 친사회적 행동을 보임.
지도계획	문식이에 대한 지속적인 관찰을 하고 자신감을 갖도록 관심을 보임.

(3) 시간표집법

시간표집법(time sampling)은 미리 선정된 행동을 정해진 시간 동안 계속 관찰하지 말고 몇 번의 기회를 선택해서 관찰하는 것이다. 관찰은 한 번에 끝나는 것이 아니라 시간 간격에 맞추어 여러 번 시행한다. 이 방법의 장점은 빠르게 일어나는 행동을 체계적으로 관찰하는 데 적합한 것으로 행동이나 사건의 발생 빈도를 파악함으로써 수량화가 용이하고 비교적 짧은 시간 안에 효율적으로 많은 정보를 수집할 수 있다는 것이다. 반면 단점은 외형적 행동 관찰에는 적합하나 유아 내면의 감정이나 생각을 관찰하기에는 부적합하며, 상대적인 빈도만을 제시하므로 유아 행동에 대한 풍부한 정보를 수집할 수 없다는 점이다.

시간표집법의 기록방법에는 행동의 출현여부만을 표시하는 방법, 행동이 나타나는 빈도수를 세기표 등을 사용하여 표시하는 방법, 그리고 마지막으로 행동의 빈도와 지속시간을 추가하여 표시하는 방법이 있다. 시간표집법을 사용할 때 관찰자가 유의할 점은 다음과 같다(이정환 · 박은혜, 1996; 장휘숙, 1996).

- 관찰 대상의 행동이나 사건, 그리고 이를 설명하는 데 쓰이는 용어가 분명하게 정의되어야 한다.
- 전체 관찰시간과 1회 관찰시간을 결정한다.
- 관찰자가 각 관찰 범주의 정의를 충분히 이해하고 대표적인 예를 기억하고 있는 것이 기록에 많은 도움을 준다.

예시 출현 표시 시간표집법

관찰행동 : 대집단활동시 자리에서 일어나는 행동 관찰일 : 2016. 4. 6

유 아	시간단위							합 계
	11:00	11:01	11:02	11:03	11:04	11:05	11:06	
강동민	V				V	V		3
김준기		V	V	V		V	V	5
나경주							V	1
나지선			V		V		V	3

(4) 평정척도법

평정척도법(rating scale)은 미리 정해진 범주에 따라 연속선상에 있는 어떤 특성이나 특질, 성격을 관찰하여 평가하는 방법이다. 이 관찰법은 행동목록법과 같이 관찰하려는 행동을 사전에 알고 있을 때 사용하는 것으로 관찰을 충분히 한 후에 시행하는 것이 바람직하다. 평정척도법은 짧은 시간에 많은 정보를 수집하고 관찰자가 편리한 시간에 기록이 가능하며 특별한 교육 없이도 쉽게 활용가능하다. 한편, 단점으로는 관찰자가 알고자 하는 항목을 모두 개발하기가 쉽지 않고, 관찰 결과에 대한 판단이 요구되므로 개인의 편견이 개입할 가능성이 많다는 점이다. 또한 행동의 수준만을 기록하므로 행동의 원인을 규명해 주지는 못한다는 단점이 있다. 일반적으로 유의할 사항을 살펴보면 다음과 같다.

- 평점을 매기기 전에 그 누구에게도 유아에 대한 의견을 물어보지 않는다.
- 평점을 매기기 전 모든 항목을 읽어본다.
- 평점을 매길 때 유아에 대한 전반적인 인상이 영향을 받지 않도록 한다.
- 유아의 발달을 요약해서 적는다.

예시 평정척도

유 아 명 : 최혜진　　성　별 : 남 (여)　　생년월일 : 2014. 4. 10
관 찰 일 : 2017. 11. 8　　관 찰 자 : 주영은
관찰장면 : 자유놀이시간　　관찰장소 : 교실(쌓기영역)

1. 놀잇감 나누어 쓰기

(1)　2　3　4　5

전혀 못한다　　보통이다　　매우 잘한다

2. 놀이규칙을 지킨다.

(1)　2　3　4　5

전혀 지키지 않는다　　보통이다　　매우 잘 지킨다

요　약 : 소유욕구가 높다. 규칙을 전혀 지키지 않는다. 남을 배려하거나 자신의 욕구를 조절하기가 어렵다.

(5) 행동목록법

행동목록법은 체크리스트라고도 하는데, 이 방법은 교사나 관찰자가 단순히 어떤 기술이나 행동 혹은 발달특성이 나타나는지 알아보고 싶을 때 쓰는 것으로 행동 유무를 기록하는 것이다. 관찰하고자 하는 대상의 현재 상태를 평가하고자 할 때 사용하며, 시간에 따른 발달의 변화를 알고자 할 때도 사용한다. 이 방법의 장점은 특별한 훈련 없이도 사용 가능하며 행동발달 수준을 알 수 있다는 점이다. 그러나 행동의 출현 빈도나 행동의 원인과 같은 구체적인 정보를 수집할 수 없는 단점이 있다.

행동목록법을 통해 수집된 자료는 항목의 명료성과 관찰자의 이해도에 따라 질이 결정되므로 정확하고 모호하지 않게 기록해야 하고 각 항목을 잘 이해해야 한다. 만일 직접 만들어 사용하고자 할 때는 다음 사항을 유의해야 한다(교육부, 2000).

- 관찰목록은 직접 관찰이 가능한 구체적인 행동들로 기술한다.
- 한 가지 행동만을 나타내는 간결한 표현을 사용한다.
- 관찰하려는 항목 또는 행동 특성의 단위를 명확히 한다.
- 관찰항목 간의 상호중복성이 없어야 한다.

예시 행동목록법

관찰아동 : 현은희　　　생년월일 : 2013. 6. 7 (남, ㉵)
관 찰 자 : 김수연　　　관찰날짜 : 2017. 9. 18

- 지시 : 다음의 행동이 관찰되면 '예'에, 관찰되지 않으면 '아니오'에 v표시하시오. 그리고 행동을 관찰한 날짜를 쓰시오.

	예	아니오
1. 유아는 교실의 규칙을 잘 지킨다.	V	
2. 다른 유아와 충돌이 생길 때 스스로 해결한다.		V
3. 자신의 감정을 상황에 맞게 말이나 행동으로 표현한다.	V	

(6) 사건표집법

사건표집법(event sampling)은 하나의 특정한 행동이나 사건이 생길 때에만 관찰하는 방법이다. 이 방법은 관찰자가 특정 행동이 나타날 때까지 기다렸다가 일단 그 행동이 발생하면 관찰하고 기록하기 때문에 언제 꼭 관찰해야 한다는 시간적 제약이 없다. 사건표집법의 종류에는 문제 행동의 전후 사건을 서술하여 행동의 인과관계를 밝히는 데 효과적인 서술식 사건표집법, 문제 행동이 얼마나 자주 일어나는가를 알 수 있는 빈도 사건표집법, 그리고 시작 시간과 끝난 시간을 기록하는 지속시간 표집방법이 있다. 사건표집법을 적용하여 관찰할 때는 다음과 같은 점을 유의해야 한다(이영석 외, 1989; 이은해, 1985).

- 관찰하고자 하는 행동이나 사건의 성격에 대해 분명하게 규정한다.
- 관찰하고자 하는 행동을 언제, 어디서 잘 관찰할 수 있을 것인지를 결정한다.

예시 서술식 사건표집법

관찰유아 : 김주현, 김영준 연 령 : 만 5세 ((남)· 여)
관 찰 자 : 권 유 진 관 찰 일 : 2016년 10월 22일 화요일
관찰행동 : 유희실로 이동 시 줄서기

요 일	사건 전	사건(갈등 상황)	사건 후
10월 22일	등원 후 선생님과 친구들과 인사를 나눈 뒤 날짜이야기를 한 후 기도를 한다. 그 뒤 선생님이 머리에 손 짚어준 친구들부터 문 앞에 교생 선생님 앞에 한줄 기차 한다.	주현이가 달려와 앞터치를 해달라며 영준이에게 손을 내민다. 영준이가 손바닥을 쳐주자 주현이는 "영준이가 앞터치 해줬다."하며 앞으로 온다.	선생님은 그것을 보고 "앞터치 그런 건 없어요." 먼저 온 친구들이 얼마나 속상하겠니?"하며 제자리로 돌려보낸다.
요약 및 해석	· 유아들이 줄을 서서 가려고 하면 모두들 앞에 서고 싶어하는 것 같다. · 친한 친구 앞에 서려고 한다. 그래서 줄을 서서 내려가려 할 때에는 친한 친구에게 앞터치라는 것을 해서 앞으로 나오려고 한다. · 이런 갈등은 교실에 있을 경우에는 생기지 않지만 다른 곳으로 이동하려 할 때 생긴다.		
지도계획	· 교사는 이동할 때마다 누가 그런 행동을 하는지 관찰하기로 하였다.		

예시 빈도 사건표집법

관찰유아 : 장은정　　성　별 : 남 (여)　　생년월일 : 2014. 4. 8
관찰행동 : 우는 행동　　관 찰 자 : 정은진

관찰일	관찰횟수	계
3월 6일	///	3
7일	//	2
8일	///	3
9일	////	4
10일	////	4
합 계		16
평 균		3.2

2) 면접법

면대면(face-to-face)의 접촉을 통한 면접법은 유아에 대한 정보를 유아와 면담하거나 부모나 교사 등 유아를 잘 아는 어른과 면담을 통하여 얻는 방법이다. 면접에서 가장 중요한 것은 신뢰적인 분위기 조성이다.

장점으로는 풍부하고 정확한 정보와 깊이 있는 반응을 얻을 수 있으며 무응답이 적고 회수율이 높다는 점이다. 단점으로는 시간이 많이 들어 비경제적이며 피면접자가 정직하게 대답하지 않을 경우 신뢰도가 떨어진다는 점이다. 또한 면접자의 편견이 개입할 여지가 있고 면접 기술과 역량에 따라 다른 정보를 얻을 수 있다는 점이다.

면접법의 종류에는 면접의 질문 계획 정도에 따라 구조적 면접, 비구조적 면접 및 준구조적 면접으로 나눌 수 있다. 구조적 면접은 질문 내용, 순서, 방법 등이 사전에 정해진 것이다. 준구조적 면접은 사전에 면접에 관한 세밀한 계획을 세우되

면접 장면에서 면접자가 융통성 있는 면접을 하는 방법이다. 비구조적 면접은 면접의 목적만 정하고 질문의 구조, 순서, 방법은 면접자에 의해 정해진다(정용부 · 고영인 · 신경일, 2003). 면접 시의 주의점은 다음과 같다(이영석 외, 1989; 이은해, 1985).

- 면접자는 유아가 느끼는 것과 동일한 느낌을 느낄 수 있는 감정이입 능력을 가지고 있어야 한다.
- 원활한 의사소통이 이루어질 수 있도록 래포를 형성하여야 한다.
- 면접장소의 물리적 환경과 친숙해질 수 있는 시간을 충분히 제공해야 한다.
- 피면접자의 이해수준에 맞게 적절한 질문을 하되 쉬운 질문부터 시작하여 어려운 질문으로 연결한다.
- 면접자는 피면접자의 대답에 영향을 주지 않도록 유의해야 한다.
- 면접시간은 주의집중 시간을 고려해서 결정하도록 한다.

3) 포트폴리오

(1) 정의 및 목적

포트폴리오 평가는 단편적 또는 일회적으로 평가하는 것이 아니라 유아 개개인의 변화, 발달과정을 종합적으로 평가하기 위해 전체적이면서 지속적으로 평가하는 방법이다. 포트폴리오라는 용어는 일반적으로 예술가나 건축가들이 자신의 재능을 보여주기 위해 작품 활동과정에서 이루어 놓은 작품들이나 스케치를 모아놓은 것을 의미한다(배호순, 1997).

교육상황에서의 포트폴리오는 한 가지 또는 그 이상의 영역에서 오랜 기간에 걸친 유아의 노력, 진보, 성취를 시기별로 설명하는 유아의 작품모음을 말하는 것이다(Arter & Spandel, 1992; Meisels & Steels, 1991). 포트폴리오 평가는 수집된 기록물들을 근거로 유아들의 학습 및 수행력을 향상시키거나 모니터하기 위해 고안된 평가의 한 유형이다(Shaklee et al., 1997). 포트폴리오 평가의 구체적인 목적을 살펴보면 다음과 같다(Meisel & Steele, 1991).

첫째, 교수활동과 평가를 통합할 수 있도록 돕는다. 유아의 포트폴리오에 담긴 정보들은 자체가 교육과정의 결과이기 때문에 교사가 개별유아의 요구를 알아보는 데 도움을 준다.

둘째, 교사, 부모, 원장 그리고 다른 결정권자에게 유아의 진보나 학습에서의 다양한 활동에 대한 정보를 제공해 준다.

셋째, 유아들에게 자신의 작업을 평가하는 데 참여하게 할 뿐 아니라 자기반성의 기회를 제공한다. 이런 과정을 통해 유아들의 성장과 성취를 타당하게 평가할 수 있는 방법을 제공한다.

넷째, 유아의 발달을 계속 추적해 가며 기록한다. 즉, 포트폴리오는 장시간에 걸친 유아의 성장과 학습을 나타내는 것으로, 유아들의 변화를 관찰할 수 있게 해준다.

다섯째, 유아의 전체적인 발달의 질을 평가하는 기초를 제공해 준다. 포트폴리오는 일정 기간 동안 지속적으로 교실에서 이루어진 유아들의 발달상의 변화와 학습 성과의 변화에 초점을 두어 하나 또는 그 이상의 항목을 수집한 것으로 총체적인 발달 수준을 평가하는 데 효과적이다.

(2) 자료

포트폴리오 항목은 유아의 발달과 연령, 프로그램의 목표, 교육과정 또는 발달영역과 교사의 선호도에 따라 다양화될 수 있다. 유아의 성취에 대한 다양한 자료, 방법, 내용을 제공하기 위해서는 항목을 조합하여 선택하는 통합적인 접근 방법을 사용하는 것이 바람직하다.

포트폴리오에는 다양한 맥락에서 관찰한 기록물, 면접내용, 창의적인 쓰기 샘플, 작업 결과물, 읽은 책의 목록, 유아의 활동 및 작품사진, 체크리스트, 평정척도, 부모 관찰지, 유아의 활동평가 기록, 유아의 대화 및 이야기 기록, 교사의 저널 기록 외에도 전통적인 평가결과 등 다양한 형식이 포함될 수 있다.

(3) 절차

포트폴리오 평가의 타당성 및 신뢰성을 높이기 위해서는 평가의 절차 및 방법을 체계화하고, 이에 입각한 객관적이고 공정한 평가활동을 전개하는 것이 필요하다. 최일선과 조운주(2010)는 포트폴리오 구성 절차를 계획, 자료수집, 포트폴리오 구성, 보고 및 활용의 4단계로 구분하였다. 먼저 첫째, 계획단계에서는 평가목적, 평가내용, 수집할 핵심항목(자료유형), 수집 시기 등을 계획한다. 둘째, 자료수집 단계에서는 계획한 자료들, 유아들의 작업 견본, 일화기록, 인터뷰 내용 등을 일관성 있게 수집하고 교사의 논평을 적어둔다. 셋째, 포트폴리오 구성 단계에서는 수집한 자료들을 정리하고 종합하며 해석하여 논평을 적어서 구성한다. 넷째, 보고 및 활용 단계에서는 다음 학기의 교육계획에 반영하거나 부모 상담 등에 활용한다.

(4) 주의점

포트폴리오가 단순한 자료모음집이나 결과물만이 아니라 유아의 학습에 도움이 되는 평가의 도구로서 활용하기 위해서는 다음과 같은 조건을 갖추어야 한다. 첫째, 일정기간 동안 목적을 가지고 체계적으로 수집한 유아들의 작품이 있어야 한다. 둘째, 유아의 작품이나 활동에 대한 교사의 의견이 제시되어야 한다. 셋째, 유아행동에 대한 관찰결과가 포함되어야 한다. 넷째, 교사 자신이 포트폴리오의 목적과 그 활용에 대해 인식하고 있어야 한다(황해익 외, 2001).

사회관계-1회

평가내용: 나를 알고 존중하기/ 더불어 생활하기
핵심항목: 사진 및 관찰기록 관 찰 일: 2019년 10월 18일
유 아 명: 정진수 관찰장면: 쌓기놀이영역(자유놀이시간)

진수는 친구들이 쌓기놀이를 하고 있는 곳으로 가서 친구들의 놀이를 방해하지 않고 지켜본다. 그리고 아무말 없이 옆에 앉는다. 수연이가 "너도 할 래"라고 말하자, "어, 나도 해도 돼? 고마워!"라고 말한 후 블록을 집었다.

관찰내용		미흡함	보통	잘함	관찰안됨
나를 알고 존중하기	나의 감정을 알고 상황에 맞게 표현한다.	V			
더불어 생활하기	친구와 서로 도우며 사이좋게 지낸다.		V		
	서로 다른 감정, 생각, 행동을 존중한다.		V		
	친구와 어른께 예의를 지켜 행동한다.			V	
	약속과 규칙을 지킨다.		V		
논평	진수는 친구들이 먼저 놀이를 하고 있을 때 방해하거나 함부로 끼어들지 않으며, 적극적으로 먼저 자신의 감정을 표현하지 않는다. 친구들에게 친사회적인 언어표현을 상황에 맞게 사용하지만, 자신의 생각이나 느낌을 적극적으로 표현하는 태도를 가질 필요가 있다.				

포트폴리오 관찰 결과물

2. 형식적 평가

형식적 평가인 심리검사는 전반적인 인지적 능력과 정서 상태, 성격 특성에 대한 객관적인 평가와 개인의 문제영역과 관련된 세부적인 특수검사(행동, 학습, 언어 영역 검사)들을 시행하는 것이다. 이러한 검사는 개인이 보이는 문제점들을 밝혀내고, 그와 더불어 잠재력과 강점 및 약점들을 파악하여 가장 적합하고 효율적인 지도방법들을 설계하는 데에 효과적이다.

검사 도구를 선정할 때에는 표준화 과정에 의해 올바르게 제작된 것으로 제작 시기가 오래되지 않아야 하며, 검사의 타당도, 신뢰도가 높은 것인지를 알아야 한다.

유아는 발달 속도가 빠를 뿐 아니라 통합적으로 발달하기 때문에, 검사는 한 유아를 대상으로 개별적으로 실시되어야 한다. 그리고 검사는 상황에 따라 유아의 반응이 제한적으로 나타나므로 교사는 유아발달 전문가와 연계하여 적절한 도구를 선정하여 교육에 활용하는 것이 바람직하다. 특히 검사도구 자체에 전체적으로 의지하기보다는 보완적인 방법으로 인식하는 것이 필요하다. 심리검사에는 지능검사를 비롯하여 성격검사, 사회성숙도검사, 발달검사 등 여러 종류가 있다.

1) 지능검사

지능검사는 유아의 전반적인 인지발달 수준과 하위영역에 대한 분석을 통하여 유아의 인지적 측면의 문제점을 평가, 진단하는 데 있어 밑받침이 되는 검사이다. 지능에 대한 정의가 다양하기 때문에, 그에 따른 지능검사도 다양하다. 지능의 평균치를 기준으로 유아 개개인의 능력을 비교 평가하지 않도록 주의하면서, 개인내의 차에 대한 이해를 얻기 위한 자료로 활용하도록 유념해야 한다.

2) 성격검사

성격검사는 흔히 인성검사라고 하며, 유아의 정서적인 성격의 부적응을 측정하는 방법으로 질문지법과 투사법이 있다. 질문지법은 정서적인 성격상의 부적응을 측정해 내는 데는 한계가 있어 일반적으로 투사법이 사용된다. 투사법의 종류에는 주제통각검사(TAT), 아동용 주제통각검사(CAT), Rorschch 검사, Rosenzweig 그림좌절검사, BGT 등이 있다. 이와 같은 투사법은 검사자가 제시하는 자극에 피험자의 시선을 집중시켜, 피험자의 무의식 세계 속에 잠재해 있는 성격의 경향을 자연스럽게 알아내는 데 유용하다. 투사법의 장점은 응답자에게 일정한 의미나 정답이 제시되지 않는다는 것이다. 또한, 개인의 독특한 반응에 대한 제한이 없으며, 성격의 여러 차원에 대한 해석이 가능하여 다요인적인 해석이 이루어진다는 점이다(박영숙, 1989).

3) 사회성숙도검사

사회성숙도검사는 개인의 성장 또는 변화가 적응행동에 미치는 영향이 크다는 것을 인식하고 적응행동을 측정하는 검사이다. 검사 문항을 행동영역별로 검토함으로써 검사받는 유아의 영역별 행동수준을 측정할 수 있다(안영진 · 장선철, 2002).

4) 발달검사

발달검사는 유아의 생물학적 성숙에 따르는 기본 능력과 환경적인 자극에 따라 변화되는 다양한 범위의 행동을 평가하기 위한 검사이다. 측정 범위는 인지적인 기능뿐 아니라 운동적인 기능과 사회적인 반응을 포함하고 있다. 발달검사의 목적은 초기에 발달지체를 발견하여 이를 중재함에 있다. 구체적인 검사유형 및 내용을 살펴보면 〈표 11〉과 같다.

〈표 11〉 심리검사 유형 및 내용

유형	검사명	대상 연령	제작자	출판사	특징
지능 검사	K-ABC 검사	2세 6개월-12세 5개월	문수백 외 (1997)	학지사	• 순차처리척도 동시처리척도, 인지처리과정척도 습득척도로 구성되며 검사자의 질문에 답하는 것으로 진행. • 16개의 하위검사로 구성되어 있지만 어떤 경우에도 유아에게 13개 이상의 하위검사를 실시하지 않고 연령별로 검사시행 문항이 다름.
	KEDI-WISC검사	만 5세-만 15세	박경숙 외 (1987)	도서출판 특수교육	• 개인성 검사로 12개 소검사 중 숫자로 미로 검사를 제외한 10개만으로 지능지수 산출. • 언어성검사(상식, 공통성, 산수, 어휘, 이해, 숫자)와 동작성검사(빠진 곳 찾기, 차례맞추기, 토막짜기, 모양맞추기, 기호쓰기, 미로)로 구성.

유형	검사명	대상 연령	제작자	출판사	특징
지능 검사	KISC	만 3세 6개월-만 6세 6개월	한국행동과학연구소 (1993)	행동과학연구소	• 지각력, 어휘력, 이해력, 수리력, 사고력 검사를 포함하여 하위검사별 24문항씩 120문항으로 구성. • 피검사자는 검사자의 지시문을 듣고 문항을 풀 수 있으므로 언어장애나 정서장애 아동에게 시행 가능
	한국 Wechsler 유아지능 검사 (K-WPSSI)	만 3세-7세 3개월	박혜원 등 (1996)	도서출판 특수교육	• 동작성검사(모양맞추기, 도형, 토막 짜기, 미로, 빠진 곳 찾기, 동물짝 짓기)와 언어성 소검사(상식, 이해, 산수, 어휘, 공통성, 문장)로 구성. • 보충검사(동물짝짓기, 문장)를 제외한 10개의 소검사로 지능지수 산출.
	한국판 그림지능 검사 (P.T.I)	4세-7세	서봉연 외, (1985)	중앙적성연구소	• 어휘력, 수계산 능력, 지각적 조직능력, 기억력 및 추리력 측정. • 지능지수는 편차지능지수와 정신연령으로 계산
학습 준비도 검사	학습준비도 검사	5세-6세	이연섭, 김성일 (1981)	한국교육개발원	• 환경과의 관계, 협응 능력, 변별력, 기억력, 이해 개념 형성 • 일반 상식, 소근육 운동, 대근육 운동, 시각 운동 기능, 어휘, 인물화, 청각 변별, 시각 변별, 청각 기억 I (단어), 청각 기억 II (문장), 시각 기억으로 구성
	유아학습 준비도 검사	4.6세-6.5세	한국교육개발원 박혜정 외 (1987)	동아출판사	• 운동 협응력(소근육 운동 및 협응, 대근육 운동 및 협응), 변별력(시각 변별, 청각 변별), 기억력(시각 기억, 청각 기억), 개념 형성(분류, 서열화, 수개념, 공간 및 시간 개념), 이해력(낱말 이해, 문장 이해, 이야기 이해) 등 5개 영역을 평가하는 13개 검사로 구성.

유형	검사명	대상 연령	제작자	출판사	특징
학습 준비도 검사	계몽학습 준비도 검사	6세-7세	계몽아동 연구소 (1993)	계몽아동 연구소	• 언어생활, 수생활, 일상생활영역으로 구성되며, 각각 15문항, 15문항, 10문항 등 총 40문항으로 구성.
언어 검사	그림 어휘력 검사	2세-8세 11개월	김영태 외 (1995) Peabody Picture Vocabulary Test Revised (표준화)	서울 장애인 종합복지관	• 검사내용 구성은 초등학교 교과서와 언어발달에 관한 논문들을 근거로 하여 112개 어휘를 그림자료를 활용한 4지선다형으로 구성하여 검사자가 지시하는 것을 손가락으로 가리키게 함. • 생활연령별 시작 문항이 다르며 등가연령 산출 • 품사별(명사, 동사, 형용사, 부사), 범주별(동물, 건물, 음식, 가구, 가정용품, 신체부위, 직업, 도형, 식물, 학교 및 사무실의 비품, 기구 및 장치, 악기, 교통기관)로 구성하여 평가.
	언어이해 · 인지력 검사	3세-5세 11개월	장혜성 외 (1992) The Bans Receptive Checklist 표준화	서울 장애인 종합복지관	• 그림 자료, 블록, 구슬, 동전, 종이와 연필 등의 검사자료 사용. • 대명사, 부정어, 크기 개념, 위치 개념, 색 개념, 수 · 양 개념, 남녀 개념, 비교 개념, 분류 개념, 소유격, 시제, 단수 · 복수 개념, 의문사 사물의 기능 비교분류, 소유, 성구별 등 총 40개의 문항으로 구성.
	취학 전 학생의 수용-표현언어 검사(PRES)	2세-6세	김영태 외 (2003)	도서출판 특수교육	• PRES는 표준화검사로 검사는 그림, 사물, 면담 또는 지시 등의 다양한 방법을 사용하여 실시. • 2-3세는 3개월 발달단계마다, 4-6세는 6개월 발달단계마다 3문항씩 선정하여 수용언어 및 표현언어검사에서 각각 45개 문항, 총 90개 문항으로 구성.

유형	검사명	대상 연령	제작자	출판사	특징
발달 검사	한국판 DIAL-3	만 3세~ 만 6세 11개월	전병운 외 (2004)	도서출판 특수교육	• 5개 발달영역(운동, 인지, 언어, 자조, 사회성)으로 구성되어 있으며, 사회성영역의 보완영역으로 심리사회적 행동영역이 포함. 각 영역별 문항은, 각각 7문항, 7문항, 6문항, 15문항, 20문항, 9문항이다. 이때 운동, 인지, 언어영역은 세부과제로 구성. • 운동, 인지, 언어영역은 검사자가 직접 검사를 시행하며, 심리사회적 행동영역은 행동관찰을 통해 평정. • 자조영역과 사회성영역은 부모용으로 제작된 질문지 사용.
발달 검사	한국형 DenverII	0세~ 만 5세 12개월	신희선 외 (2002)	현문사	• 4개 발달영역(개인-사회성발달, 미세운동 및 적응발달, 언어발달, 운동발달)로 구성되며, 각 영역별 문항수는 22개, 27개, 34개, 27개 등 110문항임. • 검사자가 주관적으로 검사도중 유아가 보이는 전반적 행동을 평정하도록 5개의 검사행동문항 포함.
발달 검사	영유아 언어, 인지, 사회 정서 발달평가도구 (KEBA 2 to 5)	만2세~ 만5세	이종숙 외 (2008)	제주 특별시 자치도 · 교육과학 기술부	• 만 2세에서 만 5세까지의 영유아를 대상으로 언어발달 7지표, 인지발달 11지표, 사회 · 정서 발달 15지표로 총 33지표로 구성. • 연령별로 각각 문항이 구성되어 있으며, 관찰형, 단서제시형, 과제제시형 등 역동적 평가로 구성.
성격 검사	유아 성격검사	4세~ 7세	송인섭 (1995)	학지사	• 성격진단과 자아발달, 정서발달, 정신건강여부측정 • 학문성, 사회성, 가족성, 정서성, 타당성 영역으로 구성되어 있으며 총 26개 문항으로 구성. • 검사카드는 성격특성을 나타내는 문항과 이에 대응하는 원색그림으로 구성되어 있고 개인검사로 실시.

유형	검사명	대상 연령	제작자	출판사	특징
성격 검사	한국아동 인성검사	만 4세~ 만 14세	김승태 등 (1997)	한국 가이던스	• 임상장면에서 유아의 정신과적인 문제를 선별진단하고 학교장면에서 심리적 도움을 필요로 하는 유아들의 조기 발견 시 도움. • 225문항, 16개 척도로 구성되어 있으며, 최근 6개월간 유아와 같이 생활한 보호자가 문항에 답하도록 하여 각 척도별로 내용분석을 함.
적응 행동 · 사회 · 정서 검사	사회 성숙도 검사	0세~ 성인	김승국, 김옥기 (1995)	중앙적성 연구소	• 자조, 이동, 작업, 의사소통, 자기관리, 사회화영역검사. • 개인의 사회지수 계산.
	유아 정서지능 평가도구	유아	이영자 외 (2000)	덕성여자 대학교	• 정서지능의 4영역(정서의 인식과 표현, 정서에 의한 사고촉진, 정서지식의 활용, 정서의 반영적 조절),영역별 4수준. 수준별 43개항목으로 구성. 총 168개의 문항으로 이루어짐. • 교사가 일과상황에서 정서지능과 행동을 관찰하여 4단계 평정 함.

2 부모상담

유아의 바른 생활지도를 위해서는 가정에서의 생활과 유아교육기관에서의 생활 간의 연계 및 상호 이해가 필요하다. 이를 위해서 부모와 교사는 유아의 생활에 대한 정보를 공유하고, 문제점을 의논하여 함께 유아를 지도해야 한다. 교사는 부모를 상담하여 가정에서의 문제 상황을 파악해야 할 뿐 아니라 부모에게 바른 유아지도 방법에 대한 정보와 지식을 제공하는 역할 또한 수행해야 한다. 특히 유아의 문제행동의 대다수는 가정의 분위기나 부모의 양육태도, 혹은 가족 간의 심리적인 갈등에서 비롯된 경우가 많기 때문에 부모상담은 유아의 생활지도에 도움이 된다.

대부분의 부모들은 양육에 대한 한두 가지의 어려움과 자녀의 문제에 대한 고민을 가지고 있다. 특히, 현대의 부모들은 사회적인 변화로 인하여 과거보다 자녀양육에 더 많은 어려움을 경험하면서 어떻게 자녀를 지도해야 하는지 혼란스러워한다. 따라서 교사들은 부모들의 이러한 일반적인 특성을 부모 상담에 앞서 이해하는 것이 필요하다. 현대 부모들의 특성을 살펴보면 다음과 같다(가족스트레스연구회, 1994; 오영희 · 엄정애, 1999).

- 부모역할을 준비할 기회가 전혀 없다.
- 부모는 자신에게 문제가 있는 것은 아닌지, 부모역할을 제대로 하고 있는지, 자녀의 문제를 바로잡을 수 있을지 등 걱정이 많다.
- 대부분의 가정에서는 한두 자녀만을 양육하기 때문에 부모에게 자녀들은 가장 소중한 존재이다.
- 내 아이 만큼은 다른 아이보다 뛰어나기를 원한다.
- 학교 들어가기 전에 기초적인 학습지도를 시켜야 좋은 대학에 진학할 수 있다고 생각한다.
- 자녀수가 줄고, 경제적 수준이 나아지면서 특기교육 하나쯤은 시켜야 한다고 생각한다.
- 취업모가 증가하면서 유아교육기관에서 교육뿐 아니라 보호까지도 책임져 주기를 원한다.
- 핵가족, 이혼가정의 확대로 가정이 불안해지면서 부모역할에 대한 불안감이 커지고 자녀양육에 대해 누군가의 도움을 원한다.

1. 부모상담 원리

교사와 부모의 상호작용은 신뢰와 존중에 근거해야 하기 때문에 교사와 부모는 서로를 점차 알아가는 것이 필요하다. 교사가 유아에게 관심을 가지고 있고, 부모와 긍정적인 관계가 형성되어 있을 때, 부모와 의논하는 것은 더 쉬워진다. 특히 문제에 대한 논의는 신뢰와 상호 존중이 있을 때 더욱 용이하다(Essa, 2003). 부모상담 시 기본적으로 고려할 원리는 다음과 같다(교육과학기술부, 육아정책연구소, 2012; Waters, 2012).

1 마음읽기

- 부모가 궁금해 하는 것(유아의 기관적응, 또래관계, 발달 상태, 문제 행동 및 이에 대한 정보와 해결책)을 파악하여 알려준다.
- 상담에 임하는 부모의 정서와 입장에 대하여 이해할 필요가 있다.
- 교사는 부모가 자녀의 문제를 어느 정도 인식하고 걱정을 하지만, 한편으로는 인정하고 싶지 않은 이중적인 마음이 있음을 이해해야 한다.
- 부모마다 성격이 다양하고 유아교육기관에 대한 기대도 다르기 때문에 각각의 특성 파악과 대처방안을 세워두는 것도 필요하다.

2 친밀감 형성하기

- 부모와의 친밀한 관계 정립을 위해 교사의 편안한 마음과 성심껏 임하는 태도가 중요하다.
- 교사와 부모는 동반자라는 인식과 함께 유아에 대한 이해와 소통을 활발히 할 수 있도록 한다.
- 부모가 교사에 대한 인정과 신뢰감이 형성되도록 진실해야 하며 그러한 이미지를 만들기 위해 노력한다.

3 수용하고 존중하기

- 부모의 입장을 이해하고 존중하는 교사는 부모의 생각에 동조할 수 없는 경우라도 긍정적이고 수용적인 태도를 가져야 하며, 직접적인 거부보다는 서로가

다른 생각을 가지고 있음을 부드럽게 표현하는 것이 바람직하다.

- 언어적 방법이나 비언어적 방법으로 부모의 표현을 존중하며 반응해 준다.

④ 적극적 경청하기

- 경청은 잘 듣는 것인데 부모의 언어적인 메시지와 비언어적인 메시지가 모두 포함된다. 이를 통해 부모 및 유아에 대한 정보 수집이 수월할 뿐 아니라 부모의 기대와 욕구, 문제 상황 등을 보다 명료하게 이해할 수 있다.
- 부모 및 유아의 정보를 수용할 때는 교사의 사회문화적 배경과 교육 및 훈련이 편견으로 작용하거나 교사의 건강 상태, 개인적 가치관 및 신념의 차이 등에 영향을 받지 않도록 주의해야 한다.

⑤ 공감하기

- 공감은 서로 마음을 깊게 나누는 과정이며 친근함을 표현하는 좋은 방법이므로 상담의 순간마다 정서적으로 유아의 문제를 함께 걱정하는 동반자로서 부모와 함께 노력한다는 것을 보여준다.
- 교사는 스스로 생각할 여유를 가지고 부모가 표현한 감정, 기대, 욕구가 무엇인지, 부모가 지금 말하려고 하는 것이 무엇인지에 대해 생각해 본다.
- 교사가 부모의 정서를 반영하여 공감한 내용을 부모에게 재전달할 경우에는 부모가 말한 내용의 핵심을 파악하여 짧고, 정확하게 전달해야 하며, 이때 언어, 태도, 행동에 일관성을 갖도록 한다.

⑥ 유아를 상호이해하고 교류하기

- 유아의 적응에 대한 이해를 돕기 위해 놀이관찰기록, 행동발달기록부, 포트폴리오, 사진, 검사결과지, 생활기록부, 놀이계획표 등 다양한 자료를 준비하고 유아의 발달에 유익한 정보를 함께 나눈다.
- 부모들이 유아나 교육프로그램에 관한 질문을 할 때 교사는 최대한 성심성의

껏 안내해 주어야 하지만 책임질 수 있는 범위를 잘 알고 있어야 한다.

⑦ 효과적인 질문 사용하기

- 가능하면 개방적인 질문을 사용하여 부모가 좀 더 포괄적인 의견, 사고, 감정 및 관점을 이야기할 수 있도록 돕는다.
- 직접적 질문의 방식보다 간접적으로 질문하는 것이 상대방에게 더 편안함을 준다.
- 두 가지를 동시에 질문하지 않고 한 번에 한 가지의 질문만 하도록 한다.
- '왜' 라는 질문은 질책을 당하는 느낌을 줄 수 있으므로 되도록 피하는 것이 좋다.
- 부모의 질문에 대한 단정적이고 결정적인 답변을 피하는 것이 좋다.
- 교육 전문용어는 필요할 때 사용할 수 있으나 되도록 많이 사용하지 않는다.

⑧ 협력적 관계 형성하기

- 바람직한 유아의 성장과 발달을 위하거나 문제가 발생한 경우, 교사는 부모와 협력할 때 유아에게 최대한 그리고 최적의 도움을 제공해야 함을 명심해야 한다.
- 교사는 부모에게 필요한 정보를 제공하고 유아에게 도움이 될 수 있는 방법을 알려주며, 문제해결을 위해 서로가 책임감을 가지고 상호 도움이 필요할 때 도움을 제공할 것임을 믿게 하고 인식하도록 하는 것이 중요하다.

부모 상담은 교사와 부모가 정해진 상담 시간에 만나서 진행하는 경우도 있고, 전화를 활용하여 상담하는 경우도 있다. 또는 부모가 유아를 데리고 오거나 가는 시간에도 이루어질 수 있다. 정규적인 부모 상담을 위해서 교사는 사전에 충분한 상담 준비를 하고, 상담의 진행 절차에 따라서 체계적으로 진행해야 한다. 상담 후에는 상담 내용을 기록해 두어 유아 지도에 활용한다. 일반적인 부모상담 진행과정은 〈표 12〉와 같다(교육인적자원부, 2001; ESSA, 2003).

〈표 12〉 부모상담 진행과정

구 분	내 용
상담 준비	교사는 부모와 사적으로 만날 수 있는 조용한 공간을 준비한다.
	교사는 유아의 장점, 좋아하는 활동, 친구, 성취 등 유아와 관련된 정보를 준비한다.
	상담할 내용을 적는다.
	부모와 의논할 내용을 사전에 준비한다
상담 진행	상담장소와 시간을 정한다
	상담장소를 정돈한다
	인사를 나누고 부모를 따뜻하게 맞이한다.
	부모 상담의 취지를 설명한다.
	비밀은 보장된다는 것을 알려 주어 부모와의 신뢰감을 형성한다.
	유아의 문제에 대해서 이야기하기 전에 좋은 점에 대해서 먼저 말한다.
	교사는 관찰한 것을 설명하는 사실적인 정보만을 제공하고, 유아의 행동을 과도하게 분석하거나 해석하는 것은 피한다
	부모와 교사가 함께 역점을 두고 지도할 사항에 대해서 논의하고, 교사는 자신이 사용한 문제행동 지도방법을 부모와 공유한다
	부모에게 설교하거나 강의하지 않도록 하며, 직접적인 충고보다는 해결책 중에서 부모가 의사결정을 하게 한다.
	교사는 비록 유아의 부적절한 행동지도 방법을 알고 있더라도 비난하지 않도록 유의하면서 가능한 한 부모의 의견을 듣고 문제해결을 위해서 의논한다
	언급된 사항, 필요한 사항을 기록하고 교사에게 부탁하고 싶은 말을 할 기회를 주고 면담을 끝낸다
상담 정리	부모 귀가 후 중요한 사항은 간단히 기록해 둔다.

교사는 일반적으로 부모와 일 년에 한두 번 정도의 정규상담 시간을 갖는다. 이러한 일반적인 상담 이외에 문제 행동을 보이는 유아들의 부모와는 비정규적인 상담의 시간을 갖도록 한다. 왜냐하면 유아의 부적절한 행동을 다루기 위한 가장 효과적인 전략은 부모와 교사가 해결을 함께 찾는 것이기 때문이다.

2. 부모상담 전략

제시한 일반적인 상담 원리뿐 아니라 부모를 상담할 때에는 부모의 특성을 고려하여 그에 따른 적절한 상담전략을 사용하는 것이 효과적이다. 부모의 특성에 따른 상담 방법을 살펴보면 다음과 같다(Boutte, Keepler, Tyler, & Terry, 1992).

① 불친절하고 적대적인 부모

- 부모-교사 상담 및 모임에 참여하도록 격려한다.
- 교사가 확신을 가지고 견해를 말한다.
- 자녀의 발전에 대한 구체적인 증거를 보여준다.
- 부모의 긍정적인 행동을 칭찬한다.
- 부모가 화를 내면 감정을 가라앉힐 시간을 제공한다.
- 부모를 공격하지 않고 친절함을 유지한다.
- 부모가 적대적이면 상담의 목적을 상기시킨다.
- 상담이 어려우면 원장이나 다른 교직원의 도움을 받는다.

② 모든 것을 아는 것처럼 행동하는 부모

- 교사는 부모에게 유용한 정보 제공자라는 것을 인식시킨다.
- 부모와의 모임을 철저하게 준비한다.
- 부모가 말하는 것을 경청하고 부모가 말하는 어떤 것도 방해하지 않는다.
- 방어적으로 대처하지 말고, 융통성을 가지면서 가능한 한 부모의 아이디어를 수용한다.
- 부모가 참여하고 도울 수 있는 기회를 제공한다.
- 관련된 정보를 공유한다.

③ 자주 불평하는 부모

- 교사는 때때로 실제적인 문제를 지적할 수 있으므로 귀를 기울이는 것이 필요하다.
- 방어적으로 반응하지 말고, 부모의 불평을 주의 깊게 들어준다.
- 불평을 들어는 주되, 불평에 동의하거나 사과하지 않는다.
- 사실만을 설명하고 인식시킨다.
- 실행이 가능한 것이면 제안을 수용한다.
- 문제를 해결하도록 세부적인 질문을 한다. 질문의 한 예로 "어머님, 그러면 어떻게 하고 싶으세요?"를 들 수 있다.

④ 반응이 없고 부끄러워하는 부모

- 부모-교사 모임에 적극적으로 참여하도록 격려한다.
- 상담의 목적을 진술한다.
- 개방적인 질문을 통해 부모의 생각을 끌어낸다.
- 교사가 대화를 독점하지 않는다.
- 부모를 격려한다.
- 반응할 시간을 준다.
- 부모의 장점에 대해서 이야기하고 긍정적인 피드백을 제공한다.
- 점차 부모의 참여를 증가시킨다.

⑤ 확신이 부족한 부모

- 자녀의 교육에 부모를 참여시킬 수 있는 방법을 생각해야 한다.
- 부모-교사 모임에 참여하도록 격려한다.
- 부모의 장점에 확신을 준다.
- 자녀와 활동할 수 있는 방법 및 자료를 알려 준다.
- 부모가 이해할 수 있는 언어를 사용한다.
- 세부적인 행동에 대해서 이야기를 한다.

5 유아생활지도의 전략 및 방법

1 유아생활지도의 전략

유아가 성장하고 학습하기 위해서는 가르치고 지도하고 지원해 주는 교사가 필요하다. 교사의 긍정적이고 지원적이며 연령에 적합한 방법을 사용하여 유아의 행동을 지도하는 역할은 중요하다. 유아를 지도할 때 가장 중요한 것은 유아의 발달 능력과 요구를 고려하여 연령에 맞게 지도하는 것이다. 예를 들어 2세 유아는 이해력이 제한되어 있어서 반복적인 지도가 필요한 반면, 5세 유아는 유능한 문제해결사가 되는 것을 배울 수 있다. 교사는 보다 긍정적이고 효과적인 지도전략을 활용해야 한다. 교사의 지도전략과 대화기법을 제시하면 다음과 같다.

1. 지도전략

교사가 보여주는 지도전략은 유아의 생활지도에 긍정적이거나 부정적인 영향을 줄 수 있다. 효과적인 생활지도의 전략은 개별적인 유아의 특성에 기초하는 것이다. 교사가 사용할 수 있는 긍정적, 부정적 지도전략을 소개하면 다음과 같다(Extension, 2012; Katz & McClellan, 2001).

1) 긍정적인 지도전략

① 유아와 부모들과 개방적으로 의사소통하기

교사는 유아와 부모에게 자신의 관점을 정직하고 비판적이지 않게 표현하려고 노력해야 한다. 이 과정에서 교사는 유아와 부모의 관점을 개방적으로 성심껏 경청하려는 태도를 갖도록 해야 한다. 교사만 일방적으로 이야기하지 말고 유아와 함께 이야기하도록 노력해야 한다. 유아들은 교사가 자신에게 이야기할 때 주의해서 듣지 않을 수 있다. 효과적인 지도는 교사가 유아의 눈높이에서 대화를 나눌 때 보다 효과적이다. 눈을 맞추거나, 어깨를 어루만져 주면서 유아들과 대화하는 것이 필요하다. 교사가 설명으로 유아들의 충동을 제한하기보다는 유아에게 반응할 시간을 주고 진지하게 자신들의 입장을 말할 시간을 주는 것이 바람직하다.

② 감정에 대한 존중감 표현하기

교사는 기대하고 바라는 것을 솔직하고 구체적인 방법으로 명료하게 말하면서 유아의 감정에 대한 존중감을 표현할 수 있어야 한다. 유아의 잘못된 행동을 이야기할 때는 공개적으로 하지 말고 개인적으로 한다. 규칙을 지켜야 하는 이유를 상기시키고 유아가 다르게 할 수 있는 행동에 대해 토의한다.

③ 권위와 신용 확립하기

교사의 신용은 자신이 말한 것을 잘 지키는 사람으로서 유아에게 어느 정도 인식되는가에 기초한다. 따라서 교사가 자신의 신용을 높이기 위해서는 자신이 한 말을 일관성 있게 지키도록 노력하고, 유아들에게 최대의 관심거리라고 생각되는 제안이나 방향은 끝까지 추진하는 것이 중요하다.

4 성격을 긍정적으로 표현하기

유아의 특성에 대한 부정적인 생각은 교사로 하여금 문제행동에만 초점을 맞추게 하기 때문에 긍정적으로 성격을 기술하는 것이 중요하다. 긍정적으로 성격을 표현하는 것은 유아들이 긍정적으로 반응하는 것을 도와주며, 유아의 경우에는 사회적 기술을 연습하고 사용할 수 있는 기회를 제공한다.

5 충동조절을 장려하기

유아들에게 절대로 거칠게, 굴욕감을 느끼게, 무례하게 또는 얕보는 듯이 행동해서는 안 된다. 하지만 때로는 유아의 충동을 조절시키기 위해서 일대일로 만나는 자리에서 단호하게 또는 엄격하게 할 필요가 있다.

6 개인차를 수용하기

유아와 개인적인 대화시간을 갖고 대안 활동을 계획함으로써 유아의 개인차와 자율성을 인정해 주어야 한다. 그러나 유아의 감정을 이해하고 존중하는 것은 반드시 그러한 감정들을 무조건 수용해 주어야 한다는 의미는 아니다.

7 기본적인 규칙을 실행하기

교사는 모든 유아에게 똑같이 적용되는 기대, 제한, 규칙을 제시함으로써, 교실의 친사회적 분위기를 창출하도록 돕는다. 기본적인 규칙은 간단하고 이해하기 쉬워야 하며, 규칙에 대한 유아들의 제안을 신중히 고려하는 것이 중요하다. 교사는 유아들과 규칙에 대해 토론하고 기록하며, 규칙에 대해 자주 반복하는 것이 필요하다. 유아들이 지켜야 할 몇 가지 규칙의 예를 든다면, '서로 돕기', '놀잇감 조심해서 사용하기', '고맙다고 말하기', '친절하게 대하기' 등이 있다.

8 친사회적 성향을 강화하기

많은 유아들이 사회적 상황에 적응하는 데 필요한 지식과 기술을 가지고 있어도 이를 사용하는 성향은 충분히 길러지지 않을 수 있다. 따라서 유아들의 시도를 격려하면서 친사회적 성향을 강화해야 한다. 교사는 각 유아가 좋은 행동을 할 때마다 격려하는 것이 바람직하다. 유아들은 교사로부터 격려를 받는 또래를 관찰하면서, 타인과의 관계를 맺는 구체적인 친사회적 기술들을 배울 수 있다. 따라서 교사는 유아로 하여금 함께 나누고, 놀고, 서로에게 친절하게 대하는 적절한 방법을 격려한다.

9 다양한 감정과 정서에 대처하도록 도와주기

교사는 유아의 의사표명에 대해 적절히 반응하므로 다양한 감정과 정서에 대처하는 방법을 교육하도록 돕는다.

10 유아에게 기대하는 행동을 말로 표현하기

가능한 '안 돼' 라는 부정적인 표현을 사용하지 않으며, 유아의 행동에 대해 지도할 때는 특히 어휘를 신중하게 선택하여 사용한다. 문장은 짧고 단순하게 하는 것이 효과적이다. 하면 안 되는 것에 초점을 두지 말고 무엇을 해야 하는지에 초점을 두고 지도한다. 예를 들어 '뛰지 마' 라고 하기보다는 '천천히 걷자', '소리치지 마' 대신에 '조용한 목소리로 이야기하자' 라고 말한다.

11 바람직한 행동에 대해서 구체적인 칭찬과 반응 보이기

유아들은 관심받기를 원하기 때문에 교사는 잘못된 행동에 대한 부정적인 반응보다는 바른 행동을 했을 때 긍정적인 반응을 보이는 것이 좋다. 유아마다 긍정적인 행동에 대하여 언급하는 것이 좋다. 칭찬을 할 때, 평범한 칭찬 대신에 구체적으로 격려한다. 유아가 바르게 한 것을 말하고 왜 자랑스러운지를 알게 구체적인 칭찬을 사용한다. 격려는 유아들의 행동을 지도하는 데 있어 단순한 칭찬보다 좀 더 효과적이다.

⑫ 좋은 모델을 제공하기

유아들은 항상 교사가 다른 유아나 성인에게 어떻게 말하는지를 보며, 분노와 좌절감을 어떻게 조절하는지를 본다. 또한 슬픔과 즐거움을 어떻게 다루는지를 지켜본다. 삶의 기복을 조절하는 방식은 유아들에게 타인에게 어떻게 행동하고 잘 지내야 하는지에 대한 것을 가르쳐 준다.

⑬ 유아들에게 명확하고 단순한 선택권 제공하기

영아들에게는 빨간 컵과 녹색 컵을 고르게 할 수 있고, 유아들에게는 공항 놀이와 동물원 사육사 놀이 중에서 선택하게 할 수 있게 한다.

⑭ 놀이로 사회적 기술을 가르치기

가상놀이에서 주인공이 되는 것은 유아들에게 좋은 태도와 친절한 것이 어떤 것인지를 보여준다. 문제해결 방법을 보여주는 책을 읽는 것도 좋은 방법이다.

⑮ 잘못된 행동, 갈등과 문제를 스스로 해결하는 방법 가르치기

잘못된 행동을 스스로 해결하는 방법을 가르친다. 음식을 바닥에 흘리면 그것을 치우는 방법을 소개한다. 벽에 유아가 낙서를 하면, 젖은 걸레를 주어 벽을 닦게 한다. 또한 갈등 및 문제 해결을 위해서 유아들로 하여금 결과를 경험하고 자기조절을 하게 돕는다. 교사는 유아들이 감정을 인식하고, 문제를 명확하게 파악하게 한다. 유아가 문제해결을 위한 아이디어를 갖게 하고, 가능한 해결책을 시도하도록 돕는다.

⑯ 사과하는 방법 가르치기

사과하는 방법을 학습하는 것도 기술이다. 유아들은 다른 유아의 감정을 이해하는 것이 힘들다. 그러나 4세가 되면 사과가 다른 사람의 상처를 치유하는 좋은 방법이라는 것을 인식하게 한다. 빨리 사과하기보다는 진심으로 하게 하는 것이 중요하다. 사과를 위한 기본적인 4단계인 다른 아이를 바라보기, 유아의 이름을 말하기,

미안하다고 말하기, 왜 미안한지 이야기하기를 활용한다.

2) 부정적인 지도전략

① 협박하기

유아의 행동을 수정하기 위해서 실없이 협박을 할 때 성인은 신용을 잃는다. 교사는 유아들에게 말하는 것과 자신의 말에서 드러날지도 모르는 암묵적인 메시지의 가능성에 대해 신중해야 한다.

② 비교하기

교사가 유아의 능력을 은연중에 비교하게 되면 유아들이 자신의 실제적인 가치를 인식하지 못한 채, 단순히 다른 유아의 장점이나 능력을 시기하게 되는 결과를 초래할 수 있다.

③ 부적절하게 칭찬하기

칭찬을 남발하는 경우, 신용 · 의미 · 가치를 상실하기 쉽고, 유아들이 실제 하고 있는 것보다 다른 사람의 눈에 잘 보이는가에 초점을 두도록 가르치는 결과를 초래하기 쉽다.

④ 혼란스러운 질문을 던지기

교사는 때로 규칙을 시행하기 위하여 간접적인 방법으로 질문을 던진다. 교사는 이러한 질문을 통해 자신이 원하는 답을 내놓도록 유아들에게 압력을 가하게 되어 방어적인 태도를 갖게 만들 수 있다.

⑤ 지나치게 강조하기

교사가 강하게 말하는 것은 위협이나 협박으로 들릴 수 있으므로 조용하고 침착하게 권위를 잃지 않으면서 이야기할 때 집단생활이 원만하게 이루어질 수 있다.

⑥ 타임아웃 사용하기

생각하는 의자에 앉아있기와 타임아웃은 공격적 행동이나 교실분위기를 산만하게 하는 유아들에게 사용하는 전략이다. 이러한 방법은 수치심을 느끼게 하거나 자존심을 상하게 할 수 있다. 특히 타임아웃은 바람직하지 못한 행동을 잠시 중단시킬 수는 있으나 바른 행동까지는 가르치지 못함을 인식해야 한다.

⑦ 처벌 사용하기

대부분의 교사들이 효과적인 지도전략을 적용하려고 하나 경우에 따라서 처벌을 사용하는 경우가 있는데, 이는 결코 효과적인 방법이 될 수 없다. 처벌은 기본적으로 바람직한 지도방법이 아니다. 처벌이 바람직하지 않은 구체적인 이유와 처벌과 생활지도의 차이를 제시하면 다음과 같다.

- 관계형성을 어렵게 한다. 유아들은 자기를 벌주는 교사를 원망하거나 피하려고 하여 교사와 유아의 관계를 악화시킨다.
- 자기조절력을 기르지 못한다. 스스로 자신의 행동을 조절하는 것을 학습하지 못한 채, 교사가 있는 동안에만 잘못된 행동을 중지시킬 수 있다. 이는 장기적으로 바람직하지 않은 행동을 억제하지는 못한다.
- 자아존중감은 낮아지고 무례한 행동을 할 수 있다. 조롱하는 것과 같은 언어적인 처벌도 유아들에게 무가치하거나 무책임한 감정을 느끼게 한다.
- 교사의 공격성을 유아가 따라하게 된다. 처벌을 받는 과정에서 유아는 때리거나 소리치는 행동이 갈등을 해결하는 방법이라고 학습하게 된다.
- 신뢰감 형성을 방해한다. 심각한 처벌은 교사와 유아의 신뢰감과 긍정적인 관계형성을 제한할 수 있다.

〈표 13〉 처벌과 생활지도의 차이(Klein, 2013)

처벌	생활지도
• 자아상을 갖지 못한다. • 자아 존중감을 저하시킨다. • 자신감을 비하시킨다. • 부정적인 강화를 받는다. • 상처를 받는다. • 분노감을 느낀다. • 좌절감을 가진다. • 노력하지 않게 한다. • 수치심을 갖게 한다. • 사회적으로 격리된다. • 정서적으로 지원을 받지 못한다.	• 자아상을 확립한다. • 자아 존중감을 형성한다. • 자신감을 갖게 한다. • 긍정적인 강화를 받는다. • 상처를 치유한다. • 희망을 준다. • 협력기술을 배운다. • 노력하게 한다. • 용기를 준다. • 사회적인 신뢰감을 촉진한다. • 정서적인 지원을 제공한다.

2. 대화기법

유아교육 활동이나 일상생활의 장면에서 유아교사와 유아, 부모와 자녀 사이에 이루어지는 대화 가운데에는 유아로 하여금 좌절의 경험을 맛보게 하는 경우가 많다. 이런 경험은 결국 유아의 전인적인 발달을 저해하게 되고 나아가 유아와 교사의 인간관계를 바람직하지 못한 방향으로 형성하게 한다. 따라서 교사는 효과적인 대화 기법과 부정적인 대화기법에 대한 충분한 이해가 필요하다.

1) 효과적인 대화기법

유아 관계에서 효과적이며 생산적인 인간관계가 형성되려면 먼저 상호 신뢰관계가 형성되어야 한다. 교사는 유아가 교사에 대한 믿음과 편안한 마음으로 유아 자신의 이야기를 할 수 있는 분위기를 조성하는 것이 중요하다. 교사들이 유아와의 대화를 효율적으로 이끄는 대화방법을 살펴보면 다음과 같다(김충기 · 정선철, 2002; 안영진 · 이성숙, 2002).

① 확인하기

확인하기란 상대방이 한 말을 바르게 듣고 이해했는지를 알아보는 것을 의미한다. 이러한 확인하기 기법은 의사소통에서 정확성을 높이고 의사소통을 활성화하는 데 도움을 준다. 확인하기 기술에는 반복하기, 바꾸어 말하기, 요약하기가 포함된다. 첫째, 반복하기는 유아와의 대화에서 부모나 교사가 유아의 말을 재진술하여 유아가 표현한 말을 다시 한 번 듣게 하여 더 깊이 생각하고 느끼도록 하는 기법이다. 둘째, 바꾸어 말하기는 유아가 말한 내용과 같은 의미를 가진 다른 말로 전환하여 표현하는 방법으로, 대개 유아가 표현한 말의 수보다 적은 수의 말로 간결하게 표현한다. 이 기법은 교사나 부모가 유아가 말한 전체적인 내용을 확인할 때나 유아로 하여금 자기 자신의 내면세계의 심리적인 특징을 이해하도록 돕기 위해 활용된다. 셋째, 요약하기는 교사가 유아가 한 말을 정리하여 말해주는 것으로, 말의 요지를 파악하기 위한 방법이다. 이 방법은 유아가 자신이 한 말의 요지를 파악하고 대화의 진행을 보다 원활하게 하는 효과가 있다.

② 공감하기

공감이란 경험, 감정, 사고, 신념 등을 상대방의 관점과 입장에서 듣고 이해하는 것을 말하는 것으로, 감정과 기분에 초점을 두어 이해하고 있다는 사실을 상대방에게 말로 표현해야 한다. 유아와의 관계에서 공감을 잘 표현하기 위해서는 먼저 유아가 당면하고 있는 상황에서 그 유아가 어떻게 생각하고 느끼고 있는지를 주의 깊게 듣고 이해한 후, 적절한 말로 표현하여 상대 유아에게 전달해 주어야 한다.

공감은 표면적인 공감과 심층적인 공감으로 구분된다. 표면적인 공감은 상대방의 말에서 겉으로 드러나는 감정이나 말에 들어 있는 심정을 말한다. 심층적인 공감은 상대방의 감정뿐만 아니라 상대가 말하려는 의미, 그리고 내면적으로 생각하고 느끼고 있는 바를 알아차리고 표현하는 깊은 수준의 공감이다.

교사는 공감하기와 동정을 혼동하지 않도록 주의해야 한다. 공감은 교사가 자기 자신의 입장을 유지하면서 상대방이 느끼는 감정을 그의 입장이 되어 이해하는 것이다. 이에 반해, 동정은 자기 자신의 입장을 유지하지 못하고 상대방의 심정으로 동화되어 같은 감정을 경험하는 것이다. 동정은 오히려 역효과를 낼 수 있으므로 객관적인 감정을 유지하는 것이 필요하다.

③ 효과적인 질문하기

유아와의 대화에서 교사의 질문 유형에 따라 대화가 촉진될 수 있으므로 효과적인 질문을 사용하는 것이 중요하다. 효과적인 질문에는 개방형 질문과 '무엇을' '어떻게' 라는 질문이 포함된다. 그리고 질문 시에는 두 가지 이상의 질문을 동시에 사용하지 않도록 하고 가능한 시간을 충분히 주어서 질문에 답할 수 있도록 배려해야 한다.

④ 직면하기

직면하기란 상대방이 잘못하고 있는 경우나 유아에게 무엇인가 불일치, 모순점이 있을 때 지적해서 유아가 상황을 직면하게 하는 것을 말한다. 상호 지원관계에서는 주로 상대방의 말을 듣고 이해해 주는 데 초점을 두었으나, 문제의 근원이나 책임이 유아에게 있는 경우에는 그 문제를 이해하는 것만으로는 문제가 해결되지 않는 경우가 있으므로 문제점을 적절히 지적하여 변화할 수 있도록 도울 필요가 있다. 그러나 한편으로 직면하기 기술은 자칫 상대방에게 심리적으로 부담감이나 반발을 초래할 수 있으므로 깊은 신뢰 관계가 형성되고 상대의 동의가 전제될 때 사용하는 것이 바람직하다.

⑤ 긍정화

긍정화란 상대방의 말이나, 행동, 태도 등 상대방의 언어적, 비언어적 메시지에서 긍정적인 면을 찾아내어 그 점을 부각시키는 방법이다. 유아를 대상으로 한 대화에서는 자아 존중감의 형성을 통한 행동의 변화를 도모하는 것이 바람직하므로 긍정적인 표현에 초점을 두어 대화가 이루어져야 한다. 지적이나 부정적인 표현을 사용해야 할 경우에는 긍정적인 표현과 더불어 사용하는 것이 바람직하다. 왜냐하면 인간은 긍정적인 생각이나 정서 상태에서 학습과 성장 및 변화가 가장 빠르고 확실하게 이루어지기 때문이다.

⑥ 나 전달법 사용하기

나 전달법(I-Message)이란 자신의 생각이나 감정을 표현할 때 주어를 '나'로 나타내어 그러한 생각과 느낌을 가지게 된 책임을 상대방에게 돌리지 않고 자기 자신에게 있음을 표현하는 방식이다. 이와 달리 생각과 느낌의 책임을 상대방에게 전가하는 표현방식은 너 전달법(You-Message)이다. 나 전달법을 통한 자기 개방은 대인간의 갈등 해결 또는 일상적인 대화에서도 상호간의 관계를 저해하지 않고 상대방의 행동이나 태도의 변화를 유도하는 유익한 의사소통 방식이다.

〈표 14〉 나 전달법과 너 전달법의 의미

구 분	나 전달법	너 전달법
표현방식	• 상황+결과+느낌	• 지시, 평가, 비꼬기, 비난, 경고의 표현
책임소재	• 느낌의 책임을 자신에게 돌림	• 느낌의 책임을 상대방에게 전가함
전달해석	• 걱정하는 마음이 그대로 전달함 • 행동변화에 대한 결정권이 상대방에게 있음	• 걱정, 염려하는 마음을 미워함, 비난, 비판, 질책으로 받아들임 • 죄의식을 갖게 하거나 자존심을 상하게 함
효 과	• 상대방에 대하여 부정적인 평가를 하지 않으므로 방어심리나 거부감이 일어나지 않음 • 관계를 저해하지 않음 • 청자로 하여금 자성적 태도와 변화하려는 의지를 높일 가능성이 큼	• 청자는 배려받지 못하고 무시당하고 있다는 생각을 하기 쉬움 • 반항심, 거부감, 공격성, 방어를 야기하여 자성적인 태도가 형성되기 어렵고 행동변화를 거부하려는 심리가 일어남
관계구조	• 수평적인 만남	• 수직적인 만남

출처: 안영진 · 이성숙(2002). 유아생활지도. 서울: 삼광출판사.

7 관심 기울이기

신뢰 관계를 형성하기 위한 가장 기본적인 방법이 관심 기울이기다. 관심 기울이기 행동은 몸과 마음으로 상대방에게 관심을 집중함으로써 그를 이해하려 하고 있다는 사실을 상대방에게 전달한다. 뿐만 아니라 상대방의 언어적, 비언어적 메시지를 정확하게 파악해서 효과적이고 생산적으로 의사소통을 할 수 있게 한다. 구체적인 반응과 행동으로는 좋은 자세, 부드러운 시선, 상냥한 얼굴표정, 그리고 즉각적인 언어 및 비언어적인 반응을 들 수 있다.

2) 부정적인 대화기법

교사와 유아 간의 대화 내용은 유아와의 인간관계 형성에 있어 중요한 영향을 미치므로 부적절한 대화기법은 사용하지 않도록 해야 한다. 부정적인 영향을 미치는 대화 행동에는 과잉 행동과 지나친 소극성, 부적합한 행동, 일방적인 명령과 지시, 경고와 위협 및 유혹이 있다(김충기 · 정선철, 2002; 정용부 · 고영인 · 신경일, 2002).

1 과잉 행동 하기

과잉 행동이란 유아와의 대화에서 교사나 부모가 동작이나 말을 너무 많이 하는 것을 말한다. 대화에서의 과잉 행동으로는 다음과 같은 것들이 있다.

- 지나친 제스처나 불안정한 신체적 움직임이 지나치게 많은 것
- 불필요하거나 같은 내용의 말을 되풀이 반복하는 것
- 말의 속도가 너무 빠르거나 말소리가 너무 큰 것
- 상대방을 무시하고 혼자 이야기하는 것
- 교사가 미리 결론을 내려서 긴 설명을 하거나 훈시를 하는 것

② 지나친 소극성 보이기

과잉 행동과는 반대로 대화에 참여하는 정도가 너무 부진한 경우를 지나친 소극성이라고 한다. 부모나 교사가 대화에서 소극적으로 행동하는 것이 유아에게 지각됨으로써 유아 자신도 대화에 참여하고 싶은 의욕을 상실하게 되는 경우이다. 소극적이라고 생각되는 부모나 교사의 행동으로는 말을 완전한 문장으로 하기보다는 단음절로 된 간단한 발음이나 짧은 어귀로 하는 것, 소극적 태도와 감정을 말로 나타내는 것, 말소리가 약하거나 말꼬리가 수그러드는 것 등이 있다.

③ 부적합한 행동 하기

과잉 행동이나 소극적 태도와는 달리 부적합한 행동은 행동 내용 자체가 적절하지 않다고 간주되는 경우이다. 유아가 표현하고 있는 것에 직접적인 관련이 없거나 또는 관련이 있다 하더라도 그에 대한 반응으로서 적절하지 못한 것이다. 부적합한 행동의 예는 다음과 같다.

- 부적합한 때에 미소를 짓거나 자연스럽지 않게 웃는 것
- 중요한 내용에 대해서 반응하지 않고 오히려 부차적이거나 전혀 중요하지 않은 내용에 대해 반응하는 것
- 화제를 자주 바꾸는 것
- 대화의 내용이 유아 자신과 관련된 경우가 아닌 것
- 화제가 유아의 관심에서 벗어나는 것

④ 일방적인 명령과 지시하기

명령과 지시란 상호 의사소통하는 것이 아니라 일방적인 대화를 의미하는 것이다. 따라서 명령과 지시는 유아가 가지고 있는 욕구를 더욱 억제해 버리는 결과를 가져오며 또한 유아가 가지고 있는 심리적 갈증을 더욱 심화시키게 된다. "~해라", "~그만하라"와 같은 명령과 지시는 유아와의 대화를 단절시킬 뿐이며 유아가 지닌 문제의

근원을 이해하고 파악하는 데는 조금도 도움이 되지를 못한다.

5 경고나 위협하기

이는 유아에게 불안이나 공포감을 전해 주는 대화의 유형으로, 유아의 부적응 행동만 더욱 심화시키는 결과를 가져온다. 유아의 부적응 행동을 고치기 위해서 "너, 한번만 더 해봐라."고 위협 · 경고하는 것은 오히려 유아에게 교사가 그런 행동을 한 번 더 하기를 바라고 있다는 식으로 받아들이게 할 수 있을 뿐 아니라 적개심만 쌓게 할 수 있다.

6 유혹하기

유아를 유혹한다는 것은 행동에 대한 조건을 포함하는 것으로 "~하면 ~할게"와 같은 형태이다. 이 같은 말에는 유아의 능력에 대한 의심뿐 아니라 물질적 보상에 유아를 길들이는 결과를 초래할 수 있다. 이러한 유형의 대화는 유아의 행동을 지도할 때, 일시적인 효과를 기대할 수 있으나 지속적인 효과를 얻기는 어렵다.

2 유아생활지도의 방법

생활지도는 유아들이 등원하면서부터 하원할 때까지 이루어지는 일과 운영을 통해 이루어진다. 일과 속에서 실제적인 지도가 이루어질 뿐 아니라 이야기나누기, 문학, 역할, 조형, 게임, 자유선택활동, 수 · 과학 활동, 요리 등 다양한 활동을 중심으로 지도할 수 있다.

1. 하루일과 운영

교사는 기관에서 하루일과를 운영하는 동안 생활지도를 할 수 있다. 등 · 하원 시간, 정리정돈 시간, 휴식(낮잠) 시간, 간식 또는 급식 시간, 전이 시간, 화장실 사용 등과 같이 일상적인 하루일과 활동 안에서 식사, 배변, 수면, 청결, 예절 등 기본생활습관 지도가 이루어질 수 있다. 이러한 일과운영에서 교사는 지속적인 관심과 함께 일관성 있는 생활지도를 하는 것이 중요하다.

2. 이야기 나누기

이야기 나누기 시간은 유아가 또래 및 교사와 함께 모여 자신의 경험이나 생각을 서로 들려주고 주제와 관련된 문제에 관하여 계획을 세우고 의견을 제시하여 생각을 나눌 수 있는 시간이다(이순형 외 2007). 주제에 따른 이야기 나누기와 토의하기 방법을 살펴보면 다음과 같다.

1) 주제에 따른 이야기 나누기

이야기 나누기 활동은 주제와 관련하여 유아 자신뿐 아니라 또래의 생각이나 경험을 공유하는 기회를 제공함으로써 생활지도와 관련된 주제를 다룰 때 효과적인 방법으로 사용할 수 있다.

2) 토의하기

토의는 두 사람 이상이 모여 어떤 주제 또는 사회적 갈등 상황에 대해 서로의 의견을 나누고, 의견들 사이에서 유사점이나 차이점을 살펴 해결하는 데 필요한 방법을 도출해 내는 과정이다(이원영, 박찬옥, 노영희, 1993). 특히 토의는 개방적이고 수용적인 집단의 분위기에서 일과 중 발생하는 여러 가지 문제를 가지고 서로의 의견을 상호 교환함으로써 바른 생활습관을 기르는 데 효과적이다. 토의를 위한 구체적인 절차를 소개하면 〈표 15〉와 같다.

〈표 15〉 토의 절차

절차	활동내용
1. 갈등상황의 제시 및 문제의 명료화	• 갈등 상황 동화를 들려준다. • 유아들이 동화의 내용을 이해하였는지 알아보기 위하여 질문을 하고 갈등상황을 일깨워 준다. • 갈등상황의 이해를 힘들어 할 때는 그림 자료를 다시 제시하여 문제상황을 규명해 준다.
2. 토의의 유도와 촉진	• 주인공이 어떻게 해야 한다고 생각하며 그 이유는 무엇인지 이야기하도록 한다. • 유아들이 자발적으로 자신의 생각을 이야기하면 교사는 유아들의 이야기를 다시 한 번 정리해 준다.
3. 갈등상태의 유지	• 갈등상태가 유지되도록 개입한다. • 갈등상황과 초점이 맞지 않는 이야기로 토의의 갈등과 벗어날 때, 교사는 상황을 상기시키는 질문을 하여 토의의 초점이 문제 상황에서 벗어나지 않도록 한다.
4. 논쟁의 균형 유지	• 유아들이 한 유아의 주장에 동조하는 경향을 보일 때 교사는 논쟁의 균형이 유지되도록 소수의견이나 반대의견을 지지하는 질문을 한다. • 유아들이 자신의 의견이나 생각을 말할 때 대답을 강요하지 않는다.
5. 등장인물의 느낌 생각하기	• 토의가 끝나갈 무렵 유아들이 생각하는 해결방안을 따르면 등장인물의 기분이 어떨지에 대해 생각해 본다.
6. 등장인물의 느낌을 글로 표현하기	• 등장인물들의 기분이 어떨지에 대해 생각해 보고 글로 써본다.

출처 : 정재순(1997). 기본생활습관 교육을 위한 토의 교수전략이 유아의 기본생활습관의 형성에 미치는 효과. 한국교원대학교 대학원.

3. 문학

1) 동화

동화책의 이야기 내용은 감정이입 및 다른 사람의 역할을 담당해 보는 능력을 발달시킬 뿐 아니라 강제적이지 않은 방법으로 유아들에게 내면화시킬 수 있다는 점에서(Barone, Eeds, & Madson, 1995) 효과적인 생활지도 방법이다. 동화책은 주인공의 생생한 경험에 초점을 두어 읽어 줌으로써 그 자체가 교육적인 전달이 가능하다. 특히 동화책을 읽은 후, 동화 속의 등장인물, 갈등 상황, 이미지, 느낌 등에 대해 이야기를 나눔으로써 유아들은 간접적으로 주인공과의 공감대를 형성하고, 여러 가지 상황에서 필요한 역할을 이해하도록 돕는다. 생활지도와 관련된 동화를 들려 준 후 동극과 같은 후속활동을 함께 전개하는 것도 효과적이다. 동극활동은 동화의 내용을 극화하면서, 느낌, 생각, 감정 등을 표현해 볼 수 있고, 등장인물과 동일시하는 과정을 통해 행동에 대한 반성을 유도할 수 있다.

2) 동시

동시는 메시지를 촉진하는 리듬, 운율, 반복이 내포되어 있어, 유아들이 이해하기가 쉽고 암기하기도 용이하여 교육적 내용을 전달하기에 적합하다. 동시를 선정할 때는 유아 자신에 관한 것이나 생활에서 경험하는 문제행동과 관련된 내용으로 한다. 특히 유아들이 쉽게 이해할 수 있는 구체적인 이야기가 담긴 것이 효과적이고 유아의 경험 자체가 될 수 있는 정직하고 진실한 현실이 담겨 있는 것이 적절하다(박혜경 외, 2005). 동시 감상 후에는, 바꾸고 싶은 부분을 고쳐 시를 다시 지어 보는 개작 활동이나 느낌을 말로 표현하는 동시 짓기 활동으로 연결할 수 있다.

4. 역할놀이

역할놀이를 통해 유아들은 다양한 사람들을 모방하고 상상하며 그들의 역할을 경험해 볼 수 있고 감정이입의 기회를 가질 수 있다. 뿐만 아니라 자신의 감정과 욕구를 표현하기도 하므로 억압된 감정이나 소망이 표출될 기회를 가짐으로써 정서적 요구를 충족할 수 있다. 또래와의 명시적 또는 잠정적 약속을 통해 역할놀이를 하면서 협력하는 경험, 문제를 직면하고 해결하는 경험, 타협하고 자기를 표현하는 경험까지도 제공(이순형, 2007)함으로 적절한 행동 모델을 학습할 수 있다.

5. 조형

조형 활동은 자신을 표현하는 능력을 기를 뿐만 아니라 자신이 참기 힘든 강렬한 감정이나 흥분을 조절하여 심리적인 안정감을 갖게 하며, 특히 개인적인 요구를 자유롭게 표출하면서 즐거움과 만족감을 경험함으로 긍정적인 자존감을 형성한다. 더욱이 유아들은 자신 이외의 타인과의 공유 경험과 협동 작업을 통해 타인의 생각, 의견, 감정과의 대립, 갈등을 경험하면서 사회생활에 필요한 지식, 기술, 가치적인 면을 배우게 된다는 점에서 효과적인 생활지도의 방법으로 활용할 수 있다.

6. 게임

게임은 유아들이 정해진 규칙 하에 집단으로 움직이거나 상호작용하는 기회뿐 아니라 또래 집단과의 상호작용 상황에서 적절하게 적응하는 방법을 경험하게 한다. 이러한 경험은 유아에게 규칙의 중요성을 배울 뿐 아니라, 활동 과정 중에 협동과 함께 돕는 일의 필요성을 체험하는 기회를 갖게 한다.

7. 자유놀이

자유놀이는 실내외에서 이루어지는 것으로 유아들이 가장 자발적이면서도 적극적으로 참여하는 활동이다. 각 흥미영역에 조작놀이, 도서, 게임 등 여러 가지 교재교구를 준비하여 생활지도와 관련된 지식과 경험을 가질 수 있도록 한다.

8. 기타

이 밖에도 생활지도에 활용할 수 있는 지도방법으로 요리 활동, 그래프 활동, 노래 부르기 활동, 견학, 자원인사 초빙 등이 있다. 요리 활동을 통해 유아는 청결한 식습관 및 편식하지 않는 바른 식생활을 경험할 수 있다. 또한 그래프 활동은 자료들을 체계적으로 조직하게 하고 명확하게 정보를 전달하는 특징을 갖고 있어 문제해결의 중요한 경험을 제공한다. 한편, 노래 부르기의 경우, 유아들은 생활 속에서 노래를 즐겨 부르고 듣기 때문에, 강압적인 방법이 아닌 자연스럽고 지루하지 않은 방법을 통해 바른 행동에 대한 관심과 태도를 유도할 수 있다. 노래는 유아의 생활경험이나 습관에 관한 내용을 선정해서 지도한다.

PART 2

유아생활지도의 실제

6 기본생활습관 지도

1 식사습관

유아기는 성장과 발육이 가장 빠르게 이루어지고, 운동기능의 발달로 신체 활동량이 많은 시기로 발육과 활동에 필요한 영양소를 섭취해야 한다. 생명 유지와 성장 및 활동을 위해서 0~12개월에는 하루 500~750 정도의 칼로리, 1~3세에는 하루 1,200 정도의 칼로리, 4~6세에는 하루 1,600 정도의 칼로리를 소모한다(박성옥 외, 2003). 유아들은 필요한 칼로리를 섭취하기 위해서는 하루 세끼의 식사 이외에 간식이 필요하다. 간식은 쉽게 소화되고 식사에 영향을 주지 않는 가벼운 것으로 100~150kcal의 열량을 제공하는 것이 적당하다.

유아기에 필요한 영양소를 골고루 섭취하기 위해서는 바른 식사습관이 중요하다. 올바른 식사습관은 유아의 건강과 발육에 영향을 줄 뿐 아니라 식사하는 과정에서 느끼는 정서적인 만족과 안정감을 주어서 유아의 사회·정서적인 발달에도 영향을 준다. 유아기에 형성되는 음식에 대한 기호, 식사습관 등은 다른 기본생활습관과 마찬가지로 일생을 통해서 지속될 수 있기 때문에 올바른 식사습관에 대한 지도가 필요하다. 더욱이 유아들의 편식과 비만이 증가하면서 유아기 식사습관은 중요한 문제로 인식되고 있다.

최근 유아들은 유치원이나 어린이집 등에서 생활하는 시간이 늘어나면서 유아교육기관에서 제공하는 간식이나 식사를 먹는 기회가 증가하고 있다. 이로 인해 그동안 부모에게 전적으로 일임되어 오던 유아기 식사습관 지도는 부모뿐 아니라 교사의 책임으로 인식되고 있다. 따라서 교사들은 유아의 식사습관의 문제원인, 식사습관의 발달, 지도방법 등을 이해하여 적절히 지도하는 것이 필요하다.

1. 식사습관 사례

유아교육기관에서 유아들의 간식 및 식사 횟수가 늘어나면서 과거 부모들의 고민이었던 편식 및 비만 지도가 교사들의 고민으로 전환되었다. 이에 대부분의 교사들은 유아들의 편식 지도 때문에 힘들어한다. 다음의 사례에서도 교사의 어려움을 짐작할 수 있다.

사례 편식

배경

① 기관 : 사립 어린이집
② 교사 : 경력 2년차 교사
③ 유아 : 만 2세 남아 동현

이야기 전개

① 사건배경

동현이 엄마는 학습지를 판매하는 일을 하신다. 아침이면 동현이와 동현이 누나를 챙겨서 오느라 바쁘다. 동현이 엄마는 아침에 아이들 밥 먹이는 것 때문에 힘들어 하시고, 고민을 많이 하신다. 동현이 엄마는 아이들이 밥 먹기 싫다고 하면, 아이들이 좋아하는 빵을 손에 쥐여서 어린이집으로 데리고 오신다. 그래서 동현이는 빵을 좋아하고 밥을 잘 먹지 않는다. 동현이는 다른 아이들보다 체격은 좋으나, 쉽게 지치고 잘 쓰러지며 코피를 많이 흘린다.

② 사건전개
점심 시간이었다. 그전까지 말을 많이 하던 동현이가 밥상 앞에서 잠을 자고 있었다. 그래서 교사는 동현이를 깨웠다. 그리고 밥을 입에다 넣어 주었다. 그러자 밥은 씹지도 않고 물고만 있었다. "동현아 밥 먹어야지."하고 말하면서 국을 떠서 입에 넣어 주었다. 하지만 동현이는 여전히 밥을 먹으려고 하지 않았다. 그날 교사는 동현이에게 억지로 밥을 먹였다. 그 다음날 점심 반찬은 김, 햄, 콩나물이었다. 동현이는 좋아하는 햄만 눈 깜짝할 사이에 먹어 버리고, 다른 반찬과 밥은 남겨 두고 또 밥상 앞에서 꾸벅꾸벅 조는 것이었다. 교사는 다시 동현이를 깨워 콩나물 반찬과 밥을 억지로 먹였다. 하지만 동현이는 콩나물이 입으로 들어가자마자 다 토하는 것이었다. 그 전까지 힘들여 먹인 밥까지 다 토해 버렸다. 다른 아이들은 밥을 다 먹고 나가 노는데, 밥상 앞에 그대로 앉아 있는 동현이를 매일 어떻게 해야 할지 정말 힘겹다.

사례에 대해서 토론하기

① 문제의 원인 :

② 사람들의 입장 :

③ 문제해결 방법 :

2. 식사습관 발달

유아의 식사습관을 적절히 지도하기 위해서는 일반적인 소화능력의 발달과 식사도구를 사용할 수 있는 대소근육의 발달 등을 이해하여 점진적이고 단계적으로 지도를 해야 한다. 유아의 소화능력 및 대 · 소근육의 발달은 다음과 같다(두산, 2013; 여성부, 2003; 장소영, 2002).

- 5~8개월

이 시기의 영아들은 반 유동식 음식을 조금씩 먹을 수 있으므로 매일 정해진 시간에 이유식을 주어 규칙적인 식사 시간을 알게 한다.

- 8~12개월

이 시기의 영아들은 고형식을 씹기 시작하고, 수저로 음식을 받아먹을 수 있으므로 수저를 사용할 수 있는 기회를 준다.

- 12개월~만 2세

만 1세가 지나면서 유아는 컵이나 수저를 사용하여 혼자 먹으려고 하기 때문에 유아 스스로 먹는 연습을 시작한다. 컵이나 수저의 사용은 서툴기 때문에 음식을 많이 흘릴 수 있다. 식사습관으로 하루에 3번 식사하기, 정해진 시간과 장소에서 식사하기, 골고루 맛있게 먹기, 즐겁게 식사하기 등을 지도한다.

- 만 2~3세

만 2세가 되면 스스로 숟가락이나 포크를 사용하여 음식을 먹을 수 있다. 성인의 도움이 필요하지만 스스로 먹을 수 있는 기회를 제공한다.

- 만 3~4세

이 시기의 유아는 활동량의 증가로 식욕이 증가하고, 음식에 대한 흥미가 생기며 식사 태도를 이해하기 시작한다. 만 3세가 되면 젓가락을 사용하게 할 수 있다.

- 만 4~5세

만 4~5세가 되면 엎지르지 않고 식사를 할 수 있으며, 식사 시 타인을 의식하고, 친구나 어른들과 대화를 하며 식사하는 등 바른 식사 태도를 이해할 수 있다. 이 시기에 유아가 지켜야 할 식사 규칙 및 예절을 가르치는 것이 효과적이다.

식사하는 유아들

식사 정리하는 유아

3. 식사습관 문제

유아들의 일반적인 식사습관의 문제는 편식인데, 편식이란 음식을 가리며 제 식성에 맞는 음식만을 골라 먹는 것을 말한다. 그 결과 식품을 골고루 섭취하지 못해서 영양의 균형이 깨지고, 올바른 식사습관의 형성이 불가능하여 신체적 · 심리적 · 건강 상태에 부정적 영향을 준다(장소영, 2002). 편식에는 특정 음식을 먹을 수 없는 경우와 특정 식품의 종류를 모두 먹을 수 없는 경우가 있다. 하나의 음식을 먹을 수 없는 경우에는 유사 식품을 제공하여 문제를 해소할 수 있으나 특정 식품의 종류를 모두 먹지 않는 경우의 편식은 문제가 될 수 있다.

또한 과거 성인들의 문제로만 인식되었던 비만의 문제가 유아들에게도 나타나면서 소아 비만이 지속적으로 증가하고 있다. 소아 비만은 주로 불규칙한 식사습관, 고칼로리 및 고지방 식품의 섭취로 발생한다. 비만은 일반적으로 체내의 지방조직이 과다하게 축적된 상태로 표준체중과 비교하여 20%를 넘는 경우를 의미한다. 비만의 정도는 표준체중에 비해 20~30%를 넘으면 경도 비만, 30~50%를 넘으면 중도 비만, 50%를 넘으면 고도 비만이라고 한다(고재옥, 2002). 편식 및 식욕부진, 비만의 원인을 구체적으로 살펴보면 다음과 같다.

1) 편식 및 식욕부진

편식은 자아의식이 발달하기 시작하고, 음식에 대한 선호가 생기는 만3세부터 본격적으로 시작되는 경우가 많다. 예민한 유아들은 매사에 신경질적이다 보니 식욕이 쉽게 떨어지고 밥투정이 심할 수 있으며, 기분에 따라서 잘 먹던 음식도 먹지 않을 수 있다. 이처럼 유아기의 편식은 유동적이어서 노력만 하면 고칠 수 있지만, 아동기로 넘어가면 변화시키기 어렵다. 편식이 심한 유아는 몇 가지 음식만을 섭취하기 때문에 영양의 불균형이 생기고, 신체 및 두뇌 건강에도 부정적인 영향을 미친다. 편식 및 식욕부진의 구체적인 원인은 다음과 같다(김충기 · 장선철, 2002; 이순례 · 박희숙 · 조인숙 · 정수미 2001).

- 가족의 편식

  부모나 형제의 편식으로 다양한 종류의 음식을 경험할 수 있는 기회가 적은 경우, 편식이 생길 수 있다.

- 이유식의 미숙

  생후 3개월부터 시작하는 이유기는 유아의 식습관 형성에 매우 중요한 시기이다. 이 시기에 이유식을 급속도로 진행하거나, 조리법이 잘못되거나, 특정 음식만 주면 편식이 생길 수 있다.

- 지나친 과보호 및 강제

  부모가 과보호하여 유아가 원하는 음식만을 제공하거나, 싫은 음식을 억지로 먹이면 음식에 대한 혐오감이 증가되어 편식을 하게 된다.

- 부적절한 음식

  음식이 너무 자극적이고, 먹기에 너무 크고, 단단하거나 혀에 닿는 감촉이 나쁜 경우 편식 및 식욕부진이 나타날 수 있다.

- 부적절한 간식

  간식의 양이 너무 많거나 자주 먹는 경우, 식욕을 감소시켜 식욕부진이나 편식이 나타날 수 있다.

- 식사 환경의 문제

  식사하는 곳이 혼란스럽고 편안한 느낌을 주지 못하는 경우, 식욕부진이 생길 수 있다.

- 심리적 요인

  환경이 변하거나, 기분이 좋지 않거나, 다른 사람의 관심을 끌기 위한 수단으로 편식 및 식욕부진이 나타날 수 있다.

- 불규칙한 생활 및 운동 부족

  수면이나 식사 시간이 규칙적이지 못하거나 운동량이 적은 경우, 식욕부진이 나타나고 편식으로 이어질 수 있다.

2) 비만

대부분의 소아 비만은 섭취하는 에너지양에 비하여 소비 에너지양이 적어서 에너지가 체내에 지방 형태로 축적되어 나타나는 단순성 비만이 많다. 소아 비만은 성인기에 시작된 비만보다 성장발달 장애와 고지혈증, 당뇨, 고혈압 등의 질병을 더 일으킬 수 있다. 또한 또래들의 놀림, 외모에 대한 수치심 등 심리·정서적인 측면에도 영향을 주어 인성 형성에 부정적일 수 있다(모수미 외, 1993). 소아 비만의 원인은 다음의 세 가지로 설명할 수 있다(서울대학교병원, 2013a).

- 유전적 요인
  유전적인 요인에 의해서 유아의 비만은 부모의 비만과 연관이 있다. 부모 모두가 비만이면 자식의 80%, 부모 중 한쪽이 비만이면 40% 비만이 되기 쉽다.
- 환경적 요인
  환경적인 요인에 의한 비만은 소모되는 양보다 많은 양의 칼로리를 섭취하여 생긴 에너지 불균형에서 비롯된다. TV 시청, 컴퓨터 게임 등 비활동적인 생활로 칼로리 소모량이 줄어드는 반면, 고지방, 고칼로리, 저 섬유식, 불규칙한 식사 등에 의해서 칼로리 섭취가 증가하기 때문에 비만이 발생한다.
- 기타 질병
  두뇌 손상, 특정 호르몬 이상(성장호르몬 결핍증, 갑상선기능 저하증, 부신피질 호르몬 과다증 등) 등의 질병이 있어도 비만이 발생할 수 있다.

이러한 편식 및 비만은 앞으로 더욱 증가될 수 있는 문제로 유아교육기관과 가정의 협력에 의한 체계적인 지도가 필요하다.

4. 식사습관 지도

유아기에 올바른 식사습관의 기초를 마련하기 위해서 부모와 교사는 유아들의 발달 특성을 고려하여 적절한 음식을 제공하고, 바른 음식에 대한 기호와 태도를 기르고, 바른 식사예절 및 규칙을 지키도록 지도해야 한다. 유아의 식사습관 지도내용, 지도방법, 지도활동을 제시하면 다음과 같다.

1) 식사습관 지도내용

유아들이 바른 식사습관을 갖기 위해서는 몸에 좋은 음식을 인식하고, 음식에 대한 바른 기호를 갖게 하는 것이 필요하다. 또한 다른 사람들과 함께 즐거운 식사 시간을 갖기 위해서 기본적인 식사 예절을 알아야 한다. 유아들에게 필요한 기본적인 식사습관 지도내용은 다음과 같다.

- 음식을 골고루 먹기
- 적당량의 음식을 남기지 않고 먹기
- 몸에 좋은 음식과 나쁜 음식을 알기
- 음식을 천천히 꼭꼭 씹어서 먹기
- 음식을 먹기 전에 손을 씻고, 먹은 후에는 이닦기
- 바른 자세로 음식 먹기
- 음식을 자리에 앉아서 먹기
- 음식을 먹기 전에 감사하는 마음 표현하기
- 음식을 기쁘고 즐거운 마음으로 먹기
- 다른 사람이 식사를 마칠 때까지 기다리기
- 음식을 먹은 후에 자기 자리 및 그릇은 스스로 정리하기

2) 식사습관 지도방법

유아의 식사습관을 지도할 때에는 성인의 편의에 의한 것이 아니라, 유아의 신체적 심리적인 특성을 정확히 파악한 다음에 이를 고려하여 지도해야 한다. 무엇보다도 타율적인 것이 아니라 유아 스스로 자율적으로 지키도록 해야 한다. 따라서 유아의 식사습관을 지도하기 위해서는 우선 체계적으로 관찰하고, 관찰한 결과에 기초하여 지도하는 것이 효과적이다. 효율적인 식사습관 지도를 위한 관찰방법, 지도원칙을 제시하면 다음과 같다.

(1) 식사습관 관찰

교사는 유아의 식습관을 파악하기 위해서 유아가 선호하는 음식, 식사 시간, 식사량, 식사 태도 등에 대해서 다음의 식사습관 조사 평가지와 식사습관 관찰지를 활용하여 주기적으로 관찰한다. 비만으로 예상되는 유아들의 경우, 비만아의 섭식행동 체크리스트를 활용하여 관찰할 수 있다.

유아 식사습관 조사평가지

문 항	매우 그렇지 않다	약간 그렇지 않다	보통 이다	약간 그렇다	매우 그렇다
1. 음식을 가리지 않고 골고루 먹는 편이다.					
2. 김치나 채소를 잘 먹는 편이다.					
3. 반찬을 뒤적이면서 맛있는 것만 골라 먹는다.					
4. 좋아하지 않는 반찬이 있을 때는 밥을 먹지 않는다.					
5. 싫어하는 반찬이라도 권유하면 먹어보려고 노력을 한다.					
6. 식사 전에 손을 깨끗이 닦는다.					
7. 음식을 입 안에 넣은 채 말하지 않는다.					
8. 음식을 흘리지 않고 먹는다.					
9. 바르게 앉아 식사한다.					
10. 음식을 먹을 때 소리 내지 않고 먹는다.					

출처: 장소영(2002). 영양교육 프로그램이 유아의 영양지식 및 식습관에 미치는 영향. 서울여자대학교 교육대학원 석사학위논문.

유아 식사습관 관찰지

관찰 내용	1회 관찰	2회 관찰	3회 관찰	4회 관찰
좋아하는 음식				
싫어하는 음식				
식사하는 시간				
식사하는 양				
식사하는 태도				

비만아 섭식 행동

문 항	그렇다	아니다
1. 저열량 고영양 식품보다 고열량 저영양 식품을 선호한다.		
2. 음식을 먹는 것에 기분이나 상황 탓을 한다.		
3. 배가 고픈 것과 관계없이 먹는 것에 민감하다.		
4. 먹는 것에 죄책감을 갖는다.		
5. 신체가 필요로 하는 영양소에 대한 이해가 부족하다.		
6. 다른 사람과 함께 먹으려 하지 않는다.		
7. 규칙적으로 식사하지 않는다.		
8. 식사하는 동안 사교적이지 않다.		
9. 밤에 음식을 자주 먹는다.		
10. 한번에 많은 음식을 먹는다.		
11. 오전보다 주로 오후에 많이 먹는다.		

문 항	그렇다	아니다
12. 오전에는 식욕 부진을 보인다.		
13. 음식의 양을 적절히 조절하지 못한다.		
14. 음식을 매우 빨리 먹는다.		
15. 음식을 가리지 않고 먹는다.		

출처: 허혜경 · 김성희(2003). 아동건강교육. 서울:창지사.

(2) 식사습관 지도원칙

유아의 식사습관은 관찰한 내용에 기초하여 문제가 있는지, 그 원인은 무엇인지 등을 파악하고 그에 따른 지도 방향을 설정해야 한다. 다음의 지도원칙을 고려하여 지도하고, 편식이나 비만 지도의 경우, 지도과정에서 유아들이 놀림의 대상이 되지 않도록 주의해야 한다. 유아의 바른 식사습관을 형성하기 위한 지도원칙은 다음과 같다(여성부, 2003; 장소영, 2002).

- 음식 양과 요리방법 고려

  유아의 소화력은 한정되어 있으므로, 음식을 소량으로 여러 번 나누어 제공한다. 음식의 양뿐 아니라 영유아가 좋아하면서도 소화가 잘되는 방법으로 요리를 한다. 유아는 음식의 모양, 크기, 씹는 느낌 때문에 음식을 싫어할 수 있으므로 유아들이 좋아하는 모양, 크기, 느낌의 음식을 제공한다. 또한 유아들은 식초나 후추처럼 자극적인 식품은 싫어하고, 건강에도 좋지 않으므로 강한 향신료는 사용하지 않는다.

- 점진적인 음식 제공

  새로운 음식을 강압적으로 먹이는 것은 정서적으로 좋지 않고 편식을 더욱 조장할 수 있다. 그러므로 새로운 음식을 소개할 때는 친숙한 음식과 함께 적은 양을 주어서 점차적으로 익숙해지게 한다.

- 적절한 식사도구 제공

유아는 소근육 발달이 미숙하고 도구의 사용이 서투르기 때문에 유아가 사용할 수 있는 크기의 수저, 포크, 젓가락 등 식사 도구를 준비해 준다. 유아의 관심을 끌 수 있도록 매력적인 접시, 밥공기, 쟁반 등의 용기를 사용하는 것도 좋다.

- 편안한 식사 분위기 조성

간식과 식사는 즐겁게 음식을 먹는 것이 중요하므로 편안하고 즐거운 분위기에서 식사 지도를 한다. 교사가 지나치게 간섭하거나 강요하는 것은 스트레스를 유발하므로 바람직하지 않다.

- 융통성 있는 시간 운영

일반적으로 간식 시간은 15분, 식사 시간은 30분 내외로 진행하는 것이 좋으나 개인 유아에 따라 유동적으로 지도한다. 유아가 지속적으로 빈둥거리고, 장난하고, 음식을 먹지 않을 때는 의견을 묻고 그릇을 정리하게 한다.

- 유아의 정서 상태 이해

유아의 식욕은 건강과 기분에 따라 쉽게 변화될 수 있으므로 유아의 건강 및 기분 상태 등을 파악하고 융통성 있게 지도한다. 유아가 화가 났거나, 불안하거나, 기분이 좋지 않거나 스트레스를 받는 등의 정서적 문제가 있는 경우, 이런 문제를 먼저 해소해 주어야 한다.

- 에너지 균형 유지

유아에게 수면, 식사 시간을 규칙적으로 정해서 생활하게 하고, 운동량을 증가시켜 에너지의 균형을 유지하고 식욕을 증진시킨다. 지나친 간식은 식욕을 감소시키므로 간식의 양을 줄이고, 고칼로리, 고당분이 아닌 간식을 제공한다.

- 성인 모델 제공 및 가정 연계

교사는 유아에게 모델이 되므로 교사 스스로 바른 식사습관을 보여준다. 또한 가정과 연계하여 일관성 있게 식사습관을 지도한다. 비만이나 편식 모두 가족의 식습관에 영향을 받기 때문에 교사는 부모와의 상담을 통해서 가족들이 식습관을 개선하고 유아 지도에 참여하도록 지원한다.

3) 식사습관 지도활동

교사 주도적인 지도방법보다는 편식과 관련된 다양한 동화 들려주기, 우리 몸에 필요한 음식의 종류에 대해서 이야기 나누기, 음식물 쓰레기 처리장 견학하기, 유아들이 싫어하는 음식 스스로 요리해서 먹기, 식사 규칙에 대해서 토론하기 등 다양한 활동을 통해서 식사습관을 지도하는 것이 효과적이다.

활동 난 토마토 절대 안 먹어

활동유형 : 동화

준 비 물 : '난 토마토 절대 안 먹어' 동화책(로렌차일드 지음, 출판사 국민서관)

동화내용

찰리에겐 롤라라는 여동생이 가끔은 롤라에게 밥을 차려 줘야 한다. 이건 꽤나 힘든 일이다. 왜냐하면 롤라는 싫어하는 음식이 아주 많다. 이를테면 감자, 당근, 생선, 콩 그 중에서 토마토를 절대로 안 먹는다고 한다. 그런 롤라를 위해 찰리는 음식에 아주 특별한 이름을 붙여주자 롤라는 감자, 당근, 생선, 콩, 토마토를 잘 먹게 되었다.

활동순서

'난 토마토 절대 안 먹어'와 같은 식사습관 관련 동화를 읽어준다.

② 동화의 내용을 이해하기 위해서 "롤라는 어떤 음식을 안 먹었어? 찰리는 롤라가 싫어 하는 음식에 어떤 이름을 붙여주었어? 롤라는 특별한 이름을 가진 음식을 어떻게 했어?"와 같은 질문을 통해서 동화에 등장한 인물들에 대해서 생각하는 활동을 한다.

③ 동화 내용과 유아들의 경험을 연결하기 위해서 교사는 유아들에게 "너희들은 먹기 싫은 음식이 있을 때 어떻게 했어? 이런 음식을 계속 먹지 않으면 어떻게 될까?" 등의 질문을 한다.

④ 동화의 롤라, 찰리에게 그림 편지를 쓰거나, 후속 이야기를 만드는 등의 창안하는 활동을 할 수 있다.

활동 음식 그래프 만들기

활동유형 : 수 활동

준 비 물 : 필기도구

활동순서

① 교사는 몸에 좋은 음식과 나쁜 음식 그림이 그려진 음식 그래프를 준비한다.
② 유아들에게 가장 좋아하는 음식이 무엇인지 물어본다.
③ 각 유아들이 그래프의 음식 중 가장 좋아하는 음식 위에 모양을 붙이게 한다.
④ 음식 그래프에서 동그라미가 많은 순서를 확인한다.
⑤ 좋은 음식과 나쁜 음식을 구별해 본다.
⑥ 하루 동안 자신이 먹는 음식을 유아들이 각자 그래프로 만들어 본다.

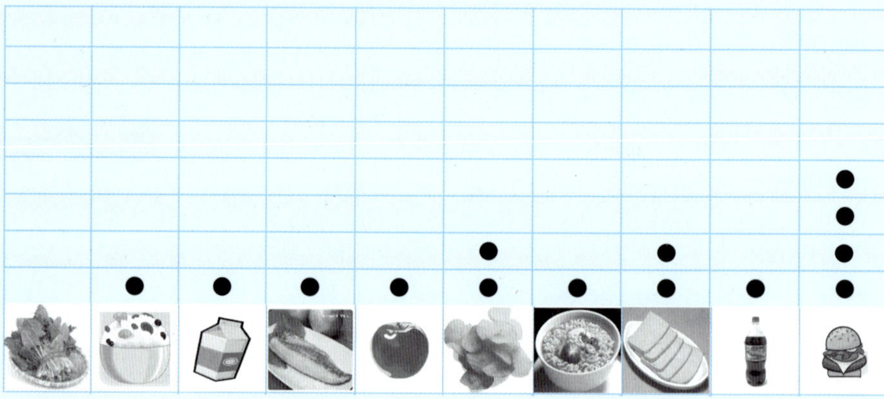

2 배변습관

영아들은 일반적으로 18~24개월 사이에 방광과 항문의 괄약근을 통제할 수 있는 생리적 능력이 생긴다. 이 시기의 영아들은 대소변에 대한 의사가 분명해지고, 변기에 관심을 갖기 시작하고, 언어적 표현이 가능해지므로 배변 훈련을 시작할 수 있는 시기이다. 그러나 다른 발달과 마찬가지로 방광 및 항문의 통제 능력은 개인차가 있어서 배변훈련의 시기는 유아 마다 다를 수 있다.

18~24개월에 시작한 영아의 대소변 가리기는 대부분 만 3~4세가 되어야 완료되므로 대소변 훈련을 일찍 시작하였다고 해서 반드시 대소변을 빨리 가리는 것은 아니다. 또한 대소변을 잘 가리던 유아도 신체적 · 심리적 · 환경적 요인에 따라서 실수를 할 수 있다는 것을 인식해야 한다. 더욱이 유아의 발달을 고려하지 않은 강압적인 훈련은 유아에게 스트레스로 작용하여 정신 건강이나 성격 형성에 해롭기 때문에 따뜻한 격려로 점진적으로 자연스럽게 접근하는 것이 좋다.

1. 배변습관 사례

교사들은 유아교육기관에서 대소변을 실수하는 유아들을 종종 경험한다. 이런 대소변 실수는 유아들이 놀이에 몰입하거나 그 날의 심리적인 요인 때문에 나타날 수 있는 것으로 자연스럽게 받아들이는 것이 좋다. 그러나 대소변을 가릴 수 있는 연령임에도 불구하고 유아가 반복해서 지속적으로 실수를 한다면 문제를 정확히 파악하여 지도해야 한다. 다음의 사례에서 배변습관에 문제가 있는 유아를 볼 수 있다.

사례 소변을 통제하지 못하는 유아

배경

① 기관 : 병설 유치원
② 교사 : 경력 19년차 교사
③ 유아 : 만 5세 여아 은주

이야기 전개

① 사건배경

은주의 가족은 할아버지, 할머니, 아빠, 엄마, 초등학교 1학년 오빠 여섯 식구이다. 은주의 가족 대부분이 직장을 가지고 있어서 은주에게 관심을 가지고 돌보아 줄 시간이 부족하다. 가족들은 은주의 오빠에게 기대를 많이 한다. 은주는 유치원을 다닌 지 2년이 되었다. 만 3, 4, 5세 혼합 연령반에 다니는 은주는 평소 다른 유아를 이유 없이 때리고 꼬집는 행동을 하고, 친구의 물건을 허락 없이 사용한다. 그리고 자신의 크레파스를 뚝뚝 잘라 못 쓰게 만들기도 한다. 교사가 주의를 주어도 관심이 없고 오히려 교사를 보고 웃으며 잘못된 것을 느끼지 못하는 것 같다. 모르는 사람을 어려워하지 않고, 자신에게 관심을 주면 밀착하여 떨어지지 않으려고 한다. 그리고 가끔 실수로 바지에 소변을 본다.

② 사건전개

5세가 된 이후에 은주가 소변을 바지에 실수하는 일이 가끔 있었다. 교사는 아직은 실수할 수 있는 나이라고 생각했다. 그러나 최근에는 며칠 동안 연속적으로 실수를 하였다. 다른 유아들은 은주가 실수를 하면 몰려들어 쳐다보는데, 은주는 웃으면서 옷을 벗고, 벗은 옷으로 장난을 치고 옷을 벗은 채 부끄러움 없이 그냥 활동을 하고 돌아다녔다. 교사가 새 옷으로 갈아입혀 주면 은주는 예쁜 옷이라며 좋아한다. 유치원에서만 실수를 하는 것은 아니다. 유치원이 끝나고 집으로 가면서 동네에서도 실수를 하는 경우가 있다. 은주는 유치원에서처럼 옷을 그 자리에 벗어 놓고 그냥 동네를 돌아다녔다. 교사는 4세 이후에도 바지에 실수를 하는 것은 부끄러운 일이라고 이야기해 주고, 주기적으로 화장실에 보내려고 노력을 하였다. 그리고 은주의 어머님과 상담을 하여 어머님께 은주는 소변 통제력이 약한 것 같으니 비뇨기과에 가서 진단을 받아보시라고 권했다. 그러나 어머니는 집에서는 실수하지 않고 또 병적인 것은 아닌 것 같다고 하시며 바쁘다고 병원에 가는 것을 미루고 있었다. 교사의 노력에도 불구하고 은주의 실수는 그치지 않고 있었다. 나름대로 최선을 다하고 있으나 더 효과적인 지도 방법이 있을지 걱정스럽다.

사례에 대해서 토론하기

① 문제의 원인 :

② 사람들의 입장 :

③ 문제해결 방법 :

2. 배변습관 발달

유아들의 배변습관을 적절히 지도하기 위해서는 일반적인 배설 기능의 발달을 이해하여 적절한 지도를 실행해야 한다. 유아의 개월별 배설 기능의 발달을 살펴보면 다음 〈표 16〉과 같다(여성부, 2003).

〈표 16〉 연령별 배설 기능의 발달 단계

장조절(배변조절)		방광 조절(배뇨 조절)	
6개월	장 움직임의 조절 시작	15~16 개월	방광 조절 시작
18개월	장의 움직임이 있다는 것을 지각	18~24개월	소변을 보고자 하는 신호를 보임
18-24개월	움직임이 다가온다는 신호를 보임	2년~2년 6개월	소변을 보기 위해 혼자 변기로 감 홍분, 피로, 병 또는 어떤 활동에 몰두한 탓으로 실수를 할 때를 제외하고는 낮 동안 배뇨 통제 능력이 생김
2년	홍분, 피로, 병으로 인해 실수하는 경우를 제외하고는 조절능력이 생김		
2년~2년 6개월	대변을 보고자 혼자 변기로 감	3년~3년 6개월	이따금 실수하지만 밤에도 통제력이 생김

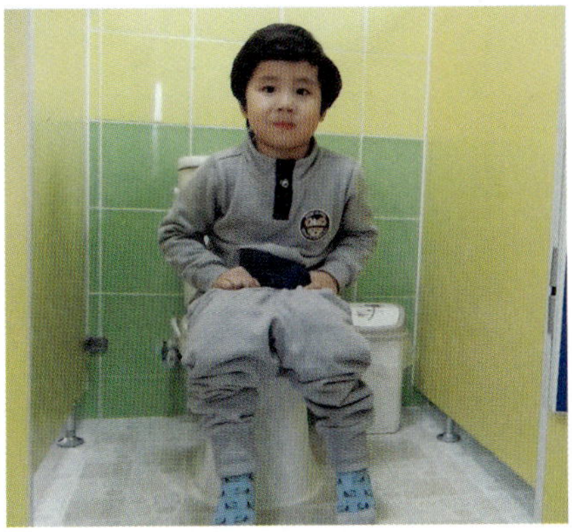

배변하는 모습

3. 배변습관 문제

대부분의 유아들은 만 3세가 되면 소변을 가릴 수 있으나 아동 초기까지는 놀이에 몰두하거나, 일시적으로 스트레스를 받거나, 옷이 입고 벗기 불편한 경우에 간혹 실수를 할 수 있다. 이런 실수는 병적인 것으로 보기 어렵다.

그러나 이러한 실수와 달리 유아기 배변의 문제가 되는 것은 유뇨증 및 야뇨증,

유분증 등이다. 유뇨증은 5세 이후에도 계속해서 밤과 낮에 소변을 가리지 못하는 것이고(1주일에 2번, 3개월 이상 지속 시)(국립특수교육원, 2009), 5세 이상에서 비뇨기계에 뚜렷한 이상이 없고 낮 동안에는 소변을 잘 가리다가 밤에만 오줌을 지리는 것을 야뇨증이라고 한다(서울대학교 병원, 2013b). 유분증은 만 4세가 지나서 대변을 가릴 나이임에도 불구하고 가리지 못하는 경우이다.

유뇨증, 야뇨증, 유분증과 같은 배변의 문제는 발육의 지연, 방광 및 괄약근의 기능장애 및 기질적 질환, 유전적인 소인, 심리·정서적인 요인 등 여러 가지 원인에 의해서 발생한다. 그러나 실제 기질적 질환이 원인이 되는 경우는 아주 드물고 대부분 심리적인 요인에 의해서 생긴다. 명확한 원인은 아직 규명되지 않았으나 예상되는 배변의 문제 원인은 다음과 같다(대한간호학회, 1996; 이철수, 2009).

- 가족력
  배변에 문제가 있는 가족이 있을 때 배변 문제가 더 많이 발생할 수 있다.
- 부모의 배변훈련
  부모가 제대로 대소변 훈련을 시키지 못했거나, 지나친 대소변 훈련으로 유아가 만성적으로 스트레스를 받은 경우에 생긴다.
- 심리적인 요인
  부모의 불화, 이사, 가족의 사망 등 환경적인 요인에 의한 심리적인 스트레스가 주 원인으로 스트레스 요인이 없어지면 증상이 없어지게 된다.
- 기질적 요인
  방광이나 항문의 기질적인 문제가 있는 경우 발생하는데, 의과적인 치료가 필요하다.

4. 배변습관 지도

유아가 배변의 실수로 수치심이나 죄의식을 느끼지 않고, 스스로 배변을 통제하여 만족감과 성취감을 느낄 수 있도록 지도해야 한다. 바른 배변습관 형성을 위해서 교사가 인식해야 하는 유아의 배변습관 지도내용, 지도방법, 지도활동 등은 다음과 같다.

1) 배변습관 지도내용

배변습관 지도에서 가장 중요한 것은 대소변을 가릴 수 있도록 배변훈련을 하는 것이다. 배변 훈련이 이루어진 이후에는 규칙적인 배변과 바른 화장실 사용 등의 습관을 형성하도록 지도해야 한다. 유아들에게 필요한 기본적인 배변습관 지도내용은 다음과 같다.

- 대소변 가리기
- 규칙적으로 대소변을 보는 습관 기르기
- 대소변 후에 손 씻기
- 화장실에 들어가기 전에 노크하기
- 화장실을 깨끗하게 사용하기
- 화장실에 있는 기기의 정확한 사용법 알기
- 화장실 내의 휴지, 물, 비누 등을 아껴 쓰기

2) 배변습관 지도방법

유아의 배변습관에 대한 지도는 지도내용과 유아의 개별적인 신체 및 정서 발달의 특성, 보다 구체적인 유아관찰에 기초하여 적합한 방법으로 지도해야 한다. 효율적인 배변습관 지도를 위한 유아관찰, 배변습관 훈련단계와 지도원칙을 제시하면 다음과 같다.

(1) 배변습관 관찰

교사는 유아의 배변습관을 지도하기 위해서는 배변에 대한 의사표현, 대소변 간격. 변기활용 여부, 실수(시간, 횟수, 장소, 유아반응) 등을 지속적으로 관찰해야 한다. 관찰 결과를 기초로 배변훈련 시기, 지도방법을 결정하고, 문제가 있는 경우, 문제 상황 및 원인을 명확히 파악해서 지도해야 한다.

유아의 배변습관 관찰지

<table>
<tr><th colspan="2">관찰내용</th><th>1회 관찰
월 일</th><th>2회 관찰
월 일</th><th>3회 관찰
월 일</th><th>4회 관찰
월 일</th></tr>
<tr><td colspan="2">배변에 대한 의사 표현</td><td></td><td></td><td></td><td></td></tr>
<tr><td colspan="2">대소변 간격</td><td></td><td></td><td></td><td></td></tr>
<tr><td colspan="2">변기 활용 여부</td><td></td><td></td><td></td><td></td></tr>
<tr><td rowspan="4">실수</td><td>실수 시간</td><td></td><td></td><td></td><td></td></tr>
<tr><td>하루 실시 횟수</td><td></td><td></td><td></td><td></td></tr>
<tr><td>실수 장소</td><td></td><td></td><td></td><td></td></tr>
<tr><td>유아반응</td><td></td><td></td><td></td><td></td></tr>
</table>

(2) 배변습관 훈련단계

일반적인 배변습관 훈련 시기는 18~24개월이나 개인차가 있으므로 관찰에 의해서 적절한 시기를 파악해야 한다. 영아가 혼자 설 수 있고, 의사가 분명해지면서 욕구를 표현할 수 있고, 소변 간격이 2시간 이상 되면 배변훈련을 위한 적절한 시기이다. 배변훈련을 실행하기에 적절한 시기로 판단이 되면 다음의 과정을 통해서 배변 훈련을 실시한다.

- 언어적 표현 알려 주기
  대변과 소변의 명칭을 알려주어 유아가 대소변 욕구를 느낄 때, 언어적으로 표현하게 한다(예: "응가", "쉬").
- 변기와 친해지기
  처음부터 어른 변기를 이용하는 것은 유아들에게는 어려우므로 유아용 변기를 이용하여 장난감처럼 편안하게 친해지게 한다.
- 모델 제공하기
  인형 등을 활용하여 변기에서 소변이나 대변을 보는 모델을 보여준다.
- 시행하기
  유아의 배변 리듬을 파악하여 하루에 3~4번 규칙적으로 같은 시간에 변기에 앉아서 대소변을 보게 한다. 유아가 성공하면 칭찬을 하고, 성공하지 못한 경우에는 무시한다. 혼을 내거나 강요하는 것은 바람직하지 못하다.

(3) 배변습관 지도원칙

신체적으로 배설기능이 발달되어 있다고 하더라도 그동안 사용하지 않았던 변기를 사용하는 것은 영아들에게 스트레스 요인이 될 수 있다. 더욱이 배변습관에 문제가 있는 유아는 스스로 수치심이나 죄의식 등을 느낄 수 있고, 자신감을 상실하게 하는 등 정서적인 문제를 유발할 수 있다. 만 3~4세가 되어 비교적 배변 훈련이 완료된다 하더라도 유아기에 배변의 통제가 완전히 이루어지기 어렵다. 따라서 배변습관을 지도할 때에는 유아의 신체적 특성을 고려할 뿐 아니라 정서 상태를 이해하고 안정을 최우선으로 지도해야 한다. 구체적인 지도원칙을 살펴보면 다음과 같다(김옥분, 1997).

- 강요하지 않기

서두르거나 강요하면 영아는 변기 사용을 거부할 수 있으므로 서두르거나 강요하지 않는다.

- 실수 대비 및 정서적 안정감 조성

유아들의 실수를 줄이기 위하여 유아 스스로 입고 벗기 편한 옷을 입히도록 하고, 유아들의 실수에 대비하여 각 유아별로 여분의 옷을 준비한다. 유아의 실수 자체가 스트레스 요인으로 작용하여 더욱 심화될 수 있고 수치심을 줄 수 있다. 따라서 실수한 경우에 야단을 치거나 민감하게 반응하지 말고, 괜찮다고 위로하여 유아를 안심시키고, 다른 유아의 눈에 띄지 않게 처리해 준다. 실수하지 않는 경우에 적극적으로 칭찬을 해준다. .

- 규칙적으로 화장실 보내기

만 3세 이하의 유아들은 활동 전 · 후 규칙적으로 화장실에 가는 것을 프로그램에 계획한다. 가정에서 저녁 시간에는 음식 및 수분 섭취를 제한하고 잠자기 전에 소변을 보게 한다.

- 유아의 배변 욕구 살피기

유아들은 놀이에 몰두하면 실수할 수 있으므로, 유아들을 관찰하고 표정을 살펴서 화장실에 다녀와서 놀 수 있게 한다.

- 스트레스 요인 제거

동생이 생기거나, 부모에게 혼나는 등의 스트레스에 의해서 일시적으로 나타나는 배변습관의 문제의 경우에는 스트레스 요인을 제거시켜 주고 유아에게 애정을 가지고 따뜻하게 수용해 준다. 그리고 부모와 원인에 대해서 상담하고 지도방법을 의논한다.

- 전문가의 진단

방광이나 항문의 기질적인 문제가 있는 경우 의과적인 치료가 필요하다. 계속해서 배변습관에 문제가 발생하는 경우, 전문가의 진단을 받아서 정확한 원인을 분석하여 지도하는 것이 바람직하다.

3) 배변습관 지도활동

배변습관은 매일의 생활 속에서 규칙적인 지도와 함께 관련 동화나 이야기 나누기, 토의 등과 같은 다양한 활동을 통해서 유아 스스로 이해하고 문제를 해결해 나가도록 지도한다. 배변습관 지도활동은 관련동화를 읽어주거나 인형을 가지고 배변훈련에 대한 역할놀이를 할 수 있다.

활동 혼자 쉬해요!

활동유형 : 동화

준 비 물 : '혼자 쉬해요' 동화책 (캐런 카츠 지음, 중앙출판사)

동화내용

아기가 엄마에게 선물을 받아서 선물을 열어보니, 아기용 변기가 들어 있다. 변기는 너무나 마음에 들었지만, 기저귀를 벗기 싫었다. 다음날 아침, 아기는 변기에 앉는다. 드디어 배변을 보는 데 성공한다

활동순서

① '혼자 쉬해요' 동화를 들려준다.

② 아기가 선물 받은 변기를 어떻게 생각하는지? 어떻게 해서 배변을 보는 데 성공했는지 등 동화 속의 내용을 질문한다.

③ 활동 후 느낀 점을 이야기한다.

활동 배변훈련 시키기

활동유형 : 역할놀이

준 비 물 : 인형, 이동용 소변기

활동순서

① 아기 인형과 이동용 소변기를 역할놀이 영역에 제공한다.

② 유아가 성인의 역할을 맡아서 인형에게 배변지도를 하는 역할놀이를 해보게 한다.

③ 역할놀이를 통해서 유아 스스로 배변 과정 및 배변 시 처리 방법을 학습하게 된다.

3 수면습관

수면은 사고와 행동을 위해서 사용했던 뇌의 신경세포들을 다시 정리하게 해준다. 또한 섭취한 음식물을 소화 · 흡수하게 하기 때문에 모든 사람들은 육체 · 정신적 피로를 회복하고 건강한 생활을 유지하기 위해서 수면이 필요하다.

성인의 경우, 8시간 정도의 수면으로 충분하지만 1~2세 영아들은 12~14시간, 2~5세 유아들은 10~12시간, 5세 이상의 유아들은 10시간 이상의 수면이 필요하다. 또한 활동량이 많은 유아는 건강과 성장을 위해서 야간 수면은 물론 1일 1회 이상의 낮잠이 필요하다(박성옥 외, 2003).

어린이집이나 유치원 등 장시간 유아를 교육하고 돌보는 기관에서는 유아들의 건강을 위해서 낮잠 시간을 갖는 경우가 많다. 이 때문에 수면 지도는 교사들의 역할이기도 하다. 유아들의 수면은 가정에서의 생활, 기관에서의 생활, 유아의 정서 상태 등의 영향을 받을 수 있기 때문에 교사들은 유아들의 환경과 개인 특성을 고려하고 가정과 연계하여 수면습관을 지도해야 한다.

1. 수면습관 사례

수면습관의 문제는 유아의 생활에 영향을 주고, 기관에서 다른 유아들의 수면을 방해할 수 있으며, 가정에서는 부모의 수면을 방해하기 때문에 적절한 지도가 필요하다. 다음의 사례를 통해서 수면습관의 어려움을 갖는 유아의 문제를 이해할 수 있다.

사례 자다가 일어나서 우는 유아

배경

① 기관 : 사립 어린이집
② 교사 : 경력 2년차 교사(원장님이 함께 지도)
③ 유아 : 만 3세 남아 영석

이야기 전개

① 사건배경
영석이는 3월부터 어린이집 만 3세 반에 다니고 있다. 성격은 매우 밝고 활달하며 친구들을 좋아하고 바깥놀이도 좋아한다. 어려서부터 우는 일이 거의 없고 사람들을 좋아해서 방글이라는 별명을 갖기도 했다. 두 돌 때 두 달 정도 아는 사람이 운영하는 어린이집을 다녔는데 너무 잘 놀고 선생님도 잘 따랐다. 영석이는 계속 어린이집에 다니고 싶어했으나 너무 어려서 부모는 보내지 않았다. 만 3세가 되어 다시 어린이집에 갈 때도 신이 나서 좋아했다. 이 시기에 영석이는 동생이 생겼다. 그러던 어느 날 영석이가 어린이집에 다녀오면 힘이 없고 가지 않는다고 하고 엄마랑 집에 있겠다고 하였다.

② 사건전개
어린이집에 다시 다닌 지 1주일 정도부터는 잘 때 자꾸 울기도 하고 "내꺼야! 안돼!" 등등 잠꼬대도 했다. 교사에게 상담을 하니 영석이는 너무 활동적이어서 움직이며 노는 것을 좋아하고, 또 친구에게 같이 놀자며 자꾸 장난을 친다고 한다. 친구들이 싫다고 울어도 계속 반복하여 교사가 두세 번 손드는 벌을 주었다고 한다. 영석이는 집에 오면 바로 자고 코피도 흘렸다. 영석이는 2주 동안 어린이집에 다니고 나서 1주일 넘게 아파서 병원에 입원을 했다. 그러면서 어리광도 많아지고 내내 자다가 우는 버릇이 생겼다. 2주 정도가 지났는데도 매일 자다가 두세 번 정도 깨서 울곤 한다. 교사는 지금은 어린이집에 잘 적응하고 친구들과도 잘 지낸다고 말한다. 그런데 엄마가 보기에는 아이가 뭔가 힘들어 하는 것 같고 심리적으로 어떤 상태인지가 자꾸 걱정이 된다. 아이가 교사에게는 조금 거리를 두는 것 같고 다른 반 선생님이 좋다고 한다. 이렇게 적응하는 것이 좋은 것인지 아니면 다른 방법을 찾아야 하는 것인지, 어떻게 하는 것이 도움이 되는지 걱정스럽다.

사례에 대해서 토론하기

① 문제의 원인 :

② 사람들의 입장 :

③ 문제해결 방법 :

2. 수면습관 발달

유아의 수면습관을 지도하기 위해서는 수면습관의 발달을 이해하는 것이 필요하다. 생후 4개월이 되면 영아의 중추신경계는 수면시간을 연장시킬 수 있을 정도로 성숙되어 주로 각성은 낮 시간에, 수면은 밤 시간에 이루어지고 성인과 유사한 패턴을 갖는다. 유아들은 점차 성장하면서 더 규칙적인 수면습관을 갖게 된다(여성부, 2003). 유아의 수면습관의 발달을 살펴보면 다음과 같다(강영희, 2008; 두산, 2013; 채규영, 2007).

- 생후 1~2개월
  젖을 먹는 시간과 울 때를 제외하고 거의 하루 약 18~20시간을 잔다.
- 3개월
  하루 20시간 정도 자며, 점차 눈을 뜨고 있는 시간이 길어진다.
- 6개월
  하루 15~18시간 정도 잔다.
- 12개월
  하루 14~15시간 정도 잔다. 오전, 오후에 낮잠을 잔다.
- 18개월
  하루 12~14시간 정도 잠을 잔다. 낮잠을 한번 잔다.
- 3~5세
  하루 11~13시간 잠을 잔다. 낮잠을 자지 않는다.
- 6~12세
  하루 최소한 10~11시간을 잔다.

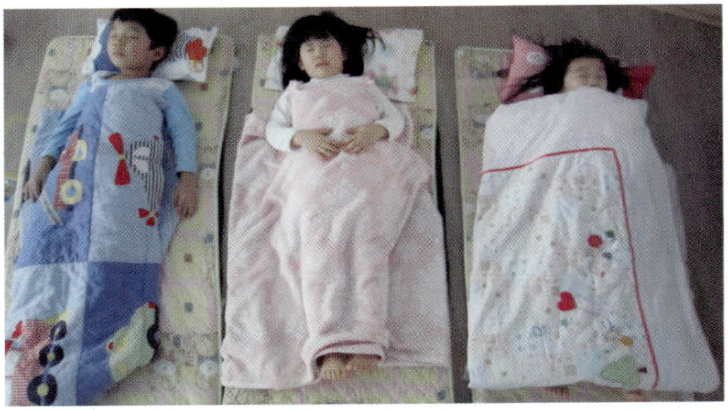

낮잠을 자고 있는 유아들

3. 수면습관 문제

유아들 중에는 밤과 낮이 바뀌거나, 쉽게 잠들지 못하거나, 자주 깨거나, 낮잠을 자지 않으려고 하는 등 여러 가지 수면습관의 문제와 수면장애를 나타낼 수 있다. 수면습관의 문제는 영아기의 잘못된 수면 생활에서 기인하는 경우가 많고, 가정의 바람직하지 못한 생활습관이나 부모의 모델 등에서 비롯될 수 있다. 또는 유아의 신경 및 뇌 발달이 미숙하거나 정신적인 스트레스 때문에 발생할 수 있다. 수면습관의 문제 유형별 원인을 살펴보면 다음과 같다.

- 낮과 밤이 바뀐 유아

  신생아의 경우 밤낮이 바뀌는 것이 정상적인 성장의 일부이다. 그러나 시간이 지나면서 점차 성인과 같은 수면 패턴을 갖는 것이 일반적이다. 지속적으로 낮과 밤이 바뀐 경우는 신생아 시기의 수면 패턴을 그대로 유지하여 습관이 되었기 때문이다.
- 잠투정하는 유아

  5~6개월이 지나면 유아의 잠투정은 점점 심해질 수 있는데, 이 시기의 유아는

지능과 감성이 발달하면서 양육자와 떨어지는 것을 무섭게 생각하기 때문이다.

- 중간에 깨서 우는 유아

유아들은 불규칙한 생활, 피곤이나 불편함과 같은 신체적인 요인 때문에 수면 중간에 깰 수 있다. 또는 실내 온도, 환기, 채광, 주변 소음 등 환경적인 요인도 영향을 준다. 그리고 격리불안, 야단을 맞거나 악몽을 꾸는 등 정신적 불안이나 스트레스가 있을 때 수면 중 우는 행동이 나타난다.

- 이를 가는 유아

잠을 자면서 이를 가는 것의 원인은 정확히 밝혀지지는 않았으나 정서적 불안이나 긴장, 치아 배열의 문제 때문일 수 있다.

- 낮잠을 자지 않는 유아

유아가 기관에서 낮잠을 자지 않으려는 이유는 가정에서 늦게까지 잠을 잤거나, 하고 있는 놀이를 계속해서 하고 싶거나, 기관의 환경에 적응이 되지 않아서 나타날 수 있다.

- 수면장애

수면장애는 야경증, 몽유병, 악몽증 등이다. 야경증이란 잠든 뒤 2~3시간 후에 갑자기 비명을 지르면서 헛소리를 하고, 손짓, 발짓을 하는 등 공포와 공황 상태로, 잠에서 깨어난 뒤에는 자신의 행동을 전혀 기억하지 못한다. 야경증은 주로 만 3, 4세 이후 유년기에 나타난다. 몽유병은 잠꼬대를 하면서 자리에서 일어나 돌아다니는 것이 특징이고 만 5, 6세에 나타난다. 이러한 유아기 수면장애는 유아의 신경발달, 뇌 발달이 진행되는 과정에 있어 아직은 미숙한 상태이기 때문에 발생할 수 있다. 또 다른 원인은 스트레스와 피로 때문일 수 있다(주간한국, 2003).

4. 수면습관 지도

잠을 충분히 자지 못하는 유아는 심리적으로 상당히 불안한 상태가 되고, 생활의 리듬 또한 깨져 신경질적인 성향을 보인다. 이러한 요인들은 식사나 배변과 같은 생활습관 형성에도 좋지 못한 영향을 준다. 따라서 유아가 숙면을 취할 수 있는 환경을 만들어 주는 것이 필요하다. 유아교육기관에서의 수면습관 지도내용, 지도방법 및 활동에 대해서 살펴보면 다음과 같다.

1) 수면습관 지도내용

유아들에게 길러 주어야 하는 수면습관은 일정한 시간에 잠을 자고, 잠투정을 하지 않고, 충분한 시간 동안 숙면을 하는 것 등이다. 유아교육기관에서 생활하는 유아들은 건강한 생활리듬을 위해서 가정과 연계된 수면습관 지도가 중요하다. 유아들에게 필요한 기본적인 수면습관의 지도내용은 다음과 같다.

- 규칙적인 수면 리듬을 갖고 일정한 시간에 자고, 일어나기
- 잠투정을 하지 않기
- 자기 전에 음식물을 먹지 않기
- 자기 전에 대소변을 보고, 양치질 및 세수하기
- 자신의 옷과 침구를 스스로 정리하기

2) 수면습관 지도방법

유아의 수면습관 지도는 유아의 발달 특성, 유아들에게 필요한 지도내용, 그리고 유아 개별적인 관찰 결과에 기초하여 적합한 방법으로 지도해야 한다. 유아 수면습관 지도를 위한 관찰 및 지도원칙은 다음과 같다.

(1) 수면습관 관찰

유아의 수면을 지도하기 위해서는 수면습관 관찰지를 활용하여 수면 전, 수면

중, 수면 후의 유아의 반응 및 행동을 체계적으로 관찰한다. 수면에 문제가 있는 유아들의 경우, 수면시간과 수면의 양, 다른 행동에 미치는 영향 등에 대해서 주기적으로 관찰하여 문제를 파악하는 것이 필요하다.

유아의 수면습관 관찰지

관찰내용	1회 관찰 월 일	2회 관찰 월 일	3회 관찰 월 일	4회 관찰 월 일
수면 시간과 양				
수면 전 유아의 행동 및 반응				
수면 중 유아의 행동				
수면 후 유아의 행동				
수면의 문제가 다른 행동에 미치는 영향				

(2) 수면습관 지도원칙

유아교육기관에 처음 온 유아들은 환경의 변화로 편안한 수면을 하기 어려울 수 있다. 교사는 유아들이 기관에서 편안한 수면을 하기까지 상당한 적응 기간이 필요하다는 것을 이해하고 보다 편안하고 안락한 환경을 제공해 주어야 한다. 그러나 수면 문제가 습관으로 굳어지기 전에 문제의 원인을 파악하여 해결해주어야 한다. 수면습관의 문제를 해결하고 바른 습관을 형성하기 위한 유아의 수면습관 지도원칙은 다음과 같다.

- 수면 시간의 점진적인 지도

신생아의 경우 밤낮이 바뀌는 것이 정상적인 성장의 일부이나 시간이 지나면서 점차 성인과 같은 수면 패턴을 갖는 것이 일반적이다. 생후 6개월이 지나도 지속적으로 낮과 밤의 리듬을 찾지 못한다면 신생아 시기의 수면 패턴을 그대로 유지하여 습관이 되었기 때문이다. 규칙적인 수면 시간의 조정을 위해서는 자는 시간과 일어나는 시간을 조금씩 앞당기고, 낮 동안에 움직임이 많은 활동을 제공하여 수면을 유도하는 등 점진적으로 지도해야 한다.

- 편안하고 쾌적한 환경 구성

유아들은 주변 환경에 민감하게 반응하므로 낮잠실을 마련하여 빛과 소음을 차단하고 18~23도의 적절한 온도를 유지하는 등 수면을 위한 아늑한 환경을 마련해 준다. 동화나 음악을 들려주어 편안한 마음으로 잠들 수 있게 한다. 중간에 깨서 우는 유아들의 경우, 신체적인 불편함이나 환경의 문제 때문에 잠이 깰 수 있으므로 실내 온도나 잠자리 등을 지속적으로 확인해 준다.

- 균형 있는 일과와 충분한 활동 제공

유아의 숙면을 위해서 충분한 활동과 함께 하루 일과를 균형 있게 제공하고, 규칙적인 취침 시간을 제공해 준다. 너무 피곤하거나 흥분되는 경우 잠을 잘 수 없으므로 자기 전에 유아의 마음을 가라앉히고 수면을 도울 수 있는 조용한 음악이나 이야기를 들려준다.

- 유아의 자율성 존중

낮잠을 원하지 않는 유아를 강압적으로 자게 하는 것은 바람직하지 않고, 조용한 놀이나 휴식을 취하게 하고 원인을 해결하는 것이 필요하다. 가정에서 늦은 취침의 경우는 부모와의 상담을 통해서 일정한 시간에 잠을 자는 습관을 갖게 한다. 낮잠 시간에 놀이를 계속하기 원하는 유아는 낮잠 시간 이후에 놀이 시간을 주겠다고 약속하거나 일정 시간(20~30분) 정도 놀이를 더 하도록 허락한다.

- 정서적인 불안 해소

자다 깨서 울거나 이를 가는 등의 행동은 유아가 정서적으로 불안한 경우에 나타낼 수 있다. 자다 깨서 울려고 하면 다독거려 주거나 자장가를 불러 주어 편안함과 안정감을 갖고 다시 잘 수 있게 해준다. 이를 가는 것이 치아 배열 상의 문제일 경우 치과 의사의 치료를 받는다

- 가정생활과 연계

가정에서 가족 및 유아의 수면 습관, 수면 시간, 생활 리듬 등을 파악하여 기관에서의 수면지도와 연계되도록 한다. 유아가 환경의 변화로 인해 낮잠을 자지 못하는 경우, 유아의 심리적인 안정감을 위해서 유아가 잠잘 때 사용하는 친숙한 인형이나 베개, 장난감 등을 가지고 오게 하여 장난감을 통해 스스로 잠들 수 있도록 도와준다.

- 개인적인 수면 요구 수용

유아가 자기 전에 잠투정을 하는 경우, 안아주거나 개별적인 요구를 받아주는 등 옆에 있어 준다. 잠을 깨서 잠투정을 하는 유아는 충분히 잠을 자지 못해서 나타나는 행동으로 다음 활동에도 영향을 줄 수 있으므로 교사는 안아주는 등 편안하게 잠을 깰 수 있도록 도와준다.

- 수면장애 증상에 따른 지도

야경증, 몽유병, 악몽 등의 수면장애인 경우 신경과 뇌의 발달이 완성되는 청소년기가 지나면서 대부분 없어지므로 크게 걱정할 필요는 없다. 몽유병일 때는 위험한 물건은 치우고, 악몽증의 경우에는 자기 전 유아가 공포스러운 이야기나 화면에 노출되지 않도록 한다. 피로와 스트레스도 원인이 되므로 이를 해결해 주려는 노력도 필요하다(주간한국, 2003).

3) 수면습관 지도활동

수면습관은 매일 매일 편안한 일상생활 속에서 지속적으로 지도해야 한다. 또한 유아들에게 바른 수면습관의 필요성을 이해시키기 위해서 동화나 이야기 나누기, 토의 등의 활동을 활용할 수 있다.

활동 잠자기 싫어요

활동유형 : 동화

준 비 물 : '잠자기 싫어요.' 동화책(안나 카살리스 지음, 출판사 키득키득)

동화내용

꼬마 생쥐 또또는 엄마가 만들어 준 달님 잠옷을 입고, 치약 맛이 좋다며 이빨도 깨끗하게 닦는다. 또또는 곰인형 뚜띠와 침대에서 같이 눕는다. 또또는 엄마에게 잘 준비를 다했다면서 동화책을 읽어 달라고 하지만, 잠이 오질 않고 눈이 더 초롱초롱해진다. 엄마는 또또에게 뽀뽀를 해주고 엄마방으로 간다. 또또는 엄마에게 목말라서 마실 것 좀 달라 한다. 또또는 오늘 잠을 쉽게 이루지 못할 것 같다. 엄마는 또또를 안고 창가로 가서 '지금은 깜깜한 밤이야. 해님도, 꽃님도, 숲속의 동물 친구들도 모두들 잠이 들었단다.' 소곤소곤 이야기를 해준다. 또또는 어느새 스스로 잠이 들어 꿈을 꾼다. 꿈 속에서 과자, 좋아하는 장난감, 큰 치즈 위에서 곰 인형 뚜띠와 뛰어논다. 다음 날 또또는 기분 좋게 일어나 친구들에게 어젯밤 꿈 이야기를 해준다면서 유치원으로 간다.

활동순서

① 유아들에게 '잠자기 싫어요' 동화를 읽어준 다음, 동화내용을 이해하기 위해서 또또는 왜 잠이 잘 오지 않았는지, 또또 엄마는 또또를 위해서 어떻게 했는지 등에 대해서 이야기를 나눈다.

② 유아들에게 밤에 잠이 오지 않은 적이 있었는지, 왜 잠이 안 왔는지, 그때 기분은 어땠는지, 어떻게 잠들 수 있었는지 등 경험에 대해서 이야기하게 한다.

③ 동화에 나온 또또와 또또 엄마에게 편지쓰기, 후속이야기 만들기 등의 창안하는 활동을 할 수 있다.

4 청결습관

청결습관 지도는 유아가 청결의 필요성을 알고 스스로 청결을 유지하게 하는 데 목적이 있다. 청결은 유아의 건강과 직접 연결되기 때문에 중요하다. 유아기에 길러야 할 청결습관은 양치질하기, 손 씻기, 세수하기, 목욕하기, 정리정돈하기 등의 습관이다.

대부분의 유아들은 양치질이나 손 씻기, 세수하기 등을 놀이로 즐겁게 받아들인다. 그러나 간혹 지나치게 씻지 않거나 지나치게 청결하게 하려는 유아도 있을 수 있다. 유아교육기관에서는 일반적인 청결습관 지도와 함께 청결습관에 문제가 있는 유아에 대해서도 관심을 가지고 지도를 해야 한다.

1. 청결습관 사례

유아교육기관에서 잘 씻지 않거나 지나치게 청결한 유아들은 친구들에게서 외면당하거나 자신의 행동을 제한하여 소극적으로 되는 등의 문제를 유발할 수 있다. 다음의 사례에서 지나친 청결습관을 가진 유아를 볼 수 있다.

사례 지나치게 청결한 유아

배경

① 기관 : 사립 어린이집
② 교사 : 경력 3년차 교사
③ 유아 : 만 3세 여아 민아

이야기 전개

① 사건배경

민아는 아빠 엄마의 사랑을 받고 단란하게 살고 있는데, 손이나 옷을 더럽히는 놀이를 좋아하지 않는다. 민아는 어린이집에 와서 손에 크레파스나 색연필 등 무엇인가 묻으면 교사에게 손가락을 보이며 큰 소리로 울었다. 교사는 큰 문제로 생각하지 않고 민아가 울면 교사도 일부러 손에 묻혀서 손을 닦으면 된다는 것을 알려주고는 하였다.

② 사건전개

하루는 자유선택활동 시간에 민아가 미술활동 영역에서 그림을 그리고 있었다. 옆에서 물감그림을 그리던 친구가 실수로 민아의 손에 물감을 묻혔다. 민아는 큰 소리를 내면서 울기 시작했다. 교사는 민아를 달래고 손을 씻어 주었다. 간식을 먹고 다른 아이들은 모두 실외놀이를 하러 나가는데, 민아는 나가려고 하지를 않았다. 교사는 민아를 데리고 밖으로 나왔다. 다른 유아들은 모래놀이를 하고 놀지만 민아는 별로 관심이 없다. 교사가 모래놀이를 같이 하자고 권했으나 싫다고 하였다. 민아가 손이나 옷에 무엇인가가 묻어서 크게 울면, 다른 유아들은 당황해했다. 교사는 부모님과 상담을 하였다. 부모님은 대소변 지도를 할 때 까다롭게 하거나 지나치게 청결을 강조하지도 않았는데 왜 그러는지 모르겠다고 하면서 결벽증에 걸린 것은 아닌지 걱정을 했다. 교사는 민아가 청결에 대한 염려로 미술활동이나 다른 대근육 활동에 적극적이지 못하고, 또 손이나 옷이 더러워지는 활동을 하지 않으려고 해서 다른 유아들에게 소외당할까봐 걱정이다. 학기 초보다는 조금씩 좋아지고 있는 것 같으나 기분이 좋지 않은 날은 더욱 민감하게 반응을 한다.

사례에 대해서 토론하기

① 문제의 원인 :

② 사람들의 입장 :

③ 문제해결 방법 :

2. 청결습관 발달

대부분 만 2세가 되면 스스로 손을 씻을 수 있고, 만 4세가 되면 스스로 양치질을 할 수 있으며, 만 5세가 되면 스스로 목욕할 수 있다(강문희, 2000). 구체적인 청결습관의 발달은 다음과 같다(대한간호학회편, 1996).

- 만 0~2세

  돌이 되기까지는 더럽고 깨끗한 것을 구분할 줄 모르나, 돌 이후에는 점차 언제 씻어야 하는지를 알게 된다. 따라서 더러운 것을 만지거나 식사 전후로 손을 닦아 주어 물과 친해지게 하고, 식후에는 잇몸을 닦아준다. 규칙적으로 손과 얼굴, 몸을 씻어주어 언제 씻는 것인지를 알려준다. 식사 후나 취침 전에 유아용 칫솔로 부드럽게 이를 닦아준다.

- 만 3세

  어느 정도 씻는 것에 익숙해지고, 서툴지만 혼자서 양치질을 할 수 있고 손을 닦을 수 있다. 따라서 이 시기에는 스스로 씻는 것을 시도하도록 격려하고 칭찬해 준다. 그리고 만 3세 정도가 되면 정리의 개념을 이해할 수 있으므로 자신이 놀았던 놀잇감을 스스로 정리하게 도와준다.

- 만 4~5세

  혼자서 양치질과 세수를 할 수 있다. 서툴더라도 혼자서 닦게 하는 것이 좋다. 이 시기의 유아는 발달 단계 상 자신의 물건을 분류할 수 있으므로 스스로 정리하게 한다.

손씻는 유아

양치질하는 유아

3. 청결습관 문제

유아들에 따라 씻는 것을 귀찮게 생각하여 잘 씻지 않는 경우가 있으나 점차 성장하면서 청결의 필요성을 인식하고 스스로 청결을 유지하려고 하기 때문에 이런 문제는 자연히 해결될 수 있다. 또는 지나치게 청결한 행동을 일시적으로 보일 수 있는데, 장기화 되지 않는다면 크게 걱정할 필요는 없다. 그러나 두 가지 문제가 장기적으로 지속된다면 정확한 원인 파악과 적절한 지도가 필요하다.

잘 씻지 않거나 지나치게 씻는 등의 청결습관의 문제는 심리 · 정서적, 환경적인 요인에 의해서 발생하는 문제들이다. 특히 부모의 양육방법 및 모델은 유아의 청결습관을 형성하는 데 중요한 요인으로 작용한다.

이처럼 청결습관의 문제는 두 가지로 나누어 볼 수 있는데, 첫째, 잘 씻지 않으려는 유아들은 부모가 청결에 대해서 지도를 하지 않고 무관심하여 씻지 않는 것이 위생이나 건강에 어떤 영향을 주는지를 인식하지 못하는 경우에 생긴다. 둘째, 지나치게 씻으려고 하는 유아는 배변 훈련 시기에 강압적인 방법을 사용하거나 지나치게 청결을 강조해서 생길 수 있다.

4. 청결습관 지도

유아들이 손을 씻고, 이를 닦고, 목욕을 하는 것은 지도방법에 따라서 귀찮은 일이 될 수도 있고 즐거운 일이 될 수도 있다. 유아의 발달을 고려해서 매력적인 양치컵, 칫솔, 유아용 치약, 비누, 수건 등을 준비해 주고, 교사가 바른 모델을 제공한다면 보다 쉽게 청결습관을 기를 수 있을 것이다. 유아기의 청결습관 지도내용, 지도방법, 지도활동은 다음과 같다.

1) 청결습관 지도내용

유아들의 청결습관을 위해서 교육해야 하는 내용은 청결을 유지해야 하는 이유와 방법, 필요한 도구의 사용방법 등에 대한 것이다. 즉, 자신의 몸에 대한 청결, 자신의 물건이나 주변의 정리 및 청결, 공공시설이나 물건의 청결한 사용, 도구의 사용방법 등에 대해서 지도한다. 구체적인 청결습관 지도내용은 다음과 같다.

- 청결을 위한 도구와 물건을 적절히 사용하기
- 음식 먹은 후에는 이를 닦기
- 매일 아침저녁으로 세수하고 목욕 자주하기
- 식사전후, 대소변 후, 바깥놀이 후에는 손 씻기
- 휴지는 쓰레기통에 버리기
- 자기물건이나 사용한 물건 정리하기
- 유아교육기관의 시설을 깨끗이 사용하기
- 공공시설물 깨끗이 사용하기

2) 청결습관 지도방법

유아의 청결습관 지도는 유아의 발달 특성, 유아들에게 필요한 지도내용, 그리고 유아 개별적인 관찰 결과에 기초하여 적합한 방법으로 지도해야 한다. 유아 청결습관 지도를 위한 관찰 및 지도원칙은 다음과 같다.

(1) 청결습관 관찰

유아의 청결습관을 관찰하기 위해서 교사는 언제 씻는지, 하루에 몇 번 씻는지, 씻기 전 · 후의 유아의 반응은 어떠한지 등을 다음의 청결습관 관찰지를 활용하여 주기적으로 관찰한다. 가정에서의 청결습관은 부모의 관찰기록을 통해서 파악할 수 있고, 이는 유아의 전반적인 특성 및 문제를 이해할 수 있게 해준다.

유아의 청결습관 관찰지

구 분	내 용
언제 손을 씻는가?	
하루에 몇 번 손을 씻는가?	
손을 씻기 전의 유아의 반응은?	
손을 씻고 난 후의 유아의 반응은?	

(2) 청결습관 지도원칙

유아에게 바른 청결습관을 갖게 하기 위해서는 유아용 칫솔과 치약, 위생적인 양치 컵과 칫솔 소독기, 적절한 온수 제공 등 환경적인 배려가 우선되어야 한다. 이러한 기본적인 도구 및 설비와 함께 교사의 체계적인 지도원칙을 살펴보면 다음과 같다.

- 적절한 세면도구, 온수 제공

유아 개인별로 유아용 칫솔과 양치컵, 유아용 치약을 제공한다. 유아의 키에 맞는 세면대를 마련해 준다. 소독기를 마련하여 칫솔과 양치컵을 주기적으로 소독한다. 또한 추운 계절에는 체온에 맞는 온수를 제공하여 씻는 과정에서 유아들이 감기에 걸리지 않도록 한다.

- 규칙적으로 씻고, 정리하는 경험 제공

유아교육기관에서 화장실에 갔다 온 후나 간식 및 식사 전에 손 씻기, 간식 및 식사 후 양치질하기, 놀이 후 정리정돈하기 등 규칙적으로 씻고 정리할 수 있는 기회를 제공한다.

- 여벌 옷 준비

유아들은 소근육이 잘 발달되어 있지 않으므로 손을 씻거나 양치하는 과정에서 옷을 적실 수 있다. 이런 경우 갈아입힐 수 있도록 여벌의 옷을 준비한다.

- 놀이로 접근

억지로 씻기면 씻는 것을 거부하고 물이나 비누 등에 공포감을 가질 수 있으므로 놀이로 접근하여 씻는 것을 즐겁게 받아들이도록 한다.

- 관련 활동 실시

위생 개념을 길러주기 위해서 동화나 이야기를 통해서 비위생적인 것이 건강에 어떤 영향을 주는지를 알려준다. 깨끗한 것과 더러운 것을 정확히 알려주고 손을 씻어야 할 때가 언제인지를 알려 주는 등 바른 위생개념을 갖도록 도와준다.

- 부모상담 및 가정과 연계지도

세수, 샤워, 목욕 등은 주로 가정에서 이루어지는 것으로 잘 씻지 않는 경우, 부모와 상담을 하여 가정에서도 규칙적으로 씻는 습관을 갖게 한다. 지나치게 씻는 경우, 부모와 상담을 하여 유아가 불안해하는 이유가 있는지를 알아보고 정서적으로 안정감을 갖게 하는 등 가정과 연계하여 유아의 청결을 지도를 한다.

3) 청결습관 지도활동

교사는 매일의 생활 속에서 청결습관에 대한 태도를 지속적으로 지도하는 것과 함께 청결습관이 왜 필요한지 필요성을 이해시키기 위해서 동화나 이야기 나누기, 미술, 토의 등의 활동을 활용할 수 있다.

활동 안녕, 나는 요술거울

활동유형 : 토의

준 비 물 : '안녕, 나는 요술거울' 동화책(엄미랑 지음, 두산동아)

동화내용

씻기 싫어하는 친구들을 혼내주는 요술거울이 강아지 토미를 찾았다. 토미는 엄마 아빠가 씻으라는 소리에 도망을 간다. 토미는 모래 장난을 하다 요술거울을 발견해서 자신의 모습을 보고 괴물이 나타났다고 깜짝 놀란다. 괴물을 보려던 기린과 곰도 거울의 자기 모습을 보고는 괴물이 나타났다며 도망간다. 도망가다 코끼리 아저씨와 부딪히는데, 코끼리 아저씨는 괴물은 물을 무서워한다며 강으로 꼬질꼬질 친구들을 데리고 간다. 씻기 싫어하는 동물 친구들이 강물에 빠진다. 코끼리 아저씨의 괴물이 도망갔다는 말에 친구들은 물놀이를 하고, 깨끗해진 친구들은 이제 씻는 것이 싫지 않다.

활동순서

① 유아들에게 "안녕, 나는 요술거울" 동화를 읽어준다.
② 잘 씻지 않는 친구들에게 어떤 일이 생겼는지에 대해서 토의한다.
③ 유아들도 씻지 않은 경험이 있는지, 그런 경우 어떤 일이 생길 수 있는지 토의한다.

활동 핑거패인팅

활동유형 : 미술

준 비 물 : '마분지(또는 투명 비닐), 색풀(2~3색), 앞치마

활동순서

① 미술영역에 마분지와 마분지 크기의 투명 비닐, 색풀, 앞치마를 준비한다.
② 마분지나 비닐 위에 원하는 색풀을 1~2스푼 퍼서 놓은 다음 손가락으로 그림을 그린다.
③ 그림이 완성되면 작업대에 말리고, 손을 씻는다.
④ 손을 씻으니 손에 묻었던 풀이 어떻게 되었는지 이야기한다.

5 예절습관

원만한 인간관계를 유지하기 위해서는 바른 예절습관이 필요하나 현대 사회구조의 변화로 타인에 대한 예절은 점차 귀찮은 것으로 인식되는 경향이 있다. 더욱이 유아들은 자기중심적인 발달 특성으로 인해서 상황과 대상에 적절한 예절을 지키기 어렵다. 그러나 유아기에 예절 바른 생활을 지켜나가고 바른 생활을 하는 것은 일생의 예절습관을 결정짓는 기초가 되기 때문에 유아기 예절 교육은 매우 중요하다.

예절은 일반적으로 일상생활에서의 모든 예의와 절차를 의미하는 것이다. 예의란, 인간 상호간의 사귐에 있어 서로 상대방에게 예를 나타내는 언어나 몸가짐, 행동의 총체이고, 범절은 도리에 맞는 모든 질서나 절차이다(신기철 외, 1983). 예절습관 지도를 통해 유아들이 상대를 분별하여 알맞은 언어행동을 취하고, 예절의 여러 가지 기본 정신을 알아서 예절에 맞는 행동을 습관화하고 실천하도록 하는 것이 필요하다.

1. 예절습관 사례

예절 바른 행동이 어떤 것인지 정확히 인식할 수 없고, 다른 사람을 이해할 수 있는 능력이 부족한 유아들에게 있어서 예절을 지키는 것은 어려운 일일 수 있다. 그러나 최근 유아교사들의 경우 점점 더 버릇없는 유아들을 많이 접하게 된다. 다음의 사례에서도 예절지도의 어려움을 보여준다.

사례 거리낌 없이 말하는 유아

배경

① 기관 : 사립 유치원
② 교사 : 경력 10년차 교사
③ 유아 : 만 5세 남아 서원

이야기 전개

① 사건배경

서원이는 평소 자신이 생각한 대로 거리낌 없이 말하는 유아이다. 하지만 언어를 선택할 때 같은 연령의 유아와는 다른 언어를 사용한다. 예를 들면 "선생님은 자기 할 일이나 해. 내가 알아서 할 수 있어." 라는 등의 언어를 자주 사용한다.

② 사건전개

아침 등교 차량지도 시간에 서원이가 문제를 일으켰다. 차가 주행 중에 자리에 앉지 않고 돌아다녔다. 그래서 차량지도 교사께서 "서원이 자리에 앉아야지" 라고 말씀하시며 다가가셨다. 그러자 서원이는 "선생님은 다른 애들이나 봐. 나는 넘어지지 않고 잘 갈 수 있으니 신경 쓰시지 말고 선생님 할 일이나 해."라고 말했다. 차량지도 교사는 이 말을 듣고 황당해 하셨다고 하신다. 하지만 차 안이 위험하기에 "서원이 앉아"라고 엄하게 말씀하시고 앉히고 "서원이 선생님께 그런 식으로 말하면 되니?"라고 물으며 다그쳤다. 하지만 이에 서원이는 "선생님은 선생님 할 일만 하면 된다니까. 신경 쓰지 말고, 나는 나 혼자서도 잘 할 수 있어."라고 말했다. 차량지도 교사는 뭐라 대꾸하고 싶었지만 차량지도를 해야 하기에 그쯤에서 접었다.

원에 도착했다. 다른 유아들이 출석부에 도장을 찍는 동안 서원이는 손가락이 끼는 것을 방지하기 위한 문의 부착물에 매달려 그 부착물이 떨어지는 일이 발생했다. "서원이 여기 매달리는 거예요? 아침에 차량지도 때도 말썽을 부렸다면서요?"라고 물었다. 서원이는"아까 차에서 나 잘못한 거 없어. 그리고 이거 붙이면 되잖아, 선생님은 선생님 반에 가요. 우리 선생님이 고칠 거야."라고 말했다. 4세반 선생님은 당황하셨다. "서원이는 우리가 정한 규칙을 어겼어. 우리 유치원의 모든 선생님은 유치원에 다니는 모든 친구의 선생님이야. 그래서 다른 반 유아라도 잘못을 하면 얘기할 수 있는 거야. 알겠니?"라고 물으셨다. 하지만 서원이의 표정은 전혀 잘못했다고 느끼는 표정이 아니었다. 그래서 슬기반 선생님이 "오늘 서원이가 잘못한 것이 뭔지 알아요?" 라고 묻자 서원이는 또다시 잘못한 거 없다는 식으로 얘기했다.

사례에 대해서 토론하기

① 문제의 원인 :

② 사람들의 입장 :

③ 문제해결 방법 :

2. 예절습관 발달

유아들의 예의범절은 도덕성과 밀접한 관련이 있다. 즉 일상생활에서 마땅히 지켜야 할 도리와 절차를 뜻하는 예의범절은 유아의 도덕성을 발달시켜 나가는 것과 관련성이 있다. 유아교육기관에서 예절을 올바르게 지도하기 위해서는 도덕성 발달 수준을 고려하는 것이 중요하다. Piaget가 제시한 도덕성의 발달단계를 살펴보면 다음과 같다(조순옥, 2002).

① 1단계: 타율적 도덕성(4-7세)

- 성인의 권위로부터 나오는 요구나 규칙을 정의로 받아들인다.
- 규칙은 힘이 있고 권위 있는 사람이 만든 것이므로 절대 변경할 수 없는 것으로 생각한다.
- 옳고 그름의 판단 기준을 성인에 의존하며, 권위와 힘에 동조하고 복종한다.
- 규율을 어기면 당연히 벌이 따르는 것으로 생각한다.
- 어떤 행위의 의도를 헤아리지 못하고 결과에 비중을 두고 판단하는 경향이 있다.

② 2단계: 자율적 도덕성(7-10세)

- 규칙은 사람들이 만들어 낸 것임을 인식한다.
- 서로 동의를 하면 규칙을 변경할 수 있다고 생각한다.
- 어떤 행위의 의도나 동기를 고려하여 판단한다.

이와 같은 도덕성 발달단계를 고려할 때, 유아는 예절을 하나의 규칙으로 받아들이므로 지도가 가능할 뿐 아니라 성인의 권위에 동조하고 의존한다는 점에서 교사의 역할 모델이 중요하다는 것을 알 수 있다.

인사하는 유아

3. 예절습관 문제

유아의 예절습관의 문제는 주로 환경적인 경험의 부족으로 발생하는 경우가 많다. 즉 부적절한 예절 태도를 나타내는 문제의 원인은 역할모델의 부재와 예절교육의 부재에서 그 원인을 찾을 수 있다.

- 바람직한 역할 모델의 부재

부모의 양육방법 및 성인의 역할모델은 유아의 예절습관을 형성하는 데 중요한 부분을 차지한다. 유아의 부모가 예절 바르지 못하다면 그것을 보고 자란 유아는 바른 예절을 형성할 수 없다.

- 지속적인 예절지도를 받은 경험의 부족

예절에 대한 것은 생활 속에서 지속적인 지도가 없다면 유아 스스로 습득할 수 있는 부분이 아니다. 이처럼 바른 말과 행동은 일관성 있게 반복적으로 이루어져야 하기 때문에 이러한 노력이 부족하다면 유아들 스스로 바른 예절에 대한 인식을 갖는 데 어려움을 가질 수 있다.

4. 예절습관 지도

예절습관의 문제를 해소하기 위해서 가장 중요한 시기는 유아기라고 볼 수 있다. 교사들은 사회 전반적인 특성 및 유아들의 발달 특성을 고려하여 체계적으로 예절교육을 실시해야 한다. 유아의 예절습관 지도내용, 지도방법 및 지도활동을 제시하면 다음과 같다.

1) 예절습관 지도내용

예절습관 지도 시, 교사는 유아에게 부모, 형제, 친구 등 다른 사람과 함께 생활하고 사회에 적응할 수 있는 기본적인 기술, 방법, 환경 등을 제공함으로써 사회적 태도 및 기술을 길러 주는 역할을 담당해야 한다. 예절습관 지도내용은 다음과 같다.

- 인사 잘하기
- 다른 사람과 사이좋게 지내기
- 대상과 상황에 맞게 바르게 말하기
- 고운 말과 높임말 사용하기
- 친절하고 공손한 태도 가지기

2) 예절습관 지도방법

유아의 예절습관 지도는 유아의 발달 특성, 유아들에게 필요한 지도내용에 기초하여 적합한 방법으로 지도해야 한다. 유아의 예절습관 문제를 지도하기 위해서는 체계적으로 관찰하고 관찰한 결과에 기초하여 지도해야 한다. 유아 예절습관 지도를 위한 관찰 및 지도원칙은 다음과 같다.

(1) 예절습관 관찰

유아의 예절습관을 지도하기 위해서 먼저 유아의 부족한 행동을 정확히 파악하고 이에 따라 지도 방향을 정해야 한다. 교사는 유아가 갖고 있는 예절 문제를 파악하기 위해서는 일상생활에서 유아들의 예절습관을 정기적으로 관찰해야 한다. 유아교육기관에서 사용할 수 있는 유아의 예절습관 관찰지는 다음과 같다.

유아의 예절습관 관찰지

문 항	매우 그렇지 않다	약간 그렇지 않다	보통이다	약간 그렇다	매우 그렇다
1. 친구들과 인사를 잘한다					
2. 친구들에게 고운 말을 사용한다.					
3. 친구에게 친절하게 말한다					
4. 선생님께 물건을 받을 때 두 손을 사용한다.					
5. 선생님에게 높임말과 고운 말을 사용한다.					
6. 선생님에게 인사를 잘한다.					
7. 선생님에게 공손하게 말한다.					
8. 자기가 잘못한 일을 사과할 줄 안다.					
9. 상황에 맞게 적절한 인사를 한다.					
10. 다른 사람이 이야기할 때는 끝나기를 기다렸다가 말한다.					

(2) 예절습관 지도원칙

유아들의 예절습관은 환경적인 요인이 중요하기 때문에 가정과 기관에서 어떻게 교육하느냐에 따라서 달라질 것이다. 이에 교사는 유아의 예절습관 지도를 위해서 지속적으로 바른 모델을 제공하도록 노력해야 한다. 그리고 지속적인 관찰에 의해서 예절지도가 필요한 부분을 파악하여 지도계획을 세워 체계적으로 지도해야 한다. 예절습관 지도 시 고려할 원칙은 다음과 같다.

- 지속적인 지도

  예절은 한두 번의 실행이나 지도로는 형성될 수 없다. 지속적인 교육이 이루어질 때 비로소 유아는 예절습관이 형성되어 바른 예절을 생활화하고 실천할 수 있다.

- 바른 행동 칭찬

  유아의 부정적인 행동에 대해서 혼내거나 무안을 주기보다는 유아의 예절 바른 행동에 대해서 칭찬을 제공한다.

- 자발적인 참여 유도

  예절을 지도할 때는 강요나 지시보다는 유아 스스로 자발적으로 참여할 수 있는 분위기를 조성하고 적절한 칭찬과 격려를 제공하여 올바른 예절습관을 갖도록 지도한다.

- 성인의 행동 모델 제시

  바른 예절 모습을 보여주는 성인의 행동 모델은 유아들의 바람직한 예절습관 형성에 직접적인 영향을 미친다.

- 부모상담

  예절을 잘 지키지 못하는 유아는 부모와 상담을 하여 가정에서도 바른 예절지도를 하여 일관성 있게 예절을 지키는 습관을 갖게 한다.

- 다양한 활동을 통한 지도

  바른 예절 개념을 갖게 하기 위해서 동화나 이야기를 통해서 바른 예절이 어떤 것인지를 알려준다.

3) 예절습관 지도활동

교사는 매일의 생활 속에서 예절습관에 대한 태도를 지속적으로 지도하는 것과 함께 예절습관이 왜 필요한지 필요성을 이해시키기 위해서 동화나 이야기 나누기, 토의, 역할놀이 등의 활동을 활용할 수 있다.

활동 어른 되어 보기

활동유형 : 역할놀이

준 비 물 : 역할소품

활동순서

① 교사는 여러 가지 상황(엘리베이터 안에서 윗집 아주머니를 만난 상황, 할아버지 댁에 방문한 상황, 아침에 유치원에서 선생님을 만난 상황 등)을 구성한다.
② 역할극에 필요한 유아를 선정한다.
③ 각 상황을 설명하고 배역을 정한다.
④ 역할극을 실시한다. 교사는 특정한 대사를 제공하지 않고 각 상황에서 유아가 스스로 원하는 대사와 역을 실행하게 한다.
⑤ 역할을 바꾸어서 다시 한번 실시한다.
⑥ 역할극에 참여했던 유아들의 느낌을 들어본다. 관객으로 지켜본 유아들의 생각을 들어본다. 이때 역할극을 한 유아가 비판받지 않도록 주의한다.
⑦ 다른 상황을 다른 유아들이 역할극으로 해본다.

6 안전생활

유아들은 호기심이 많아서 탐색하려는 욕구를 가지고 있고, 충동적인 성향과 판단 능력의 부족으로 성인들보다 사고에 노출되는 경우가 많다. 또한 유치원과 어린이집에는 안전사고가 발생할 수 있는 잠재적인 위험 요인이 있을 수 있다. 유아교육기관에서 장시간 생활하는 유아들이 늘어나면서 유아들의 안전지도 및 안전교육은 더욱 강조되고 있다. 따라서 교사와 성인들은 유아들의 발달 특성에 기초하여 유아들에게 안전한 환경을 제공하고, 유아들을 안전하게 돌보아야 할 뿐 아니라 유아 스스로 자신의 안전을 유지할 수 있도록 안전교육을 해야 한다.

안전사고는 사후 조치보다는 사전 예방이 더욱 중요하다. 교사나 성인들의 주의에도 불구하고 유아들의 발달 특성상 안전사고가 발생할 수 있다. 불가피하게 안전사고가 발생했을 경우, 교사는 당황하지 말고 침착하게 행동해야 하고, 교사가 취해야 할 행동을 알고 신속하게 대처해야 한다.

1. 안전사고 사례

교사들은 언제나 어디에서나 예측할 수 없는 안전사고가 유아들에게 발생할 수 있다는 것을 염두에 두고 긴장을 늦추어서는 안 된다. 특히 어린 영아들의 경우 안전 교육이나 규칙 등을 이해하지 못해서 자기 스스로의 안전을 확보하기 어렵기 때문에 교사의 책임은 더 커지게 된다. 다음 사례에서 유아교육기관의 상황과 안전의 문제점을 이해할 수 있다.

사례 이가 빠진 유아

배경

① 기관 : 법인 어린이집
② 교사 : 경력 1년차 교사
③ 유아 : 만 2세 여아 은영

이야기 전개

① 사건배경

학기 초에는 유아들의 나이가 너무 어려서 우는 유아들이 많았다. 교사는 배변을 실수하는 여러 명의 유아들의 옷을 갈아입히고, 유아들에게 자기 신발장 알기, 사물함 알기, 간식 먹은 것 갖다놓기 등 기본적인 습관을 길러 주는 것만으로도 힘이 들었다. 그래도 조금씩 유아들이 적응되어 가는 것 같았다.

② 사건전개

하루는 경희가 바지에 오줌을 누었다. 옷을 갈아입혀야 할 것 같아서 다른 유아들을 교실 안에 있는 볼풀 안에 모두 들어가게 한 후, 옷을 갈아입히고 화장실에 가서 실수한 옷을 정리하려고 하였다. 그런데, 갑자기 볼풀장 쪽에서 "아~앙"하고 우는 소리가 났다. 교사가 뛰어가 보니, 볼풀장 안에 정혁이와 은영이가 붙어 있었다. 정혁이는 아무렇지 않게 가만히 앉아 있는데, 은영이는 크게 울고 있었다. 둘이서 부딪힌 것 같았다. 은영이를 살펴보니 손으로 입을 움켜잡고 있었다. 자세히 보니 손에 피가 묻어 있었다. 교사는 입술이 터진 것으로 생각하고 은영이를 볼풀 안에서 꺼냈다. 입술을 닦아 주고 보니 은영이의 앞니가 없었다. 너무 당황한 교사는 은영이를 데리고 교무실로 갔다. 교사가 상황을 원감선생님께 말씀드리자 원감 선생님은 혹시라도 잇몸에 이상이 생길 수 있으니 은영이를 병원에 데리고 갔다 오시겠다고 하였다. 원감선생님은 치과에 다녀오셔서 이가 부러지면 더 나쁜데, 오히려 빠진 것이 다행이고 어차피 갈아야 하는 이니까 괜찮다는 의사선생님의 말씀을 전하셨다. 부모님께 전화를 드리니 어머님도 괜찮다고 이해를 해주셔서 정말 안심이었다. 그래도 처음으로 빠진 이라 찾아서 보내야 할 것 같았다. 커다란 볼풀장 안에서 작은 이를 찾는 것은 쉬운 일이 아니었다. 처음에는 더듬더듬 찾아보려고 했으나 손에 잡히지 않았다. 그래서 조금씩 공을 빼내고 찾았으나, 그래도 찾을 수 없어서 공을 다 빼내고야 찾을 수 있었다. 이를 찾고 놀란 것은 아이의 이가 어른 새끼손가락 한 마디 정도 크기로 뿌리까지 다 빠져 있었다. 교사가 나중에 알게 된 상식인데, 이가 빠질 때가 되면 뿌리가 없어진다는 것이다. 만 2살 된 유아의 이가 빠졌으니, 유아의 이에 뿌리가 그대로 있는 것은 당연한 것이다. 4-5년 동안은 더 있어야 할 이가 빠졌다고 생각하니 교사가 안전하게 돌봐 주지 못한 것 같아 미안한 마음이 크다.

사례에 대해서 토론하기

① 문제의 원인 :

② 사람들의 입장 :

③ 문제해결 방법 :

2. 발달에 따른 안전사고

유아들에게 발생하는 안전사고의 유형은 발달 정도에 따라서 다르다. 유아의 연령에 따라서 발생할 수 있는 안전사고를 살펴보면 다음과 같다(변명숙, 2000).

- 만 0~1세

영아기는 기고, 앉고, 서는 등의 행동이 나타나면서 추락, 충돌 사고가 빈번히 발생한다. 또한 이 시기는 입을 통해서 탐색하는 시기이기 때문에 위험 물질을 흡입하는 사고가 많이 발생한다. 따라서 위험물과 위험상황을 제거해야 한다.

- 만 1~3세

걸음마기 영아의 운동능력은 미흡하나 호기심이 강하고, 이동이 활발하게 이루어지는 시기이므로 화상, 위험물 흡입, 놀잇감에 의한 사고 등이 발생할 수 있다. 따라서 위험물 및 위험상황을 제거하고 위험에 대해서 인식시켜 준다.

- 만 3~6세

유아기는 활동 범위가 넓어지고, 모험놀이와 같은 대근육 활동을 즐기나 상황 대처능력이 부족하여 추락, 교통사고, 위험물에 의한 사고 등 위험이 큰 사고가 발생할 수 있다. 따라서 위험물과 위험상황을 제거하고, 위험성을 인식시키고 안전을 위한 놀이방법과 규칙을 알려준다.

모험놀이 하는 유아

3. 안전사고 원인

안전사고의 원인은 다양한데, 보건복지부(1996)에서 제시한 유치원이나 어린이집에서 일어날 수 있는 안전사고의 원인은 첫째, 위험한 환경에 노출되어 상해를 입는 경우, 둘째, 유아끼리 상호작용에서 발생하는 사고, 셋째, 신체기능의 미숙함에서 발생하는 사고이다. 통계청(1999)의 자료에 의하면 유아의 상해 사망자 총 1467건 중 교통사고(47.5%)가 가장 많았고, 익사(20.3%), 추락사고(9.3%), 고의성(6.8%), 화재(5.5%), 중독(1.3%) 순으로 나타났다. 유아의 사고발생 장소를 살펴보면, 유치원에서 안전사고가 가장 많이 발생하는 장소는 실외 놀이터, 전이 공간(현관, 복도, 계단), 교실의 순으로 나타났고, 안전사고의 종류는 넘어지는 사고, 충돌사고가 가장 많았다(이지영, 2000).

유아교육기관에서 일반적으로 발생할 수 있는 안전사고 원인을 정리하면, 놀잇감 안전사고, 놀이기구 안전사고, 시설물 안전사고, 교통 안전사고 등이 있으며 구체적인 내용을 살펴보면 다음과 같다.

- 놀잇감 안전사고

  놀잇감에 의해서 발생하는 안전사고는 주로 작은 놀잇감이나 조각을 입, 코, 귀 등에 넣거나, 놀잇감의 날카로운 부분에 다치거나, 놀잇감의 유해물질이나 중금속 등에 의한 것이다. 이러한 사고는 질식이나 찰과상을 유발할 수 있다.

- 놀이기구 안전사고

  놀이기구에 의한 안전사고는 떨어지는 추락사고가 가장 많이 발생하고, 그 이외에 놀이기구에 부딪히는 사고, 넘어짐, 놀이기구의 날카로운 부분에 찔리거나 찢기는 사고, 놀이기구에 끼이는 경우 등이다. 이런 경우 머리 부상이나 질식, 그 외의 신체 부위를 다칠 수 있다.

- 시설물 안전사고

  시설물에 의한 안전사고는 계단에서 구르거나 떨어지는 경우, 현관문이나 방문, 창문 등에 손이나 신체가 끼이거나, 바닥에 미끄러지거나 엎어지는 경우에 발생한다. 이런 사고는 골절이나 뇌손상을 초래할 수 있다.

- 교통 안전사고

버스를 타고 내리는 과정과 버스 내부에서 안전사고가 발생할 수 있다. 승 · 하차 시에 계단에서 엎어지거나 문에 소지품, 옷, 신체가 끼이거나 급정차 시에 차 내부에 부딪치는 사고가 발생할 수 있다. 이러한 경우에 타박상 또는 골절을 초래할 수 있다. 특히 승 · 하차 시 운전사가 유아의 위치를 파악하지 못하는 경우에 차로 유아들을 치어서 치명적인 교통사고로 이어질 수 있다.

4. 안전생활 지도

유아들은 신체, 인지, 사회 · 정서 발달이 미숙하기 때문에 유아교육기관에서 지내는 동안 추락, 외상, 화상, 중독, 이물흡입 등의 안전사고가 발생할 수 있다. 유아의 안전 지도를 위한 내용, 안전 지도 및 지도활동을 제시하면 다음과 같다.

1) 안전생활 지도내용

안전생활 지도는 유아 스스로 사고의 위험을 미연에 방지하여 자신을 보호하고 타인의 피해를 최소화하기 위한 것이다. 교사는 유아들의 안전생활 지도를 위해서 안전에 필요한 사항을 이해하는 지식교육, 위험요소를 예측하고 예방하거나 신중히 행동하는 태도교육, 안전하게 행동할 수 있는 기술교육을 제공해야 한다(한국산업안전관리공단, 1996). 유아들에게 필요한 안전생활 지도내용은 다음과 같다.

- 안전사고의 위험성 인식하기
- 놀이기구나 놀잇감, 도구를 바르게 사용하기
- 안전한 곳에서 안전하게 놀이하기
- 차량이용 시 안전하게 행동하기
- 교통신호 지키기
- 미디어 바르게 사용하기

- 재난 및 사고 등 위험한 상황(낙상, 화재, 질식, 화상, 감전, 물놀이 등)에서 적절하게 대처하기
- 미세먼지의 위험성 알고 대처하기

이러한 안전생활 지도 내용에 기초하여 유아의 안전에 대한 지식, 태도, 기술을 익히게 하기 위해서 내 몸의 소중함 알기, 놀이 안전, 운동 안전, 자동차 안전, 보행자 안전, 위험한 물건에 대한 안전, 추락이나 미끄럼 안전, 유괴에 대한 안전, 성적 학대에 대한 안전, 환경오염에 대한 안전, 화재에 대한 안전 등에 대한 안전교육 프로그램을 운영할 수 있다(곽은복, 2000). 또한 유아교육기관에서 필요한 안전규칙을 제공할 수 있다. 유아들에게 필요한 안전교육 프로그램 및 안전규칙을 제시하면 다음과 같다.

〈표 17〉 안전교육 프로그램의 내용

영 역	내 용
내 몸의 소중함 알기	• 안전사고가 내 몸에 미치는 심각성 알기 • 안전한 행동과 비 안전한 행동 알기 • 내 몸의 소중함 알기
놀이 안전	• 안전한 놀잇감과 위험한 물건을 구별하기 • 안전한 놀잇감을 가지고 놀기 • 안전한 곳에서 놀이하기
운동 안전	• 자전거나 롤러스케이트 등을 혼잡한 도로나 주차장, 모퉁이에서 타지 않기 • 자전거나 롤러스케이트 등을 탈 때는 안전한 복장과 도구 갖추기 • 자전거나 롤러스케이트 등을 타면서 알맞은 휴식 취하기
자동차 안전	• 안전띠 매기를 습관화하기 • 차 안에서 안전한 행동하기 • 안전한 방법으로 차, 지하철 타고 내리기
보행자 안전	• 교통신호와 교통안전 표지 알기 • 길을 안전하게 건너는 방법 알기

영 역	내 용
떨어지거나 미끄러짐에 대한 안전	• 계단을 안전하게 오르고 내리기 • 미끄러워 넘어지지 않도록 놀이 이후에는 반드시 정리하기 • 친구를 넘어뜨리거나 앞사람을 밀치고 지나가지 않기 • 높은 곳에서 뛰어 내리지 않기
위험한 물건에 대한 안전	• 위험한 도구의 종류 알기 • 위험한 도구와 안전한 놀잇감을 구별할 줄 알기 • 위험한 소지가 있는 물건을 만지지 않기 • 위험한 상황에서 개인의 위험을 최소화하기
유괴에 대한 안전	• 낯선 사람 따라 가지 않기 • 바깥에 나갈 때는 부모님께 반드시 허락 받기 • 사람이 많은 곳에서는 어른을 잘 따라다니기 • 혼자 집에 있을 때 낯선 사람에게 문 열어 주지 않기
성 학대에 대한 안전	• 내 몸의 소중함을 알기 • 좋은 느낌과 나쁜 느낌 구별할 줄 알기 • 상황에 대해 올바르게 대처하기 • 그러한 상황에 대해서 성인에게 반드시 알리기
환경오염에 대한 안전	• 자연을 아끼고 사랑하기 • 깨끗한 환경을 보호하기 • 여러 오염물질을 알고 피해를 인식하기
화재에 대한 안전	• 실생활에서 화재의 원인을 알고 예방하기 • 비상시 대처행동을 인식하고 화재대피 훈련을 몸에 익히기

출처: 곽은복(2000). 유아 안전교육 프로그램 구성 및 효과에 관한 연구. 중앙대학교대학원 박사학위논문.

〈표 18〉 안전규칙 내용

구분		규 칙
실내놀이 규칙		장난감이나 물건을 던지거나 휘두르지 않는다.
		블록, 작은 구슬 등 작은 놀잇감을 입이나 코에 넣지 않는다.
		뾰족한 물건을 입, 코, 귀나 콘센트에 넣지 않는다.
		구슬 끈을 몸(목, 손)에 감지 않는다.
		바늘은 사용 후 바늘꽂이에 안전하게 꽂는다.
		점토나 크레용 등을 입에 넣지 않는다.
		가위나 뾰족한 물건을 들고 다니지 않는다.
		가위나 뾰족한 물건을 상대방에게 줄 때는 손잡이 쪽으로 준다.
		책상이나 높은 곳에 올라가지 않는다.
		친구를 밀지 않는다.
실외놀이 규칙	미끄럼틀	올라가는 계단으로 올라간다.
		손잡이를 잡고 올라간다.
		앞 사람이 다 올라간 다음 올라간다.
		앞 사람이 다 내려간 다음 미끄럼틀을 타고 내려온다.
		다른 사람을 밀거나 당기지 않는다.
		위험하게 올라가거나 내려가지 않는다.
	그 네	줄을 서서 기다렸다 한 사람씩 탄다.
		그네가 정지한 상태에서 타고 내린다.
		그네와 떨어져서 안전선 밖으로 다닌다.
		그네를 탈 때 손잡이를 꼭 잡는다.
		엎드리고 줄을 꼬는 등 위험하게 타지 않는다.
		그네 타는 친구를 밀지 않는다.
	시 소	손잡이를 반드시 잡는다.
		내릴 때는 친구에게 미리 말한다.
		시소 위에서 걷지 않는다.
	자전거	지정된 길에서 정해진 방향으로 탄다.
		사람이 지나갈 때 멈춘다.
	물모래	물이나 모래를 친구에게 뿌리지 않는다.
		놀이 도구를 던지거나 휘두르지 않는다.

교통 규칙	버 스	버스는 정해진 장소에서 기다린다.
		버스를 타고 내릴 때 차례를 지키고 천천히 순서대로 타고, 내린다.
		버스 안에서 왔다 갔다 하거나 장난치지 않는다.
		버스 밖으로 손을 내밀거나 위험한 행동을 하지 않는다.
		버스에서 안전벨트를 착용한다.
		버스 타고 내릴 때 옷이 걸리지 않도록 조심한다.
	길 건너기	길을 건널 때는 횡단보도로 건넌다.
		신호등이 있는 경우, 초록 불을 확인하고 손을 들고 건넌다.
		신호등이 없는 경우 어른과 함께 손을 들고 건넌다.
		찻길에서 장난치거나 놀지 않는다.

출처: 박성옥 외(2003). 유아의 건강과 안전. 서울: 창지사.

2) 안전생활 지도방법

유아들의 안전을 위해서는 교사뿐 아니라 유아교육기관에 있는 모든 성인들이 안전에 대한 의식을 가지는 것이 필요하고, 사고발생에 앞서서 발생할 수 있는 위험 요인들을 없애는 것이 우선되어야 한다. 안전한 놀이공간 확보를 위한 관찰 및 점검해야 하는 사항, 지도원칙은 다음과 같다.

(1) 안전생활 관찰

유아교육기관에서 교사와 관리자는 실내외 환경, 놀이감 및 놀이기구의 안전 상태뿐 아니라 전기, 가스, 화재, 위험물, 차량, 미세먼지 등에 대한 안전성을 주기적으로 점검하고 확인해야 한다. 안전 상황을 관찰하기 위한 점검표는 다음과 같다.

시설 · 설비 안전 점검표

구 분	점검사항	상 태	
		양호	불량
실내 · 외 환경	모든 시설 · 설비에 날카로운 모서리는 없는가?		
	모든 시설 · 설비에 부품이 빠져 있는 곳은 없는가?		
	모든 시설 · 설비는 잘 고정되어 흔들리지 않는가?		
	바닥이 미끄러운 곳은 없는가?		
	바닥에 걸리는 것은 없는가?		
	출입문은 잘 여닫히는가?		
	출입문에 안전장치가 마련되어 있는가?		
	깨진 유리창은 없는가?		
	위험한 장소에 보호망이 있는가?		
	비상구를 가로막는 물건은 없는가?		
	벽면에 페인트나 석고가 떨어진 곳은 없는가?		
	울타리는 안전한가?		
실내 · 외 놀잇감 및 놀이기구	망가져 위험한 것은 없는가?		
	날카로운 모서리는 없는가?		
	부품이 빠지거나 보수가 필요한 것은 없는가?		
	유아가 삼킬 만큼 작은 놀잇감은 없는가?		
	유아가 끼일 수 있는 곳은 없는가?		
	실외 놀이기구는 바닥에 안전하게 고정되어 있는가?		
	놀이기구는 움직이는 방향을 고려하여 공간 및 경계를 구분하는가?		
	오르는 기구 아래에는 충격방지 장치가 있는가?		
	안전을 고려한 놀잇감(안전가위, 무독성 크레파스, 코드 없는 소꿉놀이 도구 등)을 제공하는가?		
전기/가스	모든 전원, 콘센트 등에는 보호 덮개가 있는가?		
	전선 플러그 등이 손상된 곳은 없는가?		
	한 개의 콘센트에 용량을 초과해서 사용하고 있지 않은가?		
	가스 경보장치가 있으며, 잘 작동되는가?		

구 분	점검사항	상 태	
		양호	불량
화 재	소화기가 사용하기 쉬운 장소에 마련되어 있는가?		
	비상구가 2곳 이상 확보되어 있는가?		
	화재 탐지기가 작동되는가?		
위험물	위험물(성냥, 약품 등)은 유아의 손이 닿지 않는 곳에 보관하는가?		
차 량	차량의 정비 상태는 양호한가?		
	차량에 안전띠와 안전 장비가 있는가?		
	비상시 연락할 수 있는 휴대 전화가 있는가?		
안전 감독	유아들의 안전을 관리할 성인이 항상 있는가?		

출처: 박성옥 외(2003). 유아의 건강과 안전. 서울: 창지사.

(2) 안전생활 지도원칙

유아교육기관에서 유아들이 생활하기에 안전한 환경을 마련해주려는 노력과 함께 유아들 스스로가 자신의 안전을 지킬 수 있도록 지도해야 한다. 구체적인 지도원칙은 다음과 같다.

- 교직원의 안전 교육

  교사, 원감, 원장, 운전기사, 요리사 등 유아교육기관의 모든 교직원이 안전에 대한 인식을 가지고 주기적으로 안전교육을 받아야 한다.

- 시설 · 설비 안전 점검

  시설 · 설비 안전 점검표를 활용하여 놀잇감이나 놀이기구 및 시설물 등의 안전 상태를 확인하는 등 안전 점검을 주기적으로 실시한다.

- 안전규칙 협의

  안전규칙은 유아들과 함께 협의하여 제공하는 것이 교사가 일방적으로 제공하는 것보다 효과적이다.

- 교육활동 활용

안전 교육방법으로 이야기 나누기, 동화, 토의, 견학, 역할놀이, 미술활동 등 다양한 방법을 활용한다.

- 실천교육 실시

안전교육은 지식중심의 교육뿐 아니라 행동요령 등을 알려주는 실천적인 교육이 되도록 한다.

안전사고는 사후조치보다는 사전예방이 중요하지만, 교사나 성인들의 주의에도 불구하고 유아들의 발달 특성상 안전사고가 발생할 수 있다. 불가피하게 안전사고가 발생했을 경우, 교사가 취해야 할 행동을 알고 대처해야 한다. 안전사고 시 필요한 조치방법은 다음과 같다(강문희, 2000; 박성옥 외, 2003).

- 일반적인 응급조치

교사는 일반적인 응급상황에서 상처를 보고 흥분하지 않아야 하며 유아에게 상처를 보여주지 않는다. 상처가 확인될 때까지 이동시키지 않고, 상처가 불결해지지 않게 한다. 유아의 의식이 없거나 출혈이 심한 경우 음료수를 먹이지 않는다.

- 화상

옷을 억지로 벗기지 말고 가위로 자르는 등 화상 부위를 손상하거나 자극을 주지 않는다. 화상 부위에 탄산수소나트륨이나 차가운 물로 화기를 뺀 후, 병원에서 의사의 치료를 받는다.

- 외상 및 출혈

출혈이 되는 부분을 소독된 거즈로 누르고, 출혈이 심한 경우, 다른 부위보다 높게 한다. 빨리 병원으로 가서 의사의 치료를 받는다.

- 골절 및 탈구

뼈가 부러지거나 어긋난 경우, 유아를 움직이지 않는다. 병원으로 이송하여 정형외과 의사의 치료를 받는다.

- 코피

코피를 들이마시지 않도록 머리를 약간 앞으로 숙이고, 코의 양 옆을 가볍게 누른다. 그런 후, 이마에서 코까지 차가운 수건을 대준다. 계속해서 피가 나면 이비인후과로 데리고 간다.

- 화재 대피

소방서에 신고하여 화재 위치와 피해 정도를 알리고, 전원을 내리고 가스를 잠근다. 그리고 신속히 유아들을 대피시킨다. 대피 시 수건 등으로 입을 막고, 연기를 피해 낮은 자세로 대피하게 한다. 대피 시 출입문이 뜨거우면 열지 말고 뜨겁지 않으면 연다. 건물 아래로 대피가 불가능한 경우 옥상으로 대피하여 구조를 기다린다.

3) 안전생활 지도활동

유아들의 안전교육은 이야기 나누기, 안전에 관련된 동화, 유아교육기관에서 실제 발생했던 사례에 대한 토의 등을 통해서 안전에 대한 지식과 태도를 길러줄 수 있다. 소방서, 한국교통안전교육센터 등의 견학과 사후 역할 놀이, 소방훈련 등을 통해서 지식과 태도뿐 아니라 필요한 기술을 습득할 수 있다.

활동 안전하게 지내요

활동유형 : 토의

준 비 물 : 이야기자료

활동순서

① 사례의 내용을 이야기로 들려 준다. 유아들의 연령이 어린 경우에는 상황 그림을 그려서 보여주면서 이야기를 나눈다.

② 어떤 일이 발생했는지, 왜 그런 일이 일어났는지 등 사례의 내용에 대해서 토의한다.

③ 유아들 자신은 그와 같은 행동을 한 적이 없는지 유아의 경험에 대해서 토의한다.

④ 그런 상황이 발생하지 않기 위해서 어떻게 하는 것이 좋은지, 또 만약 발생했다면 어떻게 문제를 해결하는 것이 좋은지에 대해서 토의한다.

사례내용

현수와 민석이가 쌓기영역에서 유니트 블록 놀이를 하고 있다. 놀이를 마친 후, 유니트블록 박스에 블록을 집어넣으면서 정리하기 시작했는데, 현수와 함께 정리를 하던 민석이가 좀 떨어진 곳으로 걸어가서 블록들을 던져 넣기 시작했다. 민석이는 '목표물 맞히기'를 하는 것처럼 블록 박스 쪽으로 블록들을 던지기 시작하였다. 민석이가 던진 블록이 박스 옆에서 치우던 현수의 머리에 맞으면서 혹이 났다.

활동 안전표시 그리기

준 비 물 : 종이, 크레파스, 색연필, 사인펜

활동순서

① 유아교육기관에서 위험한 것에는 어떤 것이 있는지 유아들과 간단히 토의를 한다.

② 위험한 것을 알려 주는 표시 방법에 대해서 생각해 보게 한다.

③ 유아들이 생각한 표시를 그림으로 그려 보게 한다.

④ 그림으로 그린 것을 적절한 장소에 붙인다.

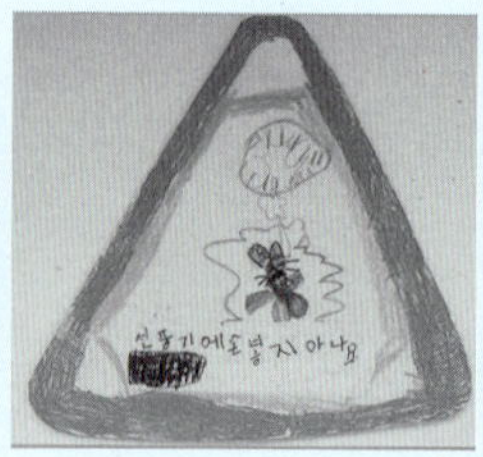

7 집단생활 지도

1 집단규칙

집단이란 두 사람 이상의 인간이 일정기간 동안 지속적으로 만나서, 공동의 목표를 갖고, 상호작용하는 경우를 의미한다. 요즘 대부분의 유아들은 한두 자녀 가정에서 자라기 때문에 여러 사람들과 집단으로 생활하는 것에 익숙하지 않다. 가정과 달리 유아교육기관에서는 다른 유아들과 함께 생활해야 하므로 집단생활을 하는 데 필요한 규칙을 알아야 한다.

어린 영아들은 발달 특성상 집단생활에서의 규칙을 이해하기 어렵지만, 만 3세 이상이 되면서 유아들은 다른 친구들과 더불어 살아가는 데 필요한 간단한 규칙과 예절 등을 이해하고 지킬 수 있다. 따라서 교사는 만 3세 이상의 학급에서 간단한 규칙을 유아들이 함께 만들고 지키도록 지도하는 것이 필요하다. 그런데, 유아교육기관에서 규칙의 일차적인 목적은 유아들의 생활을 편리하게 하려는 것이지, 교사가 유아들을 통제하기 위한 것은 아니다. 필요 이상으로 규칙이 많다면 유아들을 통제하기 위한 수단으로 규칙을 사용하고 있지 않은지 교사의 반성이 필요하다.

1. 집단규칙 사례

대부분 유아교육기관의 학급에는 유아들이 지켜야 할 몇 가지 학급 규칙이 있을 것이다. 규칙을 마련한다 해도 유아들은 자기중심적인 특성으로 인해서 규칙을 잘 지키기 어려워하고 갈등으로 이어지는 경우가 종종 발생한다. 다음의 사례를 통해서 이러한 유아들의 특성을 이해할 수 있으며, 문제원인과 문제해결 방법을 생각해 볼 수 있다.

사례 흥미영역 규칙

배경

① 기관 : 공립 유치원
② 교사 : 경력 1년차 교사
③ 학급 : 만 4세 남아 준호

이야기 전개

① 사건배경

학급에는 이름표를 붙이지 않으면 자유선택영역 안에 들어가지 못한다는 규칙이 있다. 외동이인 준호는 6개월 간 미술학원을 다니다가 올해 처음 유치원에 들어왔다.

② 사건전개

아침에 유아들 모두 여느 때와 다름없이 학급의 규칙을 잘 지키며 즐겁게 활동을 했다. 그런데 준호가 갑자기 나에게 오더니 이름표를 잃어버렸다고 했다. 나는 잘 찾아보라고 했고 준호는 조금 찾는 듯하더니 금방 포기하고 교사에게 짜증을 부리기 시작했다. 교사는 다른 유아들과의 상호작용으로 바빴고 오늘 하루쯤은 그냥 이름표 없이 활동하다가 내일 다시 만들어주면 되겠다고 생각하고는 준호에게 그냥 가서 놀라고 말했다. 그러자 준호는 신이 나서 자신이 좋아하는 쌓기영역으로 가서 유니트 블록을 쌓기 시작했다. 쌓기영역에 유아들이 많이 몰리게 되자 이름표를 붙이지 못한 유아들은 쌓기영역에 오래 놀고있던 유아들에게 양보해 주길 요구했다. 이때 유아들은 준호의 이름표가 없는 것을 발견하게 됐고 준호에게 이름표가 없으니까 쌓기영역에서 나가라고 말했다. 준호는 곧바로 선생님이 그렇게 하랬다고 말했고 유아들은 나에게 와서 규칙을 안 지키는 것이 불공평하다고 항의했다. 순간 교사는 너무 당황했고 유아들에게 준호가 이름표를 잃어버려서 오늘만 그렇게 하는 것이라고 설명했다. 하지만 유아들은 예외의 경우에 대해서는 이해하지 못하고 학급의 규칙이 왜 바뀌었는지 계속해서 물어왔다. 교사는 여전히 일을 어떻게 했어야 했는지 판단이 서지 않는다. 준호에게 이름표가 없으니 자유선택활동을 하지 말라고 했어야 하는지 아니면 그냥 가서 놀라고 한 것이 잘한 것인지 그것도 아니면 더 좋은 해결책이 있었는지 말이다. 그리고 이러한 상황이 또 일어날 때를 대비해서 어떻게 학급의 규칙을 정하면 좋을지도 고민스럽다.

사례에 대해서 토론하기

① 문제의 원인 :

② 사람들의 입장 :

③ 문제해결 방법 :

2. 집단규칙 발달 및 특성

집단이 구성되기 위해서는 집단에 대한 소속욕구, 집단 사람들의 소속감이나 동질감, 집단의 리더, 집단의 규칙이나 약속이 필요하다(김충기, 장선철 2002, 재인용). 유아들의 경우에는 소속감이나 동질감, 집단 규칙, 리더 등과 같은 구성요소를 모두 충족시키는 집단을 구성하기는 어렵다. 하지만 유아들도 같은 학급의 유아들과 일정 기간 동안 지속적으로 만나고, 함께 배우고, 상호작용을 하면서 나름대로의 집단을 형성한다.

유아들은 자기중심적인 발달 특성을 갖기 때문에, 놀이할 때 일시적으로 규칙을 세우고는 자신에게 더 이상 맞지 않으면 임의로 규칙을 어긴다. 유아들의 규칙은 행위와 결과 간의 관계를 이해해서라기보다는 자기의 욕구를 충족시키거나, 성인을 만족시키거나, 친구들의 인정받기 위한 것이다(Miller, 2003). 이처럼 유아들의 규칙에 대한 이해는 자기중심적이고 미숙하지만, 유아교육기관에서 친구들과 집단생활을 하면서 교사 및 친구의 기대를 점차 이해하게 되고, 허용되는 것과 허용되지 않는 것을 조금씩 인식하기 시작한다.

이처럼 유아들이 규칙의 필요성을 인식하고, 학급의 규칙을 알고 있어도 교사에 의해 정해진 놀잇감의 사용 규칙이나, 정리 정돈 등 자신의 행동을 통제하는 규칙을 지켜야 하는 경우, 다른 장소로 가버리거나 대충 규칙을 지키는 등 규칙에 저항할 수 있다(Corsaro, 1985, 한진주, 윤재희, 2015, 재인용).

따라서 교사는 유아들의 발달 수준에 맞고, 자율적으로 지킬 수 있는 규칙을 마련하여 집단생활에서의 규칙의 필요성과 타인에 대한 이해를 증진시켜 주어야 한다.

3. 집단규칙 지도

유아의 집단규칙 지도는 유아들에게 필요한 지도내용에 기초하여 적절한 방법으로 지도해야 한다. 유아들에게 필요한 집단규칙 지도내용, 효과적인 지도방법과 지도활동을 제시하면 다음과 같다.

1) 집단규칙 지도내용

유아들이 집단생활을 잘 하기 위해서는 유아교육기관에서 필요한 규칙을 인식해야 하고, 이를 지키려는 태도와 실천하기 위한 기술이 필요하다. 더 나아가 공공장소에서 필요한 규칙도 이해하고 실천할 수 있어야 한다. 유아들에게 필요한 집단규칙의 지도내용을 정리하면 다음과 같다.

- 유아교육기관에서의 놀이규칙 알고 지키기
- 유아교육기관에서의 생활규칙 알고 지키기
- 공공장소에서 규칙 알고 지키기

2) 집단규칙 지도방법

여러 명의 유아들이 함께 생활하는 유아교육기관에서 교사는 원활한 학급 운영을 위해서 적절한 규칙을 제공하여야 한다. 교사는 학급에서 어떠한 문제가 있으며, 어떠한 규칙이 필요한지, 규칙들은 적절한지 유아들을 관찰하여 규칙을 만들거나 수정해야 한다.

(1) 집단규칙 관찰

교사는 다음의 관찰지를 사용하여 유아들의 집단생활에서 발생하는 문제점을 파악할 수 있다. 관찰 결과에 기초하여 공간이나 환경의 문제인 경우는 교사가 개선해 주어야 하고, 규칙이 부족한 부분에 대해서 유아 스스로 규칙을 만들도록 지도한다.

유아들의 집단생활 관찰지

구분	관찰내용
유아들 간의 갈등이 자주 발생하는 공간	
유아들 간의 갈등 발생 원인	
학급 규칙에 대한 유아들의 반응	

(2) 집단규칙 지도원칙

유아들이 규칙을 잘 지키기 위해서는 규칙이 왜 필요한지를 인식해야 한다. 교사는 이러한 유아들의 인식에 기초하여 유아들과 함께 학급에서 필요한 간단한 규칙을 만들어 볼 수 있다.

- 규칙의 필요성 인식시키기
  유아들이 규칙을 어겼을 때 비난을 하면 규칙에 대한 부정적인 인식을 갖게 되므로 규칙의 필요성을 설명해 주는 등 적절하게 개입하는 것이 바람직하다.
- 유아와 함께 규칙 만들기
  학급 규칙을 만들 때에는 교사가 정해 주기보다는 유아가 필요성을 인식하게 하고, 유아들과 협의하여 유아들에게 필요한 최소한의 규칙을 스스로 정하게 한다. 규칙을 만들 때에는 첫째, 유아교육기관에서 생활하거나 놀이를 하면서 기분이 나빴던 것은 무엇인지 유아들에게 묻는다. 둘째, 왜 기분이 나빴는지를 묻는다. 셋째, 즐겁게 생활하고 놀이하기 위한 방법에 대해서 이야기한다. 유아들이 이야기하는 것을 기록한다. 넷째, 유아들이 제시하는 방법 중 적절한 것을 규칙으로 삼도록 교사가 유도한다. 다섯째, 결정된 규칙을 교사는 정리해서 알려주고, 교사나 유아가 적어서 벽에 붙여준다.

- 적절한 모델제공

교사는 유아들이 규칙을 잘 지키게 하기 위해서 우선 좋은 모델을 제공해야 한다.

학급에서 집단규칙을 정하는 모습

3) 집단규칙 지도활동

유아들에게 집단 규칙을 이해시키기 위해서는 이야기 나누기, 토의, 동화 등의 활동을 통해서 이루어질 수 있다. 유아들 간의 갈등이 발생한 경우 유아들과 토의 과정을 거쳐서 규칙을 만들어볼 수 있다.

활동 놀이 규칙 만들기

활동유형 : 토의

준 비 물 : 필기도구

활동순서

① 자유놀이 시간에 유아들 간의 갈등이 빈번하게 발생하는 경우, 활동이 끝난 후 어떤 점이 기분 나빴는지 이야기한다.

② 놀이 과정에 규칙이 필요한지, 필요하다면 어떤 규칙이 필요한지 토의한다.

③ 유아들이 이야기한 여러 가지 것 중 꼭 필요하다고 판단되는 규칙을 교사가 정리해 준다. 유아들이 규칙을 나타내는 그림을 그리거나 글로 써보게 한다.

④ 제작된 규칙 및 약속을 해당하는 흥미영역에 붙여준다.

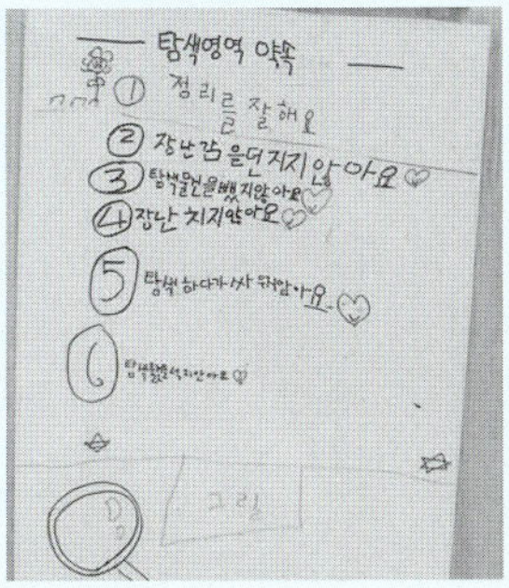

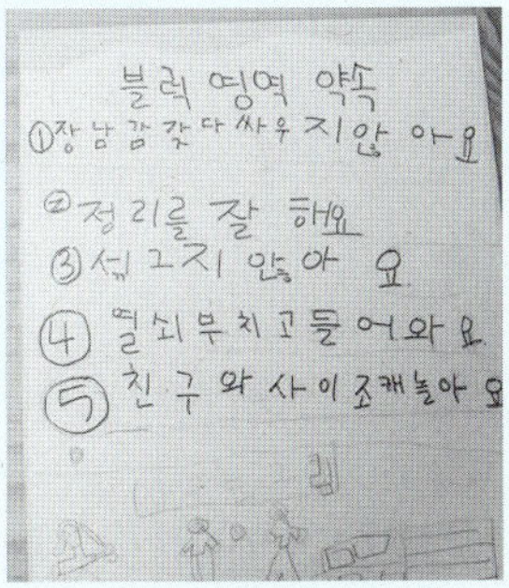

2 갈등

대부분의 유아들은 점차 성장하면서 혼자 노는 것보다 또래들과 함께 노는 것을 즐거워하고 친구들의 놀이에 참여하려고 한다. 유아들은 아직 사회적 기술이 미숙하고, 자기중심적인 성향이 강하며 타인의 생각이나 감정을 이해하기 어렵기 때문에 놀이과정 중에 종종 갈등 상황이 발생한다. 경우에 따라서 해결되지 않는 유아들 간의 갈등은 공격적인 행동이나 부정적인 행동을 유발하기도 한다.

그러나 유아들 간의 갈등은 자연스런 발달 과정으로 갈등 상황을 스스로 해결하면서 문제해결력을 기르고 친구를 이해하면서 타인에 대한 조망 능력을 기르게 하는 등 긍정적 가치가 있다. 그러므로 갈등을 교육과정의 일부로 계획하여 유아가 갈등 상황을 이해하고 갈등 방법을 경험하도록 지도해야 한다.

교사는 갈등지도를 위해서 관찰을 통하여 유아들의 특성을 이해하고, 유아 스스로 갈등을 해결할 수 있도록 안내하고, 중재가 필요한 갈등 상황을 파악하여 적절히 중재해야 한다. 만약 지속적으로 갈등이 유발된다면 문제 상황 및 갈등의 근본적인 원인을 해소해 주어야 한다.

1. 갈등 사례

교사들은 매일 유아들과 생활하면서 여러 가지 유아들의 갈등에 직면하는데, 갈등 해결을 위한 적절한 도움과 지도를 제공해야 한다. 다음의 사례를 통해서 유아들의 갈등을 이해할 수 있으며, 어떻게 중재하고 지도해야 하는지 지도방법에 대해서 생각해 볼 수 있다.

사례 교구로 인한 갈등

배경

① 기관 : 사립 유치원
② 교사 : 경력 3년차 교사, 실습교사
③ 유아 : 만 5세 남아 덕원

이야기 전개

① 사건배경

덕원이는 교사 말씀을 잘 듣고 자기의 일을 스스로 하는 유아로 미술을 잘하고 창의적인 생각을 많이 한다. 덕원이는 집에 갈 때 2코스이기 때문에 약 15-20분 정도를 유치원에 남았다 간다. 그런데 덕원이는 다른 아이들과 어울릴 때 보면 약간 겉돌지만, 아이들과 잘 어울리기 위하여 노력을 하는 것 같았다. 유치원의 주제는 가을이었고, 교실에는 실습교사가 만든 매체들이 있었다. 그리고 담임교사는 차량운행을 가시고 실습교사만이 교실 청소를 하고 있었다.

② 사건전개

오늘도 2코스 유아들은 버스를 기다리는 동안 자기가 하고 싶은 영역을 찾아서 놀고 있었다. 오늘도 여전히 알까기에 유아들의 시선과 관심이 집중되어 있었다. 그때 한 유아가 실습교사가 만들어 준 가을에 관련된 게임 매체를 가지고 놀려고 꺼내들었다. 그리고 "야, 이거 같이 가지고 놀 사람?" 하니까 유아들의 관심이 모두 그쪽으로 쏠렸고 갑자기 유아들이 서로 하겠다고 손을 들기 시작하고 아웅다웅 다툼이 일어나고 있었다. 게임은 두 명만 할 수 있는 것이었기 때문에 문제가 생긴 것이다.

한 유아가 와서 청소를 하고 있는 실습교사에게 도움을 청했고, 청소를 하던 실습교사는 유아들로부터 상황 설명을 들었다. 그리고 유아들과 함께 문제를 어떻게 해결할 것인가에 대해서 이야기했다. 처음 게임을 하자고 제안하였던 유아와 게임할 사람은 가위 · 바위 · 보로 정하기로 하였다. 유아들은 가위 · 바위 · 보를 했으며 한 명의 유아가 이기고 게임을 하게 되었다. 그때 덕원이가 울분을 토하면서 주위의 것들을 집어던지더니 "맨날 나만 못해." 하면서 엉엉 울기 시작했다. 실습교사는 "덕원아!"하고 이야기를 하려고 했지만 "싫어 싫어." 하면서 실습교사의 말을 듣지도 않고 하지도 못하게 만들었다. 그렇게 되자 실습교사는 아무 말도 하지 못하고 덕원이가 진정되기만을 기다리다가 진정이 된 후, 덕원이와 친구들은 집으로 돌아가야만 했다.

사례에 대해서 토론하기

① 문제의 원인 :

② 사람들의 입장 :

③ 문제해결 방법 :

2. 갈등 발달 및 특성

유아들은 성장하면서 점차 자기중심성이 감소되고 또래와 적절히 타협하는 방법을 알게 되면서 갈등이 감소한다. 즉, 유아들의 연령이 증가하면서 갈등의 빈도는 감소한다. 그러나 갈등 시간은 더 증가하게 된다.

유아들의 갈등 원인은 주로 놀잇감이나 공간을 차지하려는 지배나 소유 분쟁에 의한 것이 가장 많다. 그 외의 갈등 원인은 성가시게 하는 행위, 놀리거나 괴롭히기,

놀이집단에 참여하려는 행위, 규칙위반, 놀이 방해 등이다(고인옥, 2001; 김영희, 1999; Killen & Turiel, 1991; Malloy & McMurray, 1996).

한편, 유아들은 갈등을 해결하기 위해서 언어적 항의하기, 주장하기, 부탁하기, 지시하기, 또래 및 성인에게 알리기, 제안하기, 울기, 때리기, 무시하기, 괴롭히기 등 다양한 전략을 사용한다. 유아들이 긍정적인 전략을 사용하는 경우에는 그 결과가 긍정적이나, 부정적인 전략을 사용하는 경우에는 결과도 부정적일 수 있다. 이상 유아의 갈등 발달, 원인, 해결방법 등을 정리하면 다음과 같다.

1 갈등 발달

- 연령이 증가하면서 갈등의 빈도수 점차 감소
- 유아들의 연령이 증가하면서 갈등 시간 증가
- 연령이 증가하면서 물건의 소유에 대한 갈등보다는 규칙이나 활동 침해에 의한 갈등 증가

2 갈등 원인

- 물건 및 놀이 영역의 소유
- 규칙위반
- 활동 침해
- 친구의 공격성
- 사회적 기술의 부족
- 개인적 욕구의 저지

3 갈등 해결방법

- 유아들은 갈등을 해결하는 긍정적 전략으로 언어적 항의하기, 주장하기, 부탁하기, 지시하기, 제안하기 등 사용
- 유아들은 갈등을 해결하기 위한 부정적인 전략으로 또래 및 성인에게 알리기,

울기, 때리기, 무시하기, 괴롭히기 등 사용

3. 갈등 지도

유아의 갈등 지도는 유아들에게 필요한 지도내용에 기초하여 적절한 방법으로 지도해야 한다. 유아들에게 필요한 갈등 지도내용, 효과적인 지도방법과 지도활동을 제시하면 다음과 같다.

1) 갈등 지도내용

유아들 간의 갈등은 주로 규칙위반, 소유 분쟁 및 힘겨루기 등이 원인이다. 따라서 갈등 지도내용에는 규칙을 인식하고, 부적절한 행동에 대한 대처 등 갈등을 해결할 수 있는 능력을 길러주는 것이 포함되어야 한다. 구체적인 갈등 지도내용은 다음과 같다.

- 규칙을 정확하게 알고 지키기
- 규칙위반 시 대응하기
- 소유 분쟁 해결하기
- 침해행동에 대처하기
- 공격적인 행동에 대응하기
- 힘겨루기 최소화하기

2) 갈등 지도방법

유아교육기관의 다양한 장소, 시간, 상황에서 유아들의 갈등을 적절히 중재하고 지도하기 위해서 교사는 갈등 상황을 정확히 관찰하고 원인을 분석하여 지도해야 한다. 갈등이 계속해서 유발되는 경우는 지속적인 관찰을 통해서 갈등 원인을 정확히 파악하고 해결 방법을 찾아야 한다.

(1) 갈등 관찰

유아 간에 갈등이 반복되는 경우에 다음의 유아 갈등 관찰지를 활용하여 갈등을 일으키는 유아는 누구인지, 주로 어느 장소에서 갈등이 일어나는지, 어느 시간에 발생하고, 갈등 원인은 무엇인지를 관찰한다. 주기적으로 갈등 상황을 관찰하고 분석하여 지도에 활용한다.

유아 갈등 관찰지

구분	관찰내용			
	1 회	2 회	3 회	4 회
갈등 대상				
갈등 장소				
갈등 시간				
갈등 원인				

(2) 갈등 지도원칙

유아들은 집단생활에서 다양한 갈등을 경험하는데, 가장 빈번하게 나타나는 갈등은 소유 분쟁과 힘겨루기이다. 소유 분쟁은 유아시기 또래와의 공동생활 경험의 부족과 자기 중심적인 특성으로 인해서 나타나는 것이다. 유아들이 교실상황에 익숙해지면서 갈등의 유형은 사물에 대한 소유 분쟁에서 유아들 간의 행동을 주도하고 싶은 힘겨루기로 바뀐다. 이는 유아들이 자신을 다른 사람에게 중요하게 인식시키고 인정받기 위한 노력의 일환으로 나타난다. 소유 분쟁이나 힘겨루기 등을 포함한 대부분의 유아 갈등은 환경적인 요인, 유아의 개인적인 특성, 학급 규칙의 부재나 문제 등에서 발생한다. 따라서 교사는 갈등을 감소시키기 위해서 갈등의 원인을 제거하고, 갈등을 일으키는 유아에게 다른 활동을 하도록 주의를 분산시키거나 잘못을 생각해 볼 수 있는 기회를 제공한다. 구체적인 지도전략은 다음과 같다.

- 환경적 문제 해결

  놀잇감이 부족한 경우는 놀잇감의 개수를 늘려 주고, 공간이 부족하면 가능한 한 공간을 넓혀 준다. 연령이 어릴수록 동일한 놀잇감을 여러 개 제공한다.

- 유아의 특성에 따른 지도

  사회적 기술이 부족한 경우에는 유아의 생각, 감정의 표현 방법 및 적절한 사회적 기술을 알려주고, 다른 사람의 입장을 생각하게 한다. 반면, 규칙을 인식하지 못하는 유아의 경우에는 규칙의 필요성을 알려주고 교실 내에서의 규칙을 이해하게 도와준다.

- 규칙 제공

  규칙이 없어서 갈등이 유발되는 경우 새로운 규칙을 만들고, 규칙에 문제가 있는 경우 규칙을 수정한다. 규칙을 만들거나 수정할 때에는 유아들과 협의하고 토론하는 시간을 통해서 유아들의 의견을 수용한다.

- 적절한 언어사용 소개

  교사는 갈등 시에 언어사용을 강조하고 자신의 욕구를 표현하는 방법을 알려준다. 자신의 욕구를 표현하는 방법으로 반대 의사표현하기("아니야"라고 말하기), 반대하는 이유 말하기("내가 먼저 이것을 사용했어."), 제안하기("이것 대신 저거 써."), 타협하기("5분 후에 네가 그것을 가져."), 회피하기("너는 다른 놀이 해.") 등을 알려준다(안영진 · 이성숙, 2002).

- 유아 주도적 갈등 해결

  성인이 갈등상황에 개입하기보다는 유아가 스스로 갈등을 해결하는 것이 가장 바람직한 갈등 해결 방법이다. 유아가 주도적으로 갈등을 해결하게 하기 위해서 교사는 단계적으로 갈등을 중재할 수 있다(Oken-Wright, 1992). 단계적인 갈등 중재는 갈등 상황에서 유아 주도적인 방법으로 시작하여, 갈등이 해결되지 않으면 점차 교사 주도적인 방법으로 진행하는 것이다. 단계적인 교사 갈등 중재의 구체적인 방법은 다음 〈그림 1〉과 같다. 〈그림 1〉에 제시한 연속적 교사의 갈등 중재는 유아 스스로의 해결을 최우선으로 한다. 이 과정은 유아들에게 바람직한 갈등 해결방법을 습득하게 하고 갈등을 해결하면서 사회적인 능력을 기르게 한다.

유아주도 → 교사주도

쳐다보기	비지시적 진술	질문하기	지시적 진술	물리적 중재
교사는 가까이 가서 보면서 유아들의 협상을 기다려 준다.	교사가 일어났던 일을 말로 표현해 준다.	교사는 갈등상황에서 유아가 어떻게 해야 하는지를 묻는다.	교사는 유아에게 직접 지시를 한다.	유아가 전혀 반응하지 않는 경우, 해결이 불가능한 경우 교사가 직접 중재한다.
	"○○가 자동차를 가져갔구나."	"너의 자동차를 되돌려 받으려면 어떻게 해야 하지?"	"○○에게 자동차를 돌려 달라고 이야기해 봐."	"자동차는 △△에게 돌려 주자(교사가 자동차를 직접 준다). ○○는 다른 것을 가지고 놀자."

〈그림 1〉 단계적 교사의 갈등 중재

- 교사의 적절한 갈등 개입

유아들이 갈등을 스스로 해결할 수 없는 상황에서 교사는 개입을 하여 교사 주도적인 갈등 해결방법을 사용한다. 따라서 교사는 유아들의 갈등 상황에서 무조건 개입하기보다는 적절한 개입 시점을 알고 대처해야 한다. 교사의 개입이 필요한 갈등 상황과 개입 방법은 다음 〈표 19〉와 같다(Braty, 2001).

〈표 19〉 개입이 필요한 갈등 상황과 개입 방법

구분	내 용
개입이 필요한 갈등 상황	• 유아의 행동에서 신체적인 공격(때리고, 물고, 물건을 던지는 등)이 나타날 때 • 유아의 행동이 통제되지 않을 때 • 유아가 울거나 비명을 지를 때 • 유아의 싸움이 계속해서 지속될 때
갈등 개입 방법	• 갈등 상황이 왜 발생했는지 갈등의 원인과 상황에 대해서 이야기한다. "왜 ○○와 △△는 싸우고 있니?", "왜 그랬는지 ○○가 먼저 이야기해 볼까?" • 유아가 이야기할 때까지 인내를 가지고 기다린다. "○○가 말하고 싶을 때까지 기다려 줄게." • 갈등에 관련된 모든 유아들에게 이야기할 수 있는 기회를 준다. • 꾸짖거나 비난하거나 창피를 주지 말고 유아가 한 말을 수용한다. "그런 일이 있었구나." • 유아들이 자신의 감정을 이야기하게 하고, 교사는 유아의 감정에 대해서 감정이입을 한다. "○○는 정말 속상했겠구나.", "△△는 아파서 울었구나." • 다른 친구의 감정은 어떠할지 상대방에게 감정이입을 할 수 있게 한다. "○○가 그렇게 행동하면 △△의 마음은 어떨까?" • 갈등 상대와 화해할 수 있는 방법을 모색한다. "○○와 △△는 친구였지? 그러면 어떻게 하면 좋을까?"

3) 갈등 지도활동

갈등 유발 시 대부분의 교사들은 유아들이 화해하도록 유도하는 중재 역할을 수행할 것이다. 갈등 상황에서의 개입도 필요하지만, 갈등을 예방하기 위한 사전 교육의 차원으로 토의, 동화, 이야기 나누기 등 다양한 활동을 실행할 수 있다.

활동 어떻게 하면 좋을까요?

활동유형 : 토의

준 비 물 : 이야기 자료

활동순서

① 교사는 유아들의 갈등 사례를 그림 자료나 이야기로 들려준다.
② 문제의 원인을 분석하기 위해서 갈등이 발생한 원인이 무엇인지 유아들과 토의한다.
③ 어떻게 갈등을 해결할 수 있는지 해결 방법에 대해서 토의한다.
④ 구성원 각자가 해야 할 일에 대해서 토의한다.
⑤ 규칙이 필요한 경우, 어떤 규칙을 만들면 좋을지에 대해서 토의한다.
⑥ 교사는 유아들이 이야기한 규칙을 적어준다. 꼭 필요한 규칙을 정리한다.
⑦ 교사나 유아가 규칙을 작성한 후, 필요한 공간에 붙인다.

사례자료

1코스 유아들은 버스를 타고 집으로 가고, 2코스 유아들은 버스를 기다리는 동안 자기가 하고 싶은 영역을 찾아서 놀고 있었다. 알까기에 유아들의 시선과 관심이 집중되어 있었다. 그때 한 유아가 실습생이 만들어 준 가을에 관련된 새로운 게임을 가지고 놀려고 꺼내들었다. "야, 이거 같이 가지고 놀 사람?" 하니까 유아들의 관심이 모두 그쪽으로 쏠렸고 갑자기 유아들이 서로 하겠다고 손을 들기 시작하면서 아웅다웅 다툼이 일어나고 있었다.

3 친사회적 행동

유아들이 또래들과 긍정적인 유대관계를 형성하기 위해서는 다른 친구들을 도와주고, 나누어 쓰고, 협동하고, 위로하고, 참아 주고, 배려하고, 존중하는 등의 친사회적 행동이 필요하다. 친사회적 행동(prosocial behavior)은 다른 또래나 집단을 위해서 이익이나 도움을 주는 자발적인 행동을 의미한다. 이와 상반되게 자신의 이익만을 추구하거나 남을 해롭게 하는 행동은 반사회적 행동(antisocial behavior)이라고 한다.

친사회적 행동의 범주에는 공동의 목표를 위해 타인과 이타적으로 작업하는 협동, 타인의 입장이나 사고 및 행동에 대해서 이해하고 느끼는 감정이입, 타인에게 유익한 방식으로 행동하는 이타성 등이 포함한다(Braty, 2001; Miller, 2003). 이처럼 친사회적 행동 요소는 이해의 측면과 행동의 측면을 모두 포함한다고 볼 수 있다.

그러나 일반적으로 유아들은 발달 특성상 자기중심적인 성향을 가지고 있을 뿐 아니라 최근 자녀 수의 감소로 가정에서 나누고, 도와주고, 참아주는 등과 같은 친사회적 행동을 경험할 수 있는 기회가 줄어들고 있다. 따라서 유아교육기관에서 물건을 공유하고, 다른 친구의 감정을 인식하고, 규칙을 지키고, 친구를 도와주는 등의 친사회적 행동에 대한 지도는 더욱 필요하다. 유아기의 친사회적 행동에 대한 지도는 그 이후의 집단생활에 필요한 긍정적인 태도와 행동을 발달시켜 주는 기초이기 때문이다.

1. 친사회적 행동 사례

타인을 이해하고, 배려할 수 있는 능력이 부족한 유아들이 함께 모여 있는 유아교육기관에서 다른 사람을 존중하고, 자신의 감정을 조절하고, 양보하도록 지도하는 일은 쉬운 일이 아니다. 다음의 사례를 통해서 이기적인 유아들의 양상을 이해하고 어떻게 효율적으로 지도할 수 있을지에 대해서 생각해 볼 수 있다.

사례 양보 안하기

배경

① 기관 : 사립 유치원

② 교사 : 경력 1년차 교사

③ 유아 : 만 4세 여아 예진

이야기 전개

① 사건배경

우리 반에는 유난히 욕심이 많은 유아들이 많이 있다. 거의 형제가 없고, 혼자 있는 외동이들이 많다. 꼭 외동이가 아니더라도 요즘 부모님들은 집에서 유아들이 원하는 것은 무엇이든 다 들어 주기 때문에 참고 기다리는 것을 힘들어한다. 유치원에서 집단생활지도를 시켜도 집에 가서 하지 않으니 교육 효과가 별로 없다.

② 사건전개

조형활동 시간에 교사가 사인펜과 종이를 나누어 주었다. 그리고 "우리 친구들 싸우지 말고, 사이좋게 나누어 쓰세요. 옆 친구가 쓰고 있으면 친구가 다 쓸 때까지 기다려 주세요."라고 하였다. 그러나 그 말이 떨어지자마자 예진이는 사인펜 모두를 자기 앞으로 끌어당겼다. 교사는 예진이의 행동을 지켜보았다. "예진아, 사인펜은 사이좋게 나누어 쓰는 거라고 선생님께서 이야기하셨지요?"라고 교사가 말하자, 예진이는 교사의 눈치를 보며 사인펜을 책상 위로 올렸다. 그렇지만, 그래도 손을 뻗으면 잡히는 위치였다. 예진이는 교사를 계속 의식하고 눈치를 보면서 활동을 하였다. 교사가 계속 그곳에 있으면, 예진이의 활동을 제약할 것 같아서 다른 분단으로 가서 유아들의 활동을 도와주었다. 그러자 예진이의 우는 듯한 소리가 들렸다. 그래서 교사가 예진이네 분단으로 가서 "예진이 왜 울고 있니?"라고 물으니, "정은이가 사인펜 안 줘요."라고 하였다. 사실은 정은이가 먼저 그 사인펜을 사용하고 있기 때문에 예진이는 자기가 원하는 대로 되지 않으니까 먼저 울음을 터트렸다는 것이다. 우선 교사는 예진이의 울음을 그치게 하고, "예진아, 사인펜을 누가 먼저 쓰고 있었니?" "정은이요." "그럼, 정은이가 먼저 쓰고 있었으니까 예진이가 쓰고 싶어도 다른 친구가 쓸 동안은 기다려 주기로 약속했지요? 그럼 우리 예진이도 정은이가 다 쓸 동안 기다려 줄 수 있어요?"라고 말했다. 그러자 예진이는 "네."라고 대답을 하였다. 이번 상황은 이렇게 마무리가 되었다. 그러나 점점 욕심이 많고, 자기중심적인 유아들이 늘어날텐데, 지도를 어떻게 해야 하는지 걱정이다.

사례에 대해서 토론하기

① 문제의 원인 :

② 사람들의 입장 :

③ 문제 해결 방법 :

2. 친사회적 행동 발달 및 특성

친사회적인 행동은 돕고, 나누고, 협력하고, 절충하고, 위로하고, 구원하고, 기부하고, 자신의 책임을 수용하고, 친사회적 가치를 지향하는 행동들이다. 친사회적인 행동은 만 2~3세부터 나타나기 시작한다. 친사회적 행동인 유아의 돕기 행동(Bar-Tal & Raviv, 1982) 및 감정이입(Hoffman, 1984)의 발달은 다음과 같다.

① 유아의 돕기 행동

- 1단계 : 구체적인 강화에 의한 승낙
  구체적인 보상(약속)이나 위협 때문에 돕는 행동을 보인다.
- 2단계 : 승낙
  자신보다 힘이 우월한 사람의 명령이나 요청을 승낙한다.
- 3단계 : 내면적 주도성
  보상을 기대하여 자발적으로 돕는 행동을 한다.
- 4단계 : 규범적 행동
  사회적 요구에 순응하여 돕는 행동을 한다.
- 5단계 : 상호 호혜성
  나에게 도움이 필요할 때 다른 사람이 도움을 줄 것이라는 교환의 원리에 의해서 돕는 행동을 한다.
- 6단계 : 이타적 행동
  돕는 행동은 다른 사람에게 이익이 될 것이라는 생각에서 행동한다.

② 유아의 감정이입

- 1단계 : 0~12개월
  자신과 타인을 구별하지 못한다.
- 2단계 : 12~24개월

다른 사람의 고통의 원인을 알지 못하지만, 자신에게 위로가 되었던 행동(예: 과자주기, 뽀뽀하기 등)을 하여 다른 사람의 문제를 해결하려고 한다.

- 3단계 : 만 2~6세

  다른 사람이 어려움에 처한 이유를 알고, 어려움에 처한 사람에게 감정이입을 하여 문제를 해결하려고 한다. 그러나 대상이 가까이 있을 때에만 감정이입이 가능하다.

- 4단계 : 만 6~9세

  직접 보지 않아도 어려운 사람에게 감정이입이 가능하다.

친구에게 책을 읽어 주는 유아

함께 정리하는 유아

3. 친사회적 행동 지도

유아의 친사회적 행동 지도는 유아들이 집단생활을 하는 데 필요한 내용에 기초하여 적절한 방법으로 지도해야 한다. 유아들에게 필요한 친사회적 행동의 지도내용, 효과적인 지도방법과 지도활동을 제시하면 다음과 같다.

1) 친사회적 행동 지도내용

유아가 친사회적 행동을 실천하기 위해서는 친구와 나누고 협력하고, 양보하는 등의 사회적 행동의 필요성을 인식하고, 친사회적 행동에 필요한 태도와 기술을 형성해야 한다. 친사회적 행동을 위한 지도내용은 다음과 같다.

- 친사회적 행동의 필요성 인식하기
- 도와주기
- 양보하기
- 기다리기
- 예의바르게 행동하기
- 나누어 갖기
- 협동하기
- 감정이입하기

2) 친사회적 행동 지도방법

유아들의 친사회적인 행동을 지도하기 위해서 우선 유아의 친사회적인 행동발달 정도를 파악하는 것이 필요하다. 유아의 행동을 관찰하여 친사회적 행동이 부족한 경우, 교사는 유아의 친사회적인 행동에 영향을 주는 구체적인 원인을 찾아야 한다.

(1) 친사회적 행동 관찰

유아의 친사회적인 행동발달 수준을 분석하기 위해서는 다음의 사회적 행동발달 체크리스트와 친사회적 행동발달 척도를 활용하여 관찰한다. 관찰 결과에 기초하여 부족한 측면을 발전시킨다.

유아의 친사회적 행동발달 체크리스트

범주	문항	행동 유무	
		그렇다	아니다
자아존중감	1. 미소를 지으며 항상 행복해 보인다.		
	2. 사람이나 사물에 대해서 두려워하지 않는다.		
	3. 자신의 권리를 주장한다.		
자아조절력	4. 대체로 제시된 규칙을 준수한다.		
	5. 자신의 감정을 조절한다.		
	6. 자신의 격한 감정을 행동보다 말로 표현한다.		
타인 존중감	7. 다른 유아들과 잘 어울린다.		
	8. 다른 친구의 어려움에 관심을 갖는다.		
	9. 친구가 어떻게 느끼는지 말할 수 있다.		
우 정	10. 함께 놀이할 친구를 찾는다.		
	11. 친구를 만든다.		
	12. 친구의 의견을 받아들이고 함께 논다.		
배려하기	13. 놀잇감과 자료를 친구와 함께 사용한다.		
	14. 차례를 지킨다.		
	15. 다른 유아에게 놀잇감이나 물건을 나누어준다.		
협동하기	16. 집단 활동에서 협동놀이에 참여한다.		
	17. 새로운 놀이 친구를 수용하고 다툼 없이 함께 논다.		
	18. 성인의 요구에 응한다.		
도움주기	19. 놀잇감이나 물건을 정리한다.		
	20. 다른 유아를 돕는다.		
	21. 교실의 허드렛일을 맡아 한다.		
존중하기	22. 놀잇감이나 물건을 바르게 사용한다.		
	23. 다른 사람의 물건을 소중히 다룬다.		
	24. 성인의 말에 주의를 기울이고 반응한다.		

출처: Braty, J. J. (2001). Prosocial Guidance for the Preschool Child. 이기숙 · 강숙현 역. 서울: 이화여자대학교 출판부.

유아의 친사회적 행동관찰 척도

범주	문 항	전혀 그렇지 않다	거의 그렇지 않다	가끔 그럴 때도 있다	대체로 그렇다	항상 그렇다
사회 생활 기본 능력	1. 다른 사람이 말하는 것을 듣고 잘 이해합니까?					
	2. 다른 사람에게 친절하게 말합니까?					
	3. 친구가 자신의 놀잇감을 빼앗아 갔을 때 단호하고 분명하게 말합니까?					
	4. 친구의 도움이나 호의에 고맙다는 인사나 표현을 잘합니까?					
	5. 자신의 과제를 잘 끝냈을 때 자랑스러움을 표현합니까?					
	6. 도움이 필요할 때 적절한 방법으로 도움을 요청합니까?					
	7. 친구가 방해되는 행동을 할 때 적절한 방법으로 양해를 구합니까?					
	8. 자신이 해야 할 과제가 있을 때 친구의 장난이나 다른 상황을 무시합니까?					
기관 적응 능력	9. 선생님의 말씀을 듣고 이해하지 못한 것은 질문합니까?					
	10. 선생님이 지시하는 사항을 이해하고 따릅니까?					
	11. 어려운 과제가 주어졌을 때, 포기하지 않고 계속 노력합니까?					
	12. 선생님이 다른 사람과 이야기를 나눌 때는 무조건 끼어들지 않고 적절한 기회를 기다렸다가 말합니까?					
친구 관계 형성 능력	13. 아는 사람을 만나면 반갑게 인사합니까?					
	14. 우울해 하는 친구의 행동을 보고 친구를 위로할 수 있습니까?					
	15. 친구들이 진행 중인 놀이에 적절한 방법으로 참여합니까?					

범주	문 항	전혀 그렇지 않다	거의 그렇지 않다	가끔 그럴 때도 있다	대체로 그렇다	항상 그렇다
친구 관계 형성 능력	16. 친구들과 놀이를 할 때 자기 차례를 잘 기다립니까?					
	17. 자신의 것을 친구들과 잘 나누어 씁니까?					
	18. 도움을 원하는 친구가 있으면 잘 인식하고 도와줍니까?					
	19. 친구에게 자신의 놀이를 함께 하자는 요청을 잘합니까?					
	20. 친구들과 게임을 할 때 공정한 태도로 임합니까?					
감정 다루기	21. 자신의 감정을 잘 인식합니까?					
	22. 친구들에게 따돌림을 당하거나 소외되었을 때, 당황하지 않고 적절하게 대처합니까?					
	23. 당황스럽거나 어려운 일이 생겼을 때 말로 잘 표현합니까?					
	24. 두려운 상황이 생겼을 때 적절한 방법(예: 교사에게 이야기하기)으로 두려운 감정을 표현합니까?					
	25. 좋아하는 사람에게 적절한 방법으로 좋아하는 감정을 표현합니까?					
비공격적으로 대처하기	26. 친구들에게 놀림을 당했을 때 적절히 대처합니까?					
	27. 화가 났을 때 적절한 방법으로 화를 조절합니까?					
	28. 공정한 것과 아닌 것을 정확하게 판단합니까?					
	29. 친구들과 문제가 생겼을 때, 문제해결을 위해 친사회적 방법이나 대안을 제시합니까?					
	30. 선생님께 자신의 행동을 지적당했을 때 화내거나 당황하지 않고 자기 행동의 결과를 수용합니까?					

범주	문 항	전혀 그렇지 않다	거의 그렇지 않다	가끔 그럴 때도 있다	대체로 그렇다	항상 그렇다
스트레스 다루기	31. 피곤하거나 몸이 아플 때 스스로 휴식할 수 있습니까?					
	32. 과제를 수행하다가 실수를 하면 당황하지 않고 수정합니까?					
	33. 잘못한 행동에 대해 정직하게 인정합니까?					
	34. 친구의 사소한 잘못을 보면 선생님께 쉽게 이르지 않고 적절하게 대처합니까?					
	35. 친구와 게임을 해서 졌을 때 화내지 않고 결과를 수용합니까?					
	36. 게임이나 놀이에서 자기가 일등이 되지 않아도 잘 수용합니까?					
	37. 자신이 하고 싶지 않은 일은 적절한 방법으로 거절합니까?					
	38. 거절이나 금지를 당했을 때 화내지 않고 수용합니까?					
	39. 심심할 때 자신의 활동을 스스로 결정합니까?					

출처: 김정인(2002). 보육시설의 질적 수준에 따른 유아의 감정조망수용 능력과 친사회적 행동. 이화여자대학교대학원 석사학위논문.

(2) 친사회적 행동 지도원칙

유아의 친사회적인 행동은 부적절한 행동 조절을 위한 가장 효과적인 예방책이 될 수 있기 때문에 교사는 부정적인 행동 지도에 앞서 친사회적 행동을 촉진시키려는 노력이 필요하다. 다음과 같은 지도원칙을 활용하여 친사회적인 행동을 촉진할 수 있다(Braty, 2001).

- 적절한 물리적 환경구성과 모델제공

친사회적 분위기로 물리적인 환경을 구성한다. 교실은 유아가 쉽게 활동할 수 있도록 흥미영역을 배치한다. 또한 충분한 갯수의 교재 · 교구를 제공하여 갈등이 생기지 않게 하고, 새로운 교구를 제공하여 유아들이 흥미를 잃지 않게 한다. 유아들이 활동에 깊이 몰입할 수 있도록 충분한 놀이시간을 제공하고, 최소한의 규칙을 제공하는 등 자기조절이 가능하도록 놀이환경을 구성한다. 이 과정에서 교사는 돕기 행동의 모델링을 제공한다.

- 긍정적 개입

유아 스스로 행동을 조절하도록 긍정적인 개입을 한다. 유아의 부정적인 정서를 수용하고 부정적인 느낌을 말로 표현하도록 돕는다. 남을 방해하는 행동을 조용한 행동(미술, 모래, 인형 놀이 등)으로 전환시켜 준다. 격리는 처벌의 느낌을 갖게 하므로 사용하지 않는다. 교사는 부정적인 말이나 행동을 억제하므로 자기조절의 모델이 된다.

- 긍정적 강화

교사는 언어적 · 비언어적인 친사회적 행동의 실마리를 찾아서 강화를 한다. 잘못된 행동을 멈춘 후에 눈맞춤이나 언어적 상호작용을 하고 방해하는 유아가 잘할 수 있는 행동을 찾도록 돕는다. 남의 주의를 끌려는 유아가 친구를 사귀도록 돕고 모든 유아들에게 다정하게 대함으로써 친근한 행동 모델을 보여준다.

- 자아존중감 증진

항상 유아가 수용되고 가치로운 존재로 느낄 수 있도록 하고 서로 다름을 이해하고 다양성을 인정하도록 돕는다. 독립적이고 자기 주도적인 유아로 성장하도록 도우면서 모든 유아가 성공감을 갖도록 지원한다. 교사는 존중하는 태도로 유아를 대함으로써 행동의 모델이 된다.

- 긍정적 상호작용 제공

유아의 말을 주의 깊게 경청하고 존중하는 태도로 반응하고 유아들이 매일 대화에 참여하게 한다. 또한 갈등을 피해서 말하는 것을 배우도록 돕는다. 유아의 느낌이나 행동을 소집단 역할놀이를 통해서 표현하도록 한다. 어떤 상황에서든 존중하는 태도로 말한다.

- 언어적 감정표현 촉진
  또래관계에서 일어나는 갈등을 말로 표현하도록 돕는다. 비난하거나 조롱하지 않고 유아의 말을 수용하고 갈등상황에서 유아가 자신의 감정을 말로 표현하도록 돕는다. 또한 서로의 감정을 상하지 않고 갈등을 해결할 수 있는 방법을 찾게 한다. 때로는 동화 속 등장인물이나 인형을 통하여 감정을 처리하는 방법을 보여주어 타인을 존중하는 행동의 모델을 제공한다.
- 가족의 참여 촉진
  지속적이고 양방적인 상호작용을 통하여 친사회적 행동지도에 참여하고 유아의 친사회적 행동을 가족들이 함께 관찰하도록 한다. 또한 가정에서 읽을 수 있도록 친사회적 행동의 주제가 담긴 동화책을 대여해 주고 친사회적인 행동지도에 관한 부모 모임이나 교육을 실행한다. 교사는 유아가 속해 있는 문화나 삶의 양식, 가족의 언어 등에서 오는 차이를 인정함으로써 타인 존중의 모델이 된다.

3) 친사회적 행동 지도활동

친사회적 행동을 증진시키기 위해서 교사는 효율적인 환경을 마련하고, 매일의 생활 속에서 도와주고, 나누어 쓰고, 협동하고, 참아주고, 배려하는 행동을 지도해야 한다. 이러한 일상적인 지도와 함께 다양한 교육활동을 통해서 유아들의 친사회적 행동에 대한 이해와 실천을 촉진시킬 수 있다.

활동 무지개 물고기

활동유형 : 동화

준 비 물 : '무지개 물고기' 동화책 (마르쿠스 피스터 지음, 시공주니어 펴냄)

동화내용

저 멀리, 깊고 푸른 바다에 물고기 한 마리가 살고 있었어요. 그 물고기는 반짝반짝 무지개 비늘이 박혀있는 가장 아름다운 물고기였기 때문에 무지개 물고기라고 불렀어요. 무지개 물고기는 잘난 척을 했어요. 친구들은 아무도 무지개 물고기랑 놀려고 하지 않았어요. 무지개 물고기는 문어할머니에게 고민을 털어놓았어요."나는 정말로 예쁘잖아요. 그런데 왜 아무도 나를 좋아하지 않는걸까요?"문어 할머니가 대답했어요. "가장 아끼는 무지개 비늘을 하나씩 나누어 주어라."무지개 물고기는 다른 물고기들에게 비늘을 하나씩 나누어주었어요. 무지개 물고기는 점점 더 행복해졌으며 모두 무지개 물고기를 좋아하게 되어서 사이좋게 지내게 되었어요.

활동순서

① 유아들에게 동화를 읽어준다.

② 무지개 물고기 동화를 읽어준 후, 동화의 내용을 이해하기 위해서 동화에 나온 무지개 물고기는 왜 잘난 척을 했는지, 다른 물고기들은 왜 무지개 물고기와 놀지 않았는지, 문어 할머니는 무지개 물고기에게 어떻게 하라고 했는지 등에 대해서 이야기를 나눈다.

③ 유아들의 경험과 동화를 연결하기 위해서 유아들이 친구들에게 잘난척한 적이 있는지, 잘난척하는 친구를 본 적이 있는지, 그때 기분은 어땠는지 등에 대해서 이야기한다.

④ 무지개 물고기, 무지개 물고기 친구들, 문어 할머니 등에게 편지를 쓰거나 후속 이야기 만들기 등의 창안하기 활동을 할 수 있다.

8 사회성 문제 지도

1 공격성

일반적으로 공격성은 친구에게 욕을 하고, 약을 올리고, 때리고 괴롭히는 행동, 또는 장난감이나 물건을 부수고, 던지고, 파괴하는 등의 행동을 의미한다. 즉, 공격성은 다른 사람 또는 동물에게 상처를 입히거나 소유물을 손상시키거나 파괴하는 모든 부정적인 행동으로 정의한다(최국남, 박순이, 1999).

유아들은 자신의 욕구가 좌절되거나 분노를 느끼는 경우 적절한 해소 방법을 알지 못해서 종종 공격적인 행동으로 표출한다. 이러한 유아들의 공격성은 대부분 장난감이나 놀이영역 등 목적 성취를 위한 도구적인 공격성이 많다. 점차 나이가 들면서 타인에게 해를 끼치려는 의도를 가진 적대적인 공격성으로 변화되어 간다. 한편 유아들은 언어가 발달되어 있지 못해서 자신의 감정을 언어보다 신체로 표현하기 때문에 신체적인 공격성이 많이 나타난다. 유아들의 언어표현이 점차 능숙해지면서 신체적인 공격이 줄어들고 언어적 공격이 늘어난다. 즉, 유아들이 성장하면서 도구적인 공격에서 적대적인 공격으로, 신체적인 공격에서 언어적인 공격으로 공격성의 양상이 변화되어 간다고 볼 수 있다.

이러한 유아기의 공격성은 유아기에만 일시적으로 나타나는 현상이 아니다. 적절한 지도 시기를 놓친다면 유아기 공격성은 이후에도 지속되어 사회적인 문제를 야기시킬 수 있다. 따라서 공격적인 유아들에 대한 이해 및 원인 파악과 함께 적절한 지도를 통해서 유아들이 바르게 성장할 수 있도록 지도해야 한다.

1. 공격성 사례

최근에 교사들은 친구를 괴롭히고, 교구들을 던지거나 부수고, 교사에게조차 공격적인 유아들을 많이 목격할 것이다. 다음의 사례를 통해서 유아를 공격적으로 만드는 원인을 이해할 수 있고 지도방법을 생각해 볼 수 있다.

사례 공격적인 유아

배경

① 기관 : 사립 유치원
② 교사 : 경력 2년차 교사
③ 유아 : 만 4세 여아 채은

이야기 전개

① 사건배경

원래 만 4세이나 부모의 요구로 만 5세반에 들어온 채은이는 키도 작고 얼굴도 작다. 채은이는 그 나이에 맞지 않는 행동을 하였다. 예를 들어 채은이는 자기 물건을 유아들한테 보여주는 것을 제일 싫어하고, 유치원의 공동 물건을 함께 사용하지 않았다. 심지어는 마음에 들어 하는 유아들의 물건을 몰래 훔치는 경우도 있었다.

② 사건전개

채은이는 처음에는 적응을 못하다가 지금은 제일 힘이 있는 유아로 변했다. 채은이는 같은 조의 희진이를 뚱뚱하다는 이유로 무척 싫어하고 "돼지"라고 놀리며 가까이 못 오게 했다. 체육시간에는 어디서 구했는지 물약통에 물을 넣어 아이들에게 물총을 쏴서 유아들을 울렸다. 며칠 잠잠하다고 생각했던 채은이가 문제를 일으킨 사건이 발생했다. 채은이가 희진이가 자기 자리를 넘어왔다면서 소리를 지르며 밀고, 거기서 끝나지 않고 손톱으로 희진이 얼굴을 할퀴었다. 너무나도 짧은 순간에 일어난 일이라 교사도 어찌할 바를 몰랐다. 희진이는 주저앉아 울고 채은이는 씩씩거리며 희진이를 째려보고 있었다. 선생님께서는 희진이를 달래고 채은이에게 상황 설명을 듣고는 사과하라고 했지만 채은이는 들은 척도 하지 않고 자리에 가서 앉았다.

교사는 채은이에게 조심스럽게 다가가서 "채은아! 희진이는 네가 얼굴을 할퀴어서 많이 속상해 하고 있어. 만약 희진이가 채은이 얼굴을 할퀴면 채은이는 기분이 어떨까? 많이 아프겠지?" 하고 채은이가 희진이 입장이 되어 보도록 질문을 했다. 그러자 채은이는 " 안 아파요~ 기분 좋아요." 라고 말하는 것이었다. 채은이의 엉뚱하고 말도 안 되는 대답에 교사는 너무나 황당하여 다음의 말을 잇지 못한 채 그만 포기해 버리고 다음 수업에 들어갔다. 채은이를 어떻게 지도하는 것이 좋은 방법인지 모르겠다는 생각을 하며 아직도 말썽을 부리는 채은이를 생각하면 답답한 마음이다.

사례에 대해서 토론하기

① 문제의 원인 :

② 사람들의 입장 :

③ 문제해결 방법 :

2. 공격성 원인

유아들이 공격성을 나타내는 이유는 공격성이 학습되어 나타나는 경우, 바람직한 행동이나 기술을 학습하지 못해서 나타나는 경우, 정서적인 원인에 의한 것 등 다양하다. 그 외에 기질적 · 정신적 손상과 같이 선천적인 요인에 의해서도 공격성이 나타날 수 있다. 공격성의 원인을 구체적으로 살펴보면 다음과 같다.

- 관심을 끌기 위한 수단

  유아가 부모, 교사, 다른 유아의 관심을 끌기 위한 수단으로 공격적인 행동을 할 수 있다.

- 학습에 의한 행동모방

유아가 부모, 또는 TV나 매체 등의 공격적인 행동을 관찰하고 학습이 되어 공격적인 행동을 할 수 있다.

- 감정 해소 방법을 모르는 경우

유아가 자신의 분노나 좌절 등을 사회적으로 인정된 적절한 방법으로 해소하는 것을 몰라서 공격적인 행동이 나타날 수 있다.

- 사회적 기술 부족

또래에게 요청하거나 갈등을 해결하는 과정에서 적절한 사회적 기술을 알지 못해서 공격적인 행동이 나타날 수 있다.

- 기질적 · 정신적 손상

자폐, 과잉행동증, 반항성 장애 등 기질이나 정신적 손상, 정서적인 원인에 의해서 공격적인 행동이 수반될 수 있다.

유아들의 공격적인 행동은 간혹 반항성 장애(oppositional defiant disorder)와 혼동되는 경우가 있다. 반항성 장애인 경우에 자기주장이 강하고, 독선적이고 공격적인 경향을 보인다. 고의적으로 타인을 괴롭히고 자신의 실수나 잘못된 행동을 남의 탓으로 돌린다. 타인에 의해 기분이 쉽게 상하고 신경질을 낸다. 이러한 행동으로 인해서 또래와의 관계에서 갈등이 생기고 원만한 친구관계를 형성하기 어렵다. 성인들과의 관계에서도 성인의 권위에 순종하지 않고, 언쟁을 하여 관계가 나빠진다(국립특수교육원, 2009; 이은진, 2005). 그러나 정상적인 유아들도 18~24개월 사이에 자기주장이 강하고 작은 일에도 화를 내는 등 반항적인 행동이 나타날 수 있다. 이러한 일시적인 반항적 행동들은 유아나 청소년에 흔하게 나타나기 때문에 신중하게 진단해야 한다. 다음의 반항성 장애 진단검사를 활용할 수 있다.

반항성 장애 진단검사

문항	내 용	그렇다	아니다
1	주변 사람과 말다툼이 잦다.		
2	허풍을 떤다.		
3	남에게 못된 짓을 하거나 괴롭힌다.		
4	관심을 끌려고 한다.		
5	자기 물건을 부순다.		
6	다른 사람의 물건을 부순다.		
7	어른 말을 안 듣는다.		
8	선생님 말을 안 듣는다.		
9	샘이 많다.		
10	자주 싸운다.		
11	남을 때린다.		
12	소리를 지른다.		
13	남을 웃기려고 이상한 짓을 한다.		
14	고집이 세고 성질을 잘 부린다.		
15	기분이 쉽게 변한다.		
16	수다스럽다.		
17	다른 사람을 놀린다.		
18	성질이 급하고 일이 안 되면 난리를 친다.		
19	남을 위협한다.		
20	소란스럽다.		
* 반항성장애(품행장애) 진단: 20문제 중 10문제에서 '그렇다' 고 했으면 전문가의 진단 필요			

출처: 순천향아동임상센터(2013). 반항성장애진단검사. http://www.helpchild.net/about_difficulty03.php

3. 공격성 지도

교사가 유아의 공격적인 행동을 지도하기 위해서는 지도내용에 기초하여 지도방법을 계획하여 체계적으로 지도하는 것이 효과적이다. 유아 공격성의 지도내용, 지도방법과 지도활동을 제시하면 다음과 같다.

1) 공격성 지도내용

일반적으로 유아들의 공격성을 지도하기 위해서는 유아가 공격적인 행동의 문제점을 인식하고, 사람이나 사물에 대한 부정적 행동을 적절하게 해소하는 방법을 알게 하는 것이 필요하다. 유아에게 필요한 공격성에 대한 지도내용은 다음과 같다.

- 공격적인 행동의 위험성 인식하기
- 다른 사람 또는 동물에게 상처를 입히지 않기
- 물건을 파괴하는 부정적인 행동하지 않기
- 적절한 방법으로 감정 해소하기
- 긍정적인 방법으로 갈등 해결하기
- 적절한 방법으로 감정과 의사 표현하기

2) 공격성 지도방법

유아교육기관에서 유아들을 담당하는 교사들은 공격적인 유아들을 지도하는 데 많은 에너지를 소모하며 어려움을 호소하고 있다. 유아의 공격성을 적절히 지도하기 위해서 교사는 관찰 결과를 기초로 유아 공격성의 특성 및 원인을 파악해야 하고, 분석 결과를 기초로 구체적인 지도방법을 모색해야 한다. 유아교육기관에서 유아의 공격성 지도를 위한 관찰 및 지도원칙은 다음과 같다.

(1) 공격성 관찰

유아의 공격적인 행동을 적절히 지도하기 위해서는 유아의 공격적인 행동의 대상은 누구인지, 공격 유형은 언어적인지 · 신체적인지, 주로 언제 · 어떤 장소에서 일어나는지, 원인은 무엇인지 등 유아의 행동을 꾸준히 관찰하는 것이 필요하다. 유아의 공격성을 관찰하기 위한 공격행동 빈도 관찰지 및 공격행동 관찰지는 다음과 같다.

유아의 공격행동 빈도 관찰지

관찰유아 : 관 찰 자 :						
구 분	문 항	빈도수				
		1회	2회	3회	4회	5회
대물 공격	1. 색종이, 도화지, 책 등을 찢는다.					
	2. 교구를 던진다.					
	3. 교재, 교구를 부러뜨린다.					
	4. 문, 의자, 책상, 피아노 등을 손 또는 물건으로 세게 두드린다.					
	5. 교구장, 책상, 소꿉세트 등의 위에 올라간다.					
	6. 문, 의자, 책상, 교구 등을 발로 찬다.					
대인 공격	7. (손, 혹은 물건으로)친구를 때린다.					
	8. 친구가 갖고 노는 교구를 빼앗는다.					
	9. 친구와 싸움을 한다.					
	10. 친구를 때리는 흉내를 내거나 신체를 위협하는 흉내를 낸다.					
	11. 친구의 머리, 팔, 옷, 바지 등을 잡아당기거나 툭툭 친다.					
	12. 화가 나서 친구에게 침을 뱉는다.					
	13. 줄을 설 때, 늦게 와서도 앞에 서려고 친구의 자리를 빼앗는다.					

구 분	문 항	빈도수				
		1회	2회	3회	4회	5회
대인 공격	14. 친구에게 물건을 던진다.					
	15. 친구를 발로 찬다.					
	16. 친구를 민다.					
	17. 친구의 얼굴을 꼬집거나 할퀸다.					
	18. 친구에게 욕을 한다.					
	19. 화가 나서 큰 소리를 지른다.					
	20. 친구를 놀린다.					
	21. 친구를 말로 위협하거나 두려움을 준다.					
	22. 친구와 말다툼을 한다.					
	23. 고자질을 한다.					
	24. 친구를 따돌리는 말을 한다.					

출처 : 박정애(2000). 만 4세 유아의 공격행동에 대한 연구. 건국대학교 교육대학원 석사학위논문.

유아의 공격 행동 관찰지

구분	관찰내용			
	1 회	2 회	3 회	4 회
공격자				
피해자				
공격 장소				

구분	관찰내용			
	1 회	2 회	3 회	4 회
공격 시간				
공격 원인				

(2) 공격성 지도원칙

유아의 공격적인 행동은 발생한 후에 지도하는 것보다 사전에 예방하는 것이 효과적이다. 공격적인 행동을 보이는 유아는 강압적인 지도 방법보다는 근본적인 원인에 기초한 긍정적인 방법을 통한 지도가 필요하다.

- 묵인하지 않기
  공격적인 행동이 발생된 경우에는 어떤 상황에서도 공격적인 행동은 용납될 수 없다는 것을 유아들에게 인식시키는 것이 중요하다.
- 감정 다스리기
  유아가 흥분한 상태에서는 자신의 감정을 다스릴 수 있도록 교사는 기다려 준다.
- 관심과 칭찬 제공
  관심을 끌기 위한 수단으로 공격성을 보이는 유아에게는 바람직한 행동을 했을 때 더 많은 관심과 칭찬을 제공하고 교사가 원하는 행동이 어떤 행동인지를 알려준다. 유아의 공격적인 행동은 어떠한 보상도 받지 못하게 한다.
- 부정적인 모델 제거
  모방 행동으로 공격적인 행동을 하는 경우에는 공격 행동의 모델을 제거해 주어야 한다. TV나 매체 등을 통해 공격성을 학습하지 않도록 하고, 성인의 모델에 의한 경우에는 부모 상담 등을 통해서 유아가 공격적인 행동을 학습하거나 모방하지 않게 협조를 요청한다.

- 감정 해소방법 제공

  자신의 감정을 적절히 해소하는 방법을 몰라서 공격성이 생기는 유아들은 사회적으로 인정된 해소 방법을 알려준다. 사회적 기술이 부족해서 나타나는 공격성은 상호작용 및 의사표현 방법을 알려준다. 예를 들어 분노의 감정을 해소할 수 있는 찰흙, 펀치백 등을 제공하여 자신의 감정을 적절히 표현할 수 있도록 한다.

- 전문가 상담 및 치료

  기질적인 또는 정신적 손상에 의해서 나타나는 공격성은 전문가에게서 상담과 치료 등의 도움을 받는다.

3) 공격성 지도활동

공격성을 지도할 때 어떤 행동이 공격적인 행동인지, 공격적 행동은 왜 바람직하지 못한 행동인지를 인식시켜 주는 것이 필요하고, 누구나 인정할 수 있는 방법으로 감정을 표출하는 것을 알려주어야 한다. 이야기 나누기, 토의, 동화 등의 활동을 통해서 공격성에 대한 것을 인식하도록 교육할 수 있고, 점토놀이, 종이 찢기, 목공놀이 등의 활동을 통해서 감정 해소를 도와줄 수 있다.

활동 밀가루 점토놀이

활동유형 : 조형

준 비 물 : 밀가루 점토

활동순서

① 교사는 밀가루, 식용색소, 소금, 식용유를 넣어서 색깔 밀가루 점토를 만든다.
② 밀가루 점토를 두드리고, 칠 수 있는 활동이 효과적이기 때문에 유아들이 큰 소리가 나게 밀가루 점토를 이용하여 두드려 보게 한다.
③ 유아들이 만들기 원하는 것을 만들어보게 한다. 또는 점토로 중국집, 떡집 등의 놀이를 할 수 있다.
④ 유아들이 만든 작품을 소개하고 만들 때 기분을 이야기하게 한다.

2 고립

유아들은 또래와 많은 시간을 함께한다. 유아들은 또래와의 관계에서 동등하고 자유로운 교류와 공감대를 형성할 수 있다. 유아기는 놀이를 통해 또래와의 접촉이 많은 시기로 서로 행동의 모델이 되고, 사고와 감성의 준거가 될 뿐 아니라, 애정의 대상인 동시에 적대적인 대상이 되기도 한다(김진영, 1997). 또래 관계는 어른과 유아 사이에서는 경험할 수 없는 또래 간의 협상과 타협 기술을 연습할 수 있는 기회를 제공하기 때문에 유아의 사회성 발달에 중요하고, 여러 가지 가치를 제공한다(Kemple, 1991).

일반적으로 자기중심성이 강한 만 3세 이하의 유아들은 또래들과 어울려 노는 것에 어려움을 가질 수 있다. 친구들과 잘 어울려서 놀지 못하던 어린 유아들도 만 4~5세가 되면서 또래와 같이 노는 방법을 알게 되고 함께 어울려서 놀기를 원한다. 그러나 유아들은 각기 다른 기질과 성향을 가지고 있기 때문에 또래와의 관계를 형성하고 어울려 노는 모습도 각기 다를 수 있다. 유아들 중에는 만 4세가 되어서도 여전히 또래와 관계를 형성하지 않거나 또는 다른 유아들로부터 배척당하는 등 친구들로부터 고립되는 경우가 있다.

고립 유아는 적절한 또래 관계를 가지지 못하므로 집단생활 전반을 통해서 외로움과 소외감을 경험하고 낮은 자아 존중감을 갖게 된다(정계숙 · 주지영, 2005). 유아기에 다른 사람과 관계를 형성하는 것은 그 이후의 관계 형성 및 사회성에도 지속적인 영향을 미칠 수 있기 때문에 유아기의 성공적인 또래와의 경험은 중요하다. 따라서 교사와 부모는 유아의 개인적인 성격을 고려하되, 고립되거나 소외되는 유아들에게 관심을 가지고 또래와 긍정적인 관계를 형성하도록 지도해야 한다.

1. 고립 사례

고립되거나 따돌림을 당하는 것은 초등학생들의 문제만은 아니다. 유아들 간에도 친구들로부터 배척되거나 거부되는 현상이 나타나고 있다. 다음의 사례에서 유아의 고립을 볼 수 있으며 교사로서의 역할의 중요성을 인식할 수 있다.

사례 따돌림 당하는 유아

배경

① 기관 : 병설 유치원
② 교사 : 경력 12년차 교사
③ 유아 : 만 5세 남아 민호

이야기 전개

① 사건배경

만 3, 4, 5세 혼합 연령반에 다니는 민호는 다른 유아들이 "강오줌"이라는 별명을 지어 주었다. 이 유아의 부모님은 이혼을 하여 할머니, 할아버지께서 민호를 돌봐주신다. 아빠는 바쁘셔서 별로 신경을 쓰지 못한다.

② 사건전개

국제공예 비엔날레에 견학을 갔다. 문제는 견학을 가기 위해 줄을 설 때부터 시작되었다. 교사는 "형님들이 동생들을 돌봐야 하니까 어린 동생들이랑 짝지어 서보자."하였다. 줄을 서는 과정에서 대부분의 아이들은 서로 짝을 지어 줄서기에 바빴다. 하지만 민호는 누구와도 짝이 되지 못했다. 다른 아이들은 민호랑 짝이 되기를 싫어했다. 아이들은 "강오줌이랑 나 짝 안 해요."라며 서로 민호를 싫어했다. 하지만 민호는 이런 아이들에게 화를 낸다거나 짝이 되어 달라고 애를 쓰지도 않았다. 민호는 서 있다가 "선생님, 나는 누구랑 짝해요?" 하며 교사에게 물었다. 마침 화장실에서 민경이가 나오길래 "민경아, 민호 오빠랑 오늘 짝할래?" 했더니, "선생님 싫어요, 민호 오빠 냄새나는데…."하며 눈물을 글썽거리고 난리였다. 억지로 짝을 지어 주기도 몇 번을 실패하고 말았다. 이렇게 민호만 신경 쓰기에는 다른 아이들이 통제가 되지 않아 "민호 힘으로 짝을 찾아라." 하고 아이들을 데리고 차 앞까지 왔다. 하지만 그때까지 민호는 혼자였다. 민호는 교사에게 와서 "선생님! 나랑 짝해요."라고 하며 손을 잡고 차 앞으로 갔다. 그리고 견학 갔다 오는 내내 교사가 민호의 짝이 되어 주었다. 견학에 간 아이들의 수가 홀수여서 교사가 혼자 남은 유아와 짝이 되어야 하지만 그 짝이 민호였던 것이 마음이 아프다. 이같은 상황에서 교사가 유아 한 명 한 명의 요구를 다 들어 주기란 정말 힘들다. 하지만 매번 활동할 때마다 다른 유아들로부터 따돌림을 당하는 유아를 계속 보고만 있는 것도 교사의 역할을 다하지 못하는 것이라 생각된다. 어떻게 해야 이런 아이를 다른 유아들과 원만하게 지낼 수 있게 할지 고민이다.

사례에 대해서 토론하기

① 문제의 원인 :

② 사람들의 입장 :

③ 문제해결 방법 :

2. 고립 원인

대부분의 경우, 긍정적인 유아의 행동은 또래에게 수용되고, 반사회적인 행동은 또래에게 거부되기 때문에 협력적인 유아들은 또래들에게 더 잘 수용되고 공격적인 유아들은 배척을 받기 쉽다(Kemple, 1991). 즉, 인기 있는 유아는 친사회적인 행동을 많이 보이고, 유머와 재치가 있으며 협동적이나, 고립된 유아는 위축된 행동을 보일 뿐 아니라, 적대적이고 주의 산만한 행동 특성을 나타낸다(임근영, 2002). 이렇게 유아들의 또래 집단에서의 수용 또는 배척은 어린 시기의 사회성 발달에 있어서 중요하기 때문에 또래 유아들과 관계 형성을 원하지 않거나 관계를 형성하지 못하는 유아들의 원인을 파악해야 한다. 유아가 고립되는 원인을 살펴보면 다음과 같다.

- 유아의 기질이나 성격
  성격상 내성적이거나 혼자 노는 것을 좋아하여 친구를 사귀고 싶은 요구가 없는 경우 주로 혼자 놀 수 있다.
- 성인과의 지나친 밀착

유아가 주로 부모나 성인들과 관계를 형성하고 또래와의 관계 형성 경험이 없는 경우 또래와 잘 어울리지 못할 수 있다. 이는 모든 것을 이해해 주는 성인에 비해 또래간의 관계를 피곤하게 생각할 수 있기 때문이다.

- 또래와의 놀이 경험의 부족

  또래와 놀이 경험이 부족한 경우, 어떻게 접근하고 놀이에 참여하는지 등의 사회적인 기술이 부족하여 고립될 수 있다.

- 체구 및 외모

  체구나 외모가 매력적이지 않은 경우에 다른 유아들로부터 배척당할 수 있다.

- 사고 발달

  사고 발달이 다른 유아들보다 늦는 경우에 다른 유아들의 놀이에 참여하지 못할 수 있다.

3. 고립 지도

다른 유아로부터 고립되는 유아의 행동을 지도하기 위해서는 필요한 지도내용과 지도방법을 계획하여 체계적으로 지도하는 것이 효과적이다. 고립되는 유아를 위한 지도내용, 지도방법과 지도활동을 제시하면 다음과 같다.

1) 고립 지도내용

유아들이 또래 친구들로부터 고립되지 않기 위해서는 친구의 감정을 제대로 이해하고 적절하게 자신의 감정을 조절하면서 표현하는 능력이 필요하다. 구체적인 고립을 예방하기 위한 지도내용은 다음과 같다.

- 친구의 감정과 의도 바르게 이해하기
- 상황에 맞게 적절하게 반응하기

- 긍정적인 방법으로 문제해결하기
- 긍정적인 상호작용 방법 알기

혼자 노는 유아

2) 고립 지도방법

유아기 또래 간의 상호작용 및 관계 형성은 이후의 사회성 발달이나 대인관계 형성에도 영향을 줄 수 있기 때문에 혼자서 놀거나 친구들로부터 따돌림을 받지 않고 어울려 놀 수 있도록 지도를 해야 한다. 유아들은 자신과 함께 놀기에 좋은 친구인지 아닌지 파악하는데, 이러한 판단이 유아들의 또래 수용에 영향을 줄 수 있다 (Kemple, 1991).

교사는 일단 고립되는 유아들을 지속적으로 관찰하여 지도하는 것이 필요하다. 성인의 개입에 의한 지도는 일시적인 효과를 보일 수는 있으나 성인의 부재 시 유아가 고립되는 상황이 다시 발생할 수 있다. 따라서 유아들 스스로 친구들의 놀이에 참여하고 적절히 어울릴 수 있는 자질을 길러 주어야 한다. 고립 유아의 관찰 및 지도원칙은 다음과 같다.

(1) 고립 관찰

고립 유아가 좋아하는 놀이나 대상, 놀이 행동, 상호작용 유형 등 고립 유아의 특성을 다음의 관찰 척도와 관찰지를 활용하여 관찰한다. 관찰 결과를 분석하여 문제의 원인을 찾는다.

고립 유아의 특성

문 항	부족	보통	잘함
1. 유아가 대집단보다는 1~2명의 또래와 더 잘 어울린다.			
2. 친구의 의도나 감정을 잘못 이해한다.			
3. 친구의 질문이나 말을 무시한다.			
4. 친구의 제안을 거절할 때 이유에 대한 설명이나 적절한 제안을 하지 못한다.			
5. 친구와 의사소통 시 적절한 반응을 하지 못한다.			
6. 문제를 해결하기 위하여 계속 공격성을 사용한다.			
7. 다른 유아들이 놀이에 참여시키기 싫어한다.			
8. 다른 유아들이 수용하도록 할 수 있는 방법이 없다.			

출처: Kemple, K. M. (1991). Preschool children' s peer acceptance and social interaction. Young Children, 46(5), 47-54.

고립 유아의 놀이특성 관찰지

구분	관찰내용			
	1 회	2 회	3 회	4 회
좋아하는 놀이				
놀이 상대				
놀이 시 행동				
상호작용 방법				

(2) 고립 지도원칙

유아의 고립은 친구들로부터 배척되는 유아 개인의 문제가 아니라 고립을 주도하는 유아들의 문제일 수도 있다. 따라서 친구로부터 배척당하는 유아와 고립시키는 유아 모두에 대한 지도가 병행되어야 한다. 구체적인 지도원칙은 다음과 같다(정계숙 · 주지영, 2005).

- 친구와의 경험 제공
  성인보다는 또래들과 함께 할 수 있는 재미있는 놀이를 제공하여, 성인들과 놀거나 혼자 노는 것보다 친구들과 노는 것이 즐겁다는 것을 느끼고 인식하게 한다.
- 사회적 기술 형성
  친구에게 사과, 요청, 부탁하는 등 친구들과 놀 때, 필요한 사회적인 기술을 알려준다.
- 자신감 증진
  배척당하는 유아의 경우, 자신감을 가질 수 있게 도와주고 그 유아의 장점을 다른 유아들에게 부각시켜 준다. 또래들과 잘 어울려서 노는 경우에 칭찬과 격려를 제공한다.
- 공통점과 차이점에 대해 인식시키기
  체구나 인지 능력의 문제로 배척당하는 경우 교사는 유아들에게 친구들의 공통점 및 차이점 등에 대해 가르쳐 주어 서로 편견을 갖지 않을 수 있게 도와준다.
- 부모 상담
  외모가 단정하지 못해서 생기는 경우 등 부모의 도움이 필요한 경우에는 부모와 상담하고 도움을 받는다.

3) 고립 지도활동

학급에서 고립의 문제를 해결하기 위해서는 고립되는 유아와 고립시키는 유아들이 자연스럽게 어울릴 수 있는 게임, 율동 등의 활동을 제공한다. 친구를 고립시키는 것의 문제점을 인식시키기 위해서 유아들이 함께 토론하고, 자신의 생각을 표현할 수 있는 활동을 제공한다.

활동 도형 밟기 원 게임

활동유형 : 게임

준 비 물 : 다양한 도형 그림

활동순서

① 교사는 2–5명의 유아가 함께 올라갈 수 있는 크기로 빨간색, 노란색, 파란색 시트지로 동그라미, 세모, 네모 모양의 도형을 오려서 준비하여 교실이나 유희실 바닥에 붙인다.
② 유아들을 동그랗게 바닥에 앉힌다.
③ 교사는 원으로 게임을 할 것이라는 것과 게임 방법(음악에 맞추어서 손을 잡고 원으로 돌다가 교사가 도형이나, 색깔 이름을 부르면 해당하는 도형 위에 올라가서 친구를 서로 안아준다.)을 소개한다.
④ 게임 시 지켜야 할 규칙(친구를 밀지 않는다. 정해진 방향으로 돈다)을 소개한다.
⑤ 게임을 시행한다.
⑥ 재미있었던 점과 재미없었던 점이나 속상했던 점에 대해서 이야기하고 마무리한다.

3 거짓말

거짓말이란 진실이 아닌 것을 상대방에게 믿게 하려는 의도를 가지고 사실인 것처럼 꾸며서 하는 말을 의미한다(국립국어원, 2013). 유아는 만 4세가 되어야 거짓, 신념을 이해하기 시작하고 자신의 이익을 위해 거짓말을 할 수 있다(이예지 · 양성은, 2012). 그러나 유아들은 상상과 현실을 명확히 구별할 수 없기 때문에 상상에 의한 거짓말을 하는 경우가 많은데, 상상에 의한 거짓말은 의식적인 거짓말이라고 볼 수 없다. 이외에도 유아들은 관심을 끌기 위해서, 또는 벌을 받으리라는 두려움 때문에 종종 거짓말을 한다. 이러한 유아의 사소한 거짓말은 정상적인 발달 과정에서 나타나는 현상이다.

그러나 유아가 습관적으로 거짓말을 하는 것은 부적절감, 불확실성을 느끼거나 부모나 주변 사람들로부터 인정을 받고자 하기 때문이다(정용부 · 고영인 · 신경일, 2003). 즉, 유아들이 반복적이고 지속적으로 거짓말을 하는 것은 대부분 심리적인 원인에 의한 것으로 무엇인가 유아가 불안하거나 불편하기 때문에 나타나는 현상이고, 자신의 심리 상태의 간접적인 표현이라고 볼 수 있다. 따라서 유아의 거짓말 하는 행동이 반복될 경우에는 그 원인이 무엇인지를 파악하여 습관적인 거짓말로 발전되지 않도록 미리 적절한 지도를 해야 한다.

1. 거짓말 사례

유아들이 거짓말을 하는 경우, 교사는 유아의 상상력 때문인지, 의도적인 거짓말인지 구별하기 어렵다. 교사는 유아의 거짓말을 정확히 판단하기 위해서는 지속적이고 다양한 상황에서 유아의 행동을 이해해야 한다. 다음의 사례를 통해서 유아가 거짓말을 하는 이유를 이해할 수 있다.

사례 거짓말하는 유아

배경

① 기관 : 사립 어린이집
② 교사 : 경력 10년차 교사
③ 유아 : 만 5세 남아 덕화

이야기 전개

① 사건배경

만 5세인 덕화는 아빠와 할머니와 함께 산다. 연년생인 누나는 엄마와 함께 산다. 덕화는 3월에 입학한 것이 아니라 5월에 어린이집에 왔다. 처음에는 친구들과 어울려 놀지도 못하고 정서가 불안하고 집중도 못하고 먹지도 않았다. 한 달쯤 지나자 어린이집 생활에 익숙해지는 것처럼 보였다. 그런데 덕화는 거짓말을 하기 시작했고 처음에 덕화의 말을 믿었던 유아들도 덕화가 거짓말을 하고 있다는 것을 알게 되었다.

② 사건전개

교사는 유아들과 함께 주말에 한 일에 대해서 이야기 나누기를 하고 있었다. 여러 유아들이 손을 들어서 이야기를 하려고 했다. 갑자기 가만히 앉아 있던 덕화가 손을 들었다. 교사는 너무 기뻐서 "그래 덕화가 주말에 있었던 일을 이야기해 보겠니?"라고 말했다. 덕화는 "저는 요… 엄마랑 아빠랑 에버랜드에 놀러 갔다 왔어요."하고 말했다. 그러자 주변의 유아들이 "너 엄마가 어디 있니?" "너 또 거짓말하는 거지?"라고 하면서 면박을 주었다. 덕화는 "아니야, 아니야. 나도 엄마 있어."라고 말하면서 친구들을 때리려고 하였다. 교사가 유아들 사이에 개입해서 큰 싸움 없이 일은 마무리 되었지만 유아들은 덕화의 말을 믿지 않았다. 시간이 지날수록 덕화의 거짓말은 점점 더 심해져서 어린이집에서 없었던 일을 집에 가서 꾸며대기도 하였다. 하루는 덕화 혼자 놀다가 책상에 부딪혀서 넘어졌는데, 집에 가서 친구가 때렸다고 거짓말을 하였다. 할머니는 덕화의 말을 믿고는 어린이집으로 쫓아와서 아무런 잘못이 없는 유아를 마구 혼냈다. 야단을 맞은 유아는 어리둥절해 하며 눈물을 흘렸다. 교사는 이 유아가 그런 것이 아니라고 계속 말렸으나 소용이 없었다. 오히려 교사에게 "이 아이가 우리 덕화를 때렸는데 뭐했어?"라고 하면서 언성을 높였다. 할머니께서 너무 흥분이 된 상태여서 교사는 너무 막막한 상황이었다. 덕화와 개별적으로 대화를 해보지만, 별로 소용이 없다. 가정에서도 덕화의 행동에 대해서 전혀 믿지를 않으니, 어떻게 지도해야 할지 답답할 따름이다.

사례에 대해서 토론하기

① 문제의 원인 :

② 사람들의 입장 :

③ 문제해결 방법 :

2. 거짓말 원인

유아들이 거짓말을 하는 이유는 상상에 의해서, 재미삼아 다른 사람의 관심을 끌기 위해서, 꾸중을 회피하려고, 다른 사람을 돕기 위해서 등 다양하다. 유아들의 거짓말 원인을 구체적으로 살펴보면 다음과 같다.

- 상상에 의한 거짓말
  유아들은 현실과 상상을 명확히 구분하지 못하고, 또는 현실과 과거를 명확하게 구분하지 못해서 거짓말을 하게 된다. 이런 경우의 거짓말은 고의성이 없는 거짓말로 어린 유아들에게 많이 나타난다.
- 재미로 장난삼아 하는 거짓말
  유아가 거짓말을 하고 있다는 것을 알고 있으나 거짓말을 놀이로 생각하고 그 자체를 즐기기 위해서 하는 경우이다.
- 남의 이목을 끌기 위한 거짓말
  다른 사람의 관심이나 집중을 얻기 위해서 거짓말을 하는 경우이다. 부모나 교사로부터 관심을 받지 못한다고 생각하는 유아들에게서 나타난다.
- 자기를 방어하기 위한 거짓말
  꾸중이나 벌을 받는 것과 같은 두려움을 피하기 위한 것으로 일종의 방어기제에 의해서 거짓말을 하는 경우이다.
- 사람을 돕기 위한 거짓말
  친구나 자기와 가까운 사람을 위해서 이타적인 의도로 하는 거짓말로 악의적이지 않은 거짓말이다.

3. 거짓말 지도

유아가 거짓말하는 행동을 지도하기 위해서는 구체적인 지도내용과 지도방법을 계획하여 체계적으로 지도하는 것이 효과적이다. 유아의 거짓말을 지도하기 위한 내용, 지도방법과 지도활동을 제시하면 다음과 같다.

1) 거짓말 지도내용

유아들의 거짓말은 현실에 대한 이해 부족, 정서적인 불안감 등의 문제로 발생하는 것이므로 이러한 문제를 이해하고 해소할 수 있도록 지도해야 한다. 유아의 거짓말에 대한 지도내용은 다음과 같다.

- 현실과 상상 구분하기
- 정서적인 안정감 가지기
- 진실이 아닌 말 하지 않기
- 자신에 대한 긍정적 생각 가지기

2) 거짓말 지도방법

유아들이 거짓말을 하는 경우, 지나친 벌이나 꾸중은 수치심을 주거나 죄의식을 느끼게 하므로 바람직하지 않다. 평소에 부모나 교사가 유아의 의견을 일방적으로 무시하거나, 지나치게 기대를 걸거나, 실망감을 표현하거나, 너무 완벽한 것을 원하면 유아는 성인으로부터 인정받고 싶어서 자신의 모습을 그대로 보이지 않고 거짓말을 할 수 있다. 유아의 거짓말을 관찰하는 방법 및 구체적인 지도원칙, 지도를 위한 활동은 다음과 같다.

(1) 거짓말 관찰

유아의 거짓말하는 행동을 정확히 파악하기 위해서는 다음의 관찰지를 활용하여 유아가 거짓말하는 시기, 상황, 반응, 가정에서의 행동 등을 지속적으로 관찰해야 한다. 관찰 결과를 기초로 유아의 거짓말이 의식적인지 무의식적인지, 고의성이 있는지 없는지, 악의적인지 아닌지를 분석하고 적절히 지도한다.

거짓말 행동 관찰지

구분	관찰내용			
	1 회	2 회	3 회	4 회
거짓말하는 시기				
거짓말하는 상황				
거짓말 전의 행동 및 반응				
거짓말 후의 행동 및 반응				
가정에서의 행동				
총 평				

(2) 거짓말 지도원칙

교사나 부모가 유아의 거짓말하는 행동을 관찰하고 분석하여 거짓말하는 상황이나 그 때의 유아의 마음을 정확히 이해한다면 거짓말하는 버릇을 고칠 수 있다. 거짓말 지도를 위한 구체적인 지도원칙은 다음과 같다(이순례 외, 2001).

- 무시

  유아의 상상에 의한 거짓말, 재미 삼아 하는 거짓말, 관심을 끌기 위한 거짓말에 대하여는 못 들은 척하거나 상대하지 말고 무시하는 태도를 취하는 것이 바람직하다.
- 실수 수용

평소에 유아의 잘못이나 실수에 대해서 너그럽게 받아들여 준다. 유아가 솔직하게 잘못을 인정했을 때에는 칭찬을 하여 유아가 솔직하게 말할 수 있는 용기를 길러준다.

- 인식시키기

  의도적인 거짓말이 나쁘다는 것을 분명히 인식시켜 준다.

- 감정해소 방법 제공

  불쾌한 일이 있는 경우, 불쾌감을 건전한 방법으로 해소할 수 있게 해준다.

- 성인의 바른 모델제공

  교사나 부모가 거짓말을 하지 않고, 정직하고 바른 모습을 보여준다.

3) 거짓말 지도활동

유아들의 거짓말 하는 행동을 지도하기 위해서는 유아들이 흔히 재미삼아 하거나, 다른 사람의 관심을 끌기 위해서, 또는 꾸중을 회피하려고 하는 거짓말이 어떤 결과를 가져오는지를 이해하는 것이 필요하다. 이러한 이해를 돕기 위한 방법으로 관련 동화를 들려주거나, 동극과 같은 활동을 할 수 있다.

활동 금도끼 은도끼

활동유형 : 동극

준 비 물 : 도끼모양 그림

동화내용

해설 : 옛날 어느 숲속 마을에 착한 나무꾼과 마음 나쁜 나무꾼이 살고 있었습니다. 어느 날 착한 나무꾼은 산에 나무를 하러 갔습니다.

착한 나무꾼 : 뚝뚝 뚝딱, 영치기 영차.

해설 : 나무꾼은 열심히 나무를 했습니다. 그런데 나무꾼은 도끼질을 하다가 그만 도끼를 연못에 빠뜨리고 말았습니다.

착한 나무꾼 : 아이고! 도끼가 연못에 빠지고 말았네. 큰일 났네! 어떻게 하지?

해설 : 그때, 연못 속에서 산신령이 나타나서 나무꾼에게 물었습니다.

산신령 : 왜 그렇게 걱정을 하고 있느냐?

착한 나무꾼 : 제가 나무를 하다가 도끼를 연못에 빠뜨리고 말았습니다.

신령 : 그래? 잠시 기다리고 있어라.

해설 : 산신령이 연못 속으로 들어가더니 잠시 후 금도끼를 하나 들고 나왔습니다.

산신령 : 이 도끼가 네 도끼냐?

착한 나무꾼 : 아니옵니다. 제 도끼는 금도끼가 아니라 녹슨 쇠도끼입니다.

신령 : 그래? 잠시 기다리고 있어라.

해설 : 산신령이 연못 속으로 들어가더니 잠시 후 은도끼를 들고 나왔습니다.

산신령 : 이 도끼가 네 도끼냐?

착한 나무꾼 : 아니옵니다. 제 도끼는 은도끼가 아니라 녹슨 쇠도끼입니다.

신령 : 그래? 잠시 기다리고 있어라.

해설 : 산신령이 연못 속으로 들어가더니 잠시 후 쇠도끼를 들고 나왔습니다.

산신령 : 이 도끼가 네 도끼냐?

착한 나무꾼 : 네 맞습니다.

산신령 : 참으로 정직하도다. 내가 이 금도끼와 은도끼도 모두 너에게 주겠다.

착한 나무꾼 : 감사합니다.

해설 : 나무꾼은 나무를 많이 해서 집으로 돌아왔습니다. 한편, 이 소식을 들은 마음씨 나쁜 나무꾼은 숲속에 가서 연못에 자기 쇠도끼를 일부러 빠뜨렸습니다. 산신령이 연못 속으로 들어가더니 잠시 후 금도끼와 쇠도끼를 들고 나왔습니다.

산신령 : 이 도끼 중 네 도끼가 어느 것이냐?

나쁜 나무꾼 : 모두 제 도끼입니다.

산신령 : 아니 어찌하여 거짓말을 하느냐? 내가 너에게 벌을 내리겠다.
나쁜 나무꾼 : 아휴! 잘못했습니다. 한 번만 용서해 주십시오. 예?
산신령 : 그렇다면, 내가 이번 한 번만 너를 용서해 주겠다. 다음에 또 거짓말을 한다면 너는 반드시 벌을 받을 것이다.
해설 : 마음씨가 나쁜 나무꾼은 산신령에게 큰 꾸중을 듣고 집으로 돌아갔습니다.

활동순서

① 유아들에게 '금도끼 은도끼' 전래동화를 들려준다.
② 동화를 듣고 난 후, 누가 나왔는지, 각 인물들이 어떤 말을 했는지 이야기를 나누면서 동화 내용과 배역들의 대사를 상기시켜 준다.
③ 배역을 정한다.
④ 어떻게 배경을 꾸미는 것이 좋은지 이야기를 나누고, 유아들과 함께 무대를 꾸민다.
⑤ 동극을 실행한다. 동극 시작할 때 각 배역을 맡은 유아가 자기를 소개하도록 한다. 교사가 내레이터를 맡아서 동극을 진행한다.
⑥ 동극이 끝나면 어떤 점이 재미있었는지, 어떤 점을 수정하면 좋을지 평가한다.

9 정서 문제 지도

1 격리불안

유아들은 영아기에 양육자와 지속적인 사랑의 감정인 애착을 형성한다. 양육자와 애착을 형성한 영아는 애착 대상자가 없어지면 심한 격리불안(separation anxiety)을 나타낸다. 즉, 유아의 격리불안은 양육자와의 애착 행동에 의한 것으로 양육자와의 지속적인 유대감의 부족은 유아를 불안정하게 한다.

유아들의 격리불안은 대개 6~8개월경에 나타나기 시작하여 10~12개월에 가장 심하다(한미옥, 2004). 만 2세 이상이 되면서 애착 대상자가 주변의 여러 사람으로 증가하고 격리불안도 점차 감소하지만, 낯선 상황에서는 한동안 불안감을 가질 수 있다. 따라서 낯선 유아교육기관에 처음 오는 유아들은 일반적으로 약 3~4주 정도의 적응하는 기간이 필요하다. 유아들 간에는 개인차가 크기 때문에 새로운 환경에 쉽게 적응하는 유아가 있는가 하면 격리불안으로 엄마와 떨어지지 않으려고 하고, 계속해서 적응의 어려움을 보이는 유아들도 있을 수 있다. 연령별 격리불안의 발달은 〈그림 2〉와 같다(Barbara, 2001).

5~6세	격리를 예측하고 이해하는 능력이 증진되며, 부모의 감정에 대해 이해하고, 또래들과 자기 비교 및 지지를 얻고자 한다.
3~4세	보다 독립적이 되지만, 다른 영역에서의 스트레스가 식욕감소, 대소변보기, 잠자기, 짜증내기 등과 같은 격리불안 행동을 유도하기도 한다. 전이시간을 일과활동 중 가장 힘들어 한다.
1~2세	격리불안이 감소되며 조금 독립적인 성향이 보이며, 탐색하기 및 복귀 시 성인을 안전기지로 사용하며 낯선이에 대한 불안감이 감소된다.
8~12개월	엄마 부재 시에 엄마를 기억하면서 격리불안감을 보인다.
5~9개월	가족과 타인을 구별하면서 낯선 사람에 대한 불안감을 보인다.
8주~6개월	영아의 욕구를 충족시켜 준 친숙한 얼굴, 목소리, 냄새를 기억한다. 애착행위를 한다.
6~8주	주변의 모든 사람에게 반응한다.

〈그림 2〉 격리불안과 적응 발달

격리불안은 여러 가지 요인의 영향을 받는다. 유아의 기질이 환경에 대한 유아의 적응에 영향을 미칠 수 있으며, 또한 부모와의 관계 및 양육 방법도 유아의 격리불안에 영향을 줄 수 있다. 만약 유아의 격리불안이 지속되어 유아교육기관에서의 생활에 어려움이 발생하는 경우 그 원인을 파악하고 지도해야 한다.

1. 격리불안의 사례

교사들은 학기 초 격리불안을 나타내는 유아들을 많이 경험할 것이다. 낯선 장소에서 모르는 사람들과의 생활을 위해서는 적응 과정이 필요하다. 대부분의 유아들은 어느 정도의 적응기간을 거치면 안정되어 가지만, 일부 유아들은 다음 사례에서처럼 문제가 지속되기도 한다.

사례 격리불안 유아

배경

① 기관 : 사립 어린이집
② 교사 : 경력 2년차
③ 유아 : 만 5세 남아 찬우

이야기 전개

① 사건배경

찬우의 어머님은 아빠가 안 계신 가운데, 직장생활을 하며 찬우와 찬우 누나를 키우고 있다. 찬우 집에 어린이집 차가 가면 누나가 찬우를 데리러 나온다. 찬우는 신경질적인 성격을 보인다. 찬우가 다른 유아와 협력해서 노는 것을 보기 어렵다. 그리고 흥미영역에서 놀이를 할 때에도 교구의 용도와 달리 놀이하는 경우를 많이 볼 수 있다. 쌓기놀이를 할 때 찬우는 적목을 흩으면서 혼자서 중얼거리며 논다. 또한 찬우는 자주 운다. 그때마다 교사는 엄마처럼 안아주기도 하고 달래기도 한다. 어느 때는 계속 울다가 지쳐서 잠이 들기도 하는데, 이런 때에 교사는 이불을 가져다가 찬우를 교실 한쪽에 따로 재운다. 찬우가 어린이집에 다닌 지 3개월이 지났다.

② 사건전개

어린이집에서 동요제 행사를 하게 되었다. 어린이집의 모든 유아들이 한 곡씩 노래를 부르고, 학부모를 초대하기로 하였다. 찬우 어머님도 바쁜 시간을 내서 어린이집으로 오셨다. 그런데 찬우가 어머님과 떨어지지 않으려고 하였다. 유아들은 줄을 맞춰 앞에 앉고 부모님들은 뒤편에 준비된 의자에 앉았는데, 찬우는 엄마만 계속 찾고 자기 순서가 되어도 노래를 부르지 않았다. 행사가 끝나고 학부모들이 모두 돌아갔다. 찬우 어머님도 직장으로 돌아가려 하자 찬우는 엄마와 떨어지지 않으려고 떼를 썼고, 막 울기 시작했다. 다른 아이들은 모두 부모와 잘 떨어졌고 다음 활동에 잘 참여했다. 떨어지지 않으려는 찬우를 보면서 엄마도 눈물을 훔치시며 거의 억지로 찬우를 떼어놓고 직장으로 가셨고, 찬우는 어린이집이 떠나가도록 울어댔다. 찬우는 엄마와 상호작용할 시간이 많이 부족해 보였다. 어린이집에서 집에 돌아가면 거의 누나와 같이 시간을 보낸다. 만 5세 정도가 되면 대부분은 격리불안에서 벗어나는데, 찬우처럼 여전히 그런 증상을 보이는 유아들을 보면 교사로서 사랑을 주려고 노력은 하지만 한계를 느끼게 된다.

사례에 대해서 토론하기

① 문제의 원인 :

② 사람들의 입장 :

③ 문제해결 방법 :

2. 격리불안 원인

격리불안의 원인은 유아의 기질에 의해서 나타날 수 있고 부모의 양육방법, 과거 경험이나 부부 불화 등의 환경적인 요인에 의해서 나타난다. 또는 유아가 일시적으로 떼를 쓰기 위해서도 사용한다. 이외에 이별불안 장애에 의해서 격리불안이 나타나기도 한다. 보다 구체적으로 원인을 살펴보면 다음과 같다.

- 부모의 과거 애착유형

  불안정 애착유형을 가진 어머니들의 자녀는 안정된 애착유형을 가진 어머니의 자녀들보다 더 부정적으로 행동하는 경향이 있다(이경혜, 2010, 재인용).

- 지나친 애정과 과잉보호

  부모의 지나친 애정과 과잉보호를 받은 유아는 유아교육기관에서 선생님이 자신을 다른 유아들과 똑같이 대하는 현실을 이해하지 못하고 유아교육기관에 가기를 꺼려하여 격리 불안을 나타낼 수 있다.

- 과거 경험

부모의 입원, 별거 등 부모와 떨어질 수밖에 없었던 부정적인 경험이 있는 유아들은 그때의 부정적인 경험 때문에 부모와 떨어지려 하지 않는다(한미옥, 2004).

- 가정 불화

부부의 사이가 좋지 않고 잘 싸우는 등 문제가 있는 가정의 유아들은 정서적인 불안으로 유아교육기관에 가지 않으려는 경우가 있다.

- 떼쓰기

떼를 써야만 자신의 주장이 받아들여지는 경험을 많이 한 유아는 자신의 욕구를 관철시키기 위해서 유아교육기관에 가지 않겠다고 떼를 쓸 수 있다.

- 분리불안장애

일반적인 격리불안과 달리 유아가 정상적인 생활을 할 수 없는 경우를 분리불안장애(separation anxiety disorder) 라고 한다. 분리불안장애의 유아는 대부분이 부적절한 양육 패턴과 불안정한 애착관계에서 성장한다. 유아의 기본적인 정서 욕구와 신체적 욕구가 지속적으로 무시당하거나 과잉보호되거나, 돌봐주는 사람이 반복적으로 바뀌는 등 불안정한 모자관계로 인해 안정된 애착관계를 형성하지 못하는 것이다(장인숙 · 최은영 · 공마리아, 2006, 재인용). 분리불안장애 유아들은 혼자 자려고 하지 않고, 집 떠나는 것, 캠프, 여행 등을 싫어하고, 유아교육기관에 가기 싫어한다.

〈표 20〉 분리불안장애 DSM-IV 진단 기준

A. 집 또는 애착 대상과의 분리에 대한 불안이 발달수준에 부적절하게 지나친 정도로 나타나며, 다음 중 3가지(또는 그 이상)가 나타난다.

1. 집 또는 주된 애착 대상과 분리되거나 분리가 예상될 때 반복적으로 심한 불안을 느낀다.
2. 주된 애착 대상을 잃거나 그에게 해로운 일이 일어날 거라고(다치거나 죽을까봐) 계속적으로 심하게 걱정한다.
3. 운 나쁜 사고가 생겨 주된 애착 대상과 분리될 거라는 비현실적이고 지속적인 걱정을 한다(예: 길을 잃거나 납치되는 것).
4. 분리에 대한 불안 때문에 학교나 그 외의 장소에 지속적으로 가기 싫어하거나 거부한다.

5. 혼자 있거나 주된 애착 대상 없이 지내는 데 대해 지속적이고 과도하게 두려움을 느끼거나 거부한다.
6. 주된 애착 대상이 가까이 있지 않은 상황이나 집을 떠나는 상황에서는 잠자기를 지속적으로 싫어하거나 거부한다.
7. 분리의 주제와 연관되는 반복적 악몽을 꾼다.
8. 주된 애착 대상과의 분리가 예상될 때 반복적인 신체 증상을 호소한다(예: 두통, 복통, 오심, 구토).

B. 장애 기간이 적어도 4주 이상 지속된다.
C. 18세 이전에 발병한다.
D. 사회, 학업(직업), 또는 다른 중요한 기능 영역에서 임상적으로 심각한 고통이나 장애를 일으킨다.
E. 광범위한 발달장애, 정신분열증, 다른 정신증적 장애 기간 중에만 증상이 나타나지 않아야 하고, 청소년과 성인에게는 광장공포증이 있는 공황장애가 나타나지 않아야 한다.

출처: American Psychiatry Association(1994). DSM-IV: Diagnostic statistical manual of mental disorder (4th ed.). Washington, D. C.: A. P. A.

3. 격리불안 지도

유아의 격리불안을 지도하기 위해서는 필요한 지도내용과 지도방법을 계획하여 체계적으로 지도하는 것이 효과적이다. 유아의 격리불안을 지도하기 위한 내용, 지도방법과 지도활동을 제시하면 다음과 같다.

1) 격리불안 지도내용

격리불안은 주로 유아의 정서적인 불안감으로 인해 나타나는 행동이므로 안정감을 가질 수 있도록 지도하고 동시에 상황에 적응하는 능력을 길러 주는 것이 필요하다. 격리불안과 관련된 지도내용은 다음과 같다.

- 정서적 안정감 가지기
- 자신의 감정을 적절하게 표현하기
- 적응능력 기르기

2) 격리불안 지도방법

기질적인 소심함으로 격리불안을 나타내는 유아는 생존 본능을 나타내는 것이므로 지나치게 걱정할 필요는 없다. 양육방법이나 환경적인 요인 때문에 나타나는 불안은 부모의 노력과 환경적인 개선으로 해소될 수 있다. 그러나 불안장애를 나타내는 유아들은 전문가의 상담과 치료가 병행되어야 한다. 유아에게서 격리불안의 원인을 보다 정확히 파악하기 위해서는 유아의 행동을 관찰하고, 분석한 것에 기초하여 지도해야 한다. 격리불안 관찰 및 구체적인 지도원칙은 다음과 같다.

(1) 격리불안 관찰

교사는 다음의 유아 격리불안 평정척도나 격리불안 행동 관찰지를 활용하여 유아의 격리불안 정도와 상황, 지속 시간, 반응 등을 지속적으로 관찰한다. 관찰 결과를 기초로 유아의 격리불안 상태를 파악하고 지도한다.

유아 격리불안 교사 평정척도

	문 항	전혀 그렇지 않다	거의 그렇지 않다	가끔 그럴때도 있다	대체로 그렇다	항상 그렇다
1	유아는 선생님으로부터 떨어지지 않으려 한다.					
2	유아는 울 때 큰 소리나 고함을 지르고 운다.					
3	유아는 울기 시작하면 잘 그치지 않고 오래 동안 운다.					
4	유아는 말로 하기 싫다고 거절을 잘 한다.					
5	유아는 선생님이 어디 가면 뒤를 졸졸 따라 다닌다.					
6	유아는 두려울 때 선생님 뒤에 숨는 행동을 잘 한다.					
7	유아는 선생님에게 주기적으로 왔다갔다 한다.					
8	유아는 친구들하고 놀다가도 선생님이 계신지 자주 본다.					
9	유아는 멀리 가지 않고 선생님의 주위에서 논다.					
10	유아는 선생님을 교실에 같이 들어가자고 끌어당긴다.					

	문 항	전혀 그렇지 않다	거의 그렇지 않다	가끔 그럴때도 있다	대체로 그렇다	항상 그렇다
11	유아는 유아교육기관 입구에 들어설 때 망설인다.					
12	유아는 선생님이 없는 낯선 곳은 잘 안 간다.					
13	유아는 교실 밖에 잘 나가지 않는다.					
14	유아는 선생님 손을 꼭 잡고 있으려 한다.					
15	유아는 선생님에게 잘 보이려고 신경을 쓴다.					
16	유아는 여러 사람이 있는 곳에 안 가려고 한다.					
17	유아는 선생님이 자신을 남겨두고 어디에 갈까 걱정한다.					
18	유아는 선생님이 자신을 미워하지 않을까 눈치를 본다.					
19	유아는 불편한 것이 있으면 선생님에게만 요구한다.					
20	유아는 모든 것을 선생님에게 지나치게 의존한다.					
21	유아는 유치원에서 다른 곳에 갈까봐 걱정을 한다.					
22	유아는 다른 유아를 피하고 경계한다.					
23	유아는 선생님이 안 오실까 걱정한다.					
24	유아는 설사를 자주 한다.					
* 연구에서 나타난 유아들의 평균은 62.5임						

출처: 안순조(2002). 유아의 격리불안과 공격성에 대한 유치원 교사의 지각연구. 동아대학교 대학원 석사학위논문.

격리불안 행동 관찰지

구분	관찰내용			
	1 회	2 회	3 회	4 회
격리불안 상황				
격리불안 지속시간				

구분	관찰내용			
	1 회	2 회	3 회	4 회
격리불안 시 행동 및 반응				
가정에서의 행동				
총 평				

(2) 격리불안 지도원칙

격리불안은 가정과 기관이 함께 노력하면 쉽게 극복할 수 있는 문제이다. 유아에게 적응 기간을 제공하고, 유아교육기관을 소개해 주는 등 적응에 필요한 도움을 제공한다. 부모의 불안은 유아를 더 불안하게 만들므로 부모가 기관을 신뢰할 수 있게 해야 한다.

- 점진적인 적응 기간 제공
  1-2주일 정도의 점진적인 적응 기간을 제공하여 처음에는 엄마와 같이 생활하고 점차 혼자 있는 시간을 늘려 나가서 익숙해질 수 있게 한다.
- 유아의 기질 이해
  부모와 떨어지는 것도 유아의 기질에 따라서 다를 수 있으므로 교사와 부모는 핀잔을 주기보다 유아의 특성으로 인정해 주어야 한다.
- 유아교육기관 소개
  익숙하지 않은 상황은 불안감을 야기시킬 수 있으므로 기관에 대한 자세한 설명과 엄마가 언제 돌아올 것인지 등을 이야기해 주어 유아의 마음을 편하게 해준다.

- 친구와의 경험 제공

  다른 유아와의 놀이경험은 유아에게 안정감을 주므로 평소에 다른 유아들과 즐겁게 놀이할 수 있는 기회를 많이 제공한다.

- 칭찬 제공

  칭찬을 받은 유아는 좀 더 자신 있게 새로운 환경에 익숙해질 수 있으므로 많은 칭찬을 제공한다.

- 부모 상담

  교사는 부모와 상담을 통하여 가정에서 불안 요소를 없앨 수 있도록 한다. 또한 부모의 단호함도 필요하므로 유아가 떼를 쓰기 시작한 경우, 부모는 유아 교육기관에 꼭 가야 한다는 것을 알려주고, 유아의 고집에 흔들리지 말도록 안내한다.

3) 격리불안 지도활동

교사는 유아가 편안하게 적응해 가도록 적응과정 동안 정서적으로 지원을 해주어야 한다. 이러한 지원과 함께 동화, 이야기 나누기 등 다양한 활동을 통해서 불안감은 다른 친구들도 느낀다는 것, 또 시간이 지나면 재미있게 친구들과 생활할 수 있다는 것을 인식하게 도와주어야 한다.

활동 유치원에 처음 가는 날

활동유형 : 동화

준 비 물 : '유치원에 처음 가는 날' 동화책(코린 드레퓌스 지음, 출판사 키다리)

동화내용

오늘은 유치원 가는 첫날이다. 엄마가 열 밤이 지나면 유치원에 간다고 그래서 그때는 빨리 유치원에 가고 싶었는데, 오늘은 유치원에 가기 싫다. 소나기 같은 눈물이 난다. 그런데 엄마도 눈물이 난다. 그러나 이제 매일 유치원에 간다. 숫자 세는 법도 배우고, 며칠이 지났는지 셀 수 있게 되었다. 벚꽃이 활짝 핀 나무 아래서 몇 시간씩 노래도 즐겁게 부른다. 친구들 모두 울기부터 하던 아가가 아니다. 소나기 같은 눈물을 흘리던 아가가 아니다. 이제는 유치원을 참 좋아하게 되었다.

활동순서

① 유아들에게 유치원에 처음 가는 날 동화를 들려준다.
② 동화를 들려준 후, 동화의 내용을 이해하기 위해서 동화에 나온 주인공 유아는 유치원 처음 가는 날 어떤 마음이었으며 왜 그랬을 것 같은지, 엄마는 어떤 마음이었는지 물어보고 이야기를 나눈다.
③ 유아들의 경험과 동화를 연결하기 위해서 유치원이나 어린이집에 처음 오는 날 기분이 어땠는지, 유치원이나 어린이집 생활 중 가장 좋은 것은 무엇인지 등에 대해서 물어보고 이야기 한다.
④ 동화책 속의 친구에게 편지쓰기 동화책 친구 엄마에게 편지쓰기 등 창안하기 활동을 한다.
⑤ 앞으로 유치원이나 어린이집에 올 동생에게 편지쓰기, 유치원이나 어린이집 안내 팸플릿을 만드는 등 확장 활동을 할 수 있다.

2 대물애착

유아들은 신체발달로 스스로 움직일 수 있고, 사회 · 정서적으로 독립심이 강해지면서 주변 환경을 탐색하려는 욕구가 강해진다. 한편 낯선 환경을 탐색하는 것은 유아들에게 불안을 유발시키기도 한다. 유아들이 무서움을 느끼는 상황에서 양육자는 안전과 위로를 제공하는 지원자로서 유아들이 두려움을 조절하고 극복해갈 수 있게 도와준다. 양육자의 도움으로 유아들은 안정감을 느끼고 되고, 더욱 자신감을 갖고 자유롭게 환경을 탐색할 수 있다.

그러나 이때 양육자의 지원과 사랑을 받지 못한 유아들은 자기 나름대로 조절 방법을 개발시켜 나간다. 즉, 양육자의 지원을 받지 못한 유아들은 환경을 탐색해 가는 과정에서 자신의 불안한 감정을 해소할 수 있는 특정 물건에 대한 애착 행동을 보일 수 있다. 애착을 보이는 물건은 주로 담요나 포대기 · 베개 · 기저귀 · 거즈손수건 등 주로 잠자리 용구로 끌고 다니거나 졸릴 때 항상 만지작거리고 찾는다. 대개 1~3년 사이의 유아에게서 가장 심한데, 유아에 따라서는 유치원 · 초등학교 입학 시까지도 이 애착물건을 휴대하는 경우도 있다(두산, 2013).

이처럼 대물애착의 정도나 지속 기간은 유아마다 달라서 잠시 보이다가 사라지는 유아가 있는가 하면, 여러 해 계속해서 대물애착을 보이는 유아가 있다. 그러나 이러한 대물애착은 정상적인 발달과정으로 보아야 한다. 유아가 물건에 애착을 느끼는 것은 심리적인 요인에 의한 것이므로 강제적으로 애착물건을 박탈하는 것은 유아의 정서적인 불안을 가중시키므로 유아 스스로 조절할 수 있도록 지도해야 한다.

1. 대물애착 사례

유아들이 집착을 보이는 물건의 종류는 다양하지만, 많은 유아들이 베개, 인형, 이불 같이 양육자를 대신하여 사랑을 채우고 포근하고 안정감을 느낄 수 있는 물건에 집착을 보인다. 다음 사례에서도 이와 같은 유아의 모습을 볼 수 있다.

사례 엄마 손수건에 대한 애착

배경

① 기관 : 사립 어린이집

② 교사 : 경력 1년차 교사

③ 유아 : 만 3세 여아 세이

이야기 전개

① 사건배경

세이는 할아버지, 할머니, 아빠와 함께 산다. 활발한 성격으로 놀이 시에는 주도적인 역할을 보이곤 했다. 말도 잘해서 이야기 나누기 시간이면 발표도 잘 하고 또래 친구들과 잘 어울려 놀았다. 그런데 항상 세이는 손에 손수건을 갖고 있었다.

② 사건전개

하루는 세이가 자유선택놀이 시간에 다른 유아와 싸우면서 그 유아의 팔을 아주 세게 물어 버렸다. 세이에게 다가가 왜 그러냐고 묻자 세이는 교사에게 큰 소리를 지르며 자기 손수건을 다른 친구가 빼앗아 갔다고 하였다. 교사는 세이를 데리고 "세이야 친구가 갖고 간 것이 아니라 세이 손수건이 너무 예뻐서 보고 싶었나봐. 다음부터는 친구가 손수건을 가져가려 하면 먼저 안돼! 이건 내 꺼야. 하고 말해주자."하며 부드럽게 말을 해주었다. 하지만 세이는 여전히 자신이 잘못했다는 생각을 하지 않는지 계속해서 신경질을 내며 손수건을 쥐고는 놓지를 않았다. 그리고 며칠 후에도 이런 상황이 또 일어났고 급기야는 유아들을 때리기 시작했다.

세이는 손수건이 눈에 보이지 않으면 몹시 안절부절하며 불안한 모습을 보였다. 몇 번을 타일러 보고 이야기해 보았지만 쉽게 고쳐지질 않았다. 세이가 왜 저렇게 손수건에 강한 집착을 보이는 걸까? 하고 세이에게 더 관심을 갖게 되었고, 상담을 하게 되었다. 세이네 집은 할아버지, 할머니, 아빠와 함께 살고 있었고, 엄마는 세이가 두 돌 반쯤에 이혼을 하셨다. 그 후 세이는 엄마의 손수건을 손에 쥐고 다녔다는 것이다. 처음에는 엄마가 보고 싶어서 그러나 하고 많이 염려하지 않았는데 날이 갈수록 더욱 심한 애착을 보였다고 한다. 강제로 빼앗아 보려고 했지만, 소용이 없었다고 했다.

사례에 대해서 토론하기

① 문제의 원인 :

② 사람들의 입장 :

③ 문제해결 방법 :

2. 대물애착 원인

대물애착을 보이는 유아들은 어려서 사용했던 물건들(베개, 이불, 우유병 등), 또는 특정 장난감에 지나친 집착을 보이며 불안으로 인하여 외부 자극에 대해서 예민하게 반응한다. 이 유아들은 집착 물건을 항상 가지고 다니려고 하고, 집착 물건이 없어지면 비정상적인 반응을 나타내는 등 학습 활동과 놀이에 방해를 받는다. 또한 주변 사람들에게 짜증을 잘 낸다.

대물애착은 양육자가 유아에게 안전과 안락함을 제공하고, 두려움을 조절하고 극복해 갈 수 있게 도와주지 못하는 등 장기적으로 유아의 공포, 불안, 분노의 감정을 해결해주지 못했을 때 생길 수 있다. 대물애착은 주로 모유 수유를 받지 못한 경우, 양육자와 신체적 접촉이 적을수록, 영아기에 어머니와 함께 있는 시간이 적을수록, 유아에 대한 양육자의 반응이 느릴수록, 어머니가 주 애착 대상이 아닌 경우에 더 많이 발생한다(서영숙, 1980). 취업모가 점차 늘어나면서 부모가 더욱 바빠지고 있고 그로 인해 유아에게 애정과 지원을 충분히 제공하지 못하는 상황에서 유아의 대물애착 행동은 더 증가될 수 있다.

3. 대물애착 지도

유아의 대물애착 행동을 지도하기 위해서는 지도내용과 지도방법을 계획하여 체계적으로 지도하는 것이 효과적이다. 유아의 대물애착 행동을 지도하기 위한 내용, 방법과 활동을 제시하면 다음과 같다.

1) 대물애착 지도내용

유아의 대물애착 행동은 많은 유아들이 경험하는 행동으로 애정 및 욕구가 충족되지 못한 감정을 대물을 통해서 해소하려는 것이므로 우선 애정과 관심 등을 제공하고, 친구들과의 긍정적인 상호작용의 경험을 제공하는 것이 필요하다. 대물애착과 관련된 지도내용을 정리하면 다음과 같다.

- 정서적인 안정감 가지기
- 친구와의 긍정적인 상호작용 경험 가지기
- 자신에 대한 자신감 가지기

2) 대물애착 지도방법

대물애착 현상은 기질적인 요인이 아닌 환경적인 요인에 의한 것으로 일차적으로 유아에게 필요한 사랑과 지원을 제공하는 등 양육환경을 개선해 주는 노력이 필요하다. 대개는 만 2~5세 사이에 다양한 자극을 접하고 여러 사람들과 인간관계를 맺게 되면 이런 버릇은 대부분 없어진다. 유아의 대물애착 행동의 관찰 및 지도원칙은 다음과 같다.

(1) 대물애착 관찰

유아가 대물애착을 나타내는 경우 다음의 관찰지를 활용하여 애착 물건, 상황, 애착물건 분실 시의 유아의 반응 등을 주기적으로 관찰한다. 또한 가정에서의 유아의 행동에 대한 정보를 수집하고 분석하여 가정과의 연계를 갖고 지도한다.

대물애착 행동 관찰지

구분	관찰내용			
	1 회	2 회	3 회	4 회
대물애착 물건				
대물애착 상황				

구분	관찰내용			
	1 회	2 회	3 회	4 회
애착 물건 분실시 행동 및 반응				
가정에서의 행동				
총 평				

(2) 대물애착 지도원칙

강압적으로 애착물건을 제거하는 것은 정서적으로 더 큰 불안감을 조성하여 다른 문제행동을 유발할 수 있다. 따라서 애착물건이 없이도 생활할 수 있다는 자신감을 심어 주어서 유아 스스로 애착물건을 제거하고 대물애착 습관에서 벗어나게 도와주어야 한다.

- 교체할 수 있는 물건 제공
  애착을 보이는 물건들은 더러워지고 낡기 쉬우므로 세탁 및 수선도 해주고, 똑같은 것을 구해서 주는 등 유아가 눈치를 채지 못하게 바꾸어 준다.
- 이해와 점진적인 지도
  억지로 애착물건을 없애지 말고, 물건에 대한 애착이 저절로 없어질 때까지 기다려준다. 애착물건을 갑자기 제거하기보다는 유아에게 그러한 물건이 없어도 혼자 행동할 수 있고 독립성을 유지할 수 있다는 자신감을 준다.
- 사랑 제공
  양육자와 교사는 유아가 사랑을 느끼고 안정감을 가질 수 있게 한다. 유아에게 관심을 가지고 충분한 스킨십을 해주는 등 사랑받고 있다는 것을 느끼게 한다.
- 안정감 제공

도움이 필요한 경우 도와주고, 유아의 욕구를 충족시켜 준다. 이때 안락한 환경을 만들어 주고 안심시킨다.

3) 대물애착 지도활동

교사는 누구나 좋아하는 물건은 있지만, 필요할 때에만 사용한다는 것을 유아들에게 알려주어야 한다. 관련 동화, 이야기 나누기 등 다양한 활동을 통해서 이러한 것을 인식하게 도와줄 수 있다.

활동 베개아기

활동유형 : 동화

준 비 물 : '베개아기' 동화책 (김현주 지음, 출판사 깊은책속옹달샘)

동화내용

현주리에게는 예쁘고 귀여운 베개아기가 있다. 현주리는 베개아기에게 동글동글한 눈과 사랑스러운 입을 그려 주었다. 이 베개아기는 현주리와 함께 그림책을 읽고, 같이 뛰어놀고, 함께 잠이 드는 제일 친한 친구다. 유치원에서는 캠프를 가게 되었다. 현주리는 베개아기를 큰 가방에 넣어서 데리고 갔지만 선생님은 캠핑 갈 때는 가져오는 것이 아니라고 하시며 오늘은 친구들과 같이 자라고 하셨다. 그런데 현주리가 베개아기가 걱정되어 보려고 갔다가 베개아기를 베고 주무시는 선생님을 보았다. 선생님도 어려서 초록이불을 좋아했다고 말씀하셨다.

활동순서

① 유아들에게 '베개아기' 동화를 들려준다.

① 동화를 들려준 후, 동화의 내용을 이해하기 위해서 현주리가 가장 사랑한 물건이 무엇인지, 현주리는 베개아기를 어떻게 했는지, 현주리의 선생님은 어렸을 때 무엇을 좋아했는지 물어보고 이야기를 나눈다.

② 유아들의 경험과 동화를 연결하기 위해서 유아들이 가장 좋아하는 물건은 무엇인지, 현주리처럼 행동한 적이 있는지, 왜 그렇게 행동했는지, 그때 엄마 아빠는 어떻게 했는지, 어떻게 행동하는 것이 좋은 것인지 등에 대해서 물어보고 이야기한다.

③ 현주리에게 편지 쓰기, 현주리의 선생님께 편지 쓰기와 같은 창안하기 활동을 한다.

④ 너무 낡아서 버려야 하는 내 물건 목록 만들기와 같은 확장 활동을 한다.

3 스트레스

스트레스는 사람들이 상황을 통제하고 극복하는 데 어려움이 있을 때 생기는 것으로 사람들은 스트레스를 흔히 긴장, 불안, 신경쇠약, 좌절, 압박, 걱정이라고 생각한다. 즉, 스트레스는 자기에게 부과된 요구 수준과 자신의 능력 간에 어떤 불균형 감각을 지각할 때 일어나는 생리 · 심리적 반응을 의미한다(장현갑 · 강성군, 1996). 스트레스를 받는 유아들은 피로, 위축, 배회, 부정적인 얼굴표정, 무반응, 반복적인 신체 움직임(흔들기, 비비기, 빨기 등), 자기 파괴 행동, 이탈, 한숨 쉬기, 말더듬기, 식사 문제, 수면 문제, 두통이나 통증 호소, 부정적인 행동, 짜증 등을 나타낼 수 있다. 그 외에도 유아의 스트레스 증상은 공격성, 퇴행 및 주의 끌기, 무관심이나 우울증 등으로 나타날 수 있다(염현경, 1998).

1. 스트레스 사례

최근 스트레스 증상은 연령과 상관없이 나타나고 있으며, 유아들에게서도 많은 스트레스가 발견되고 있다. 스트레스가 심해지면 신체적 증상이나 질환으로 나타나고, 신체발육이 정상적이지 못하고, 학습능력이 저하되는 현상이 나타날 수 있다. 다음의 사례를 통해서 유아의 스트레스 증상을 이해할 수 있다.

사례 감정 기복이 심한 유아

배경

① 기관 : 법인 어린이집
② 교사 : 경력 1년차 교사
③ 유아 : 만 4세 여아 지숙

이야기 전개

① 사건배경

지숙이의 부모는 이혼을 한 상태로 지숙이는 엄마, 4살 남동생, 외할아버지, 외할머니, 외삼촌, 외숙모, 사촌 2명 등 총 9식구가 함께 살고 있다. 엄마는 아침 9시에 나가서 새벽 2시에 들어오신다. 그래서 지숙이는 주로 할머니가 키워 주신다. 어린이집을 다닌 지 2년이 된다. 지숙이는 기분 변화의 폭이 크다. 지숙이는 기분이 좋으면 활발히 돌아다니며 논다. 기분이 좋다가도 갑자기 나빠지면 3~4시간 정도 구석에 앉아 멍하니 있는다. 기분이 나쁠 때는 무엇을 시켜도 어리둥절하고 처음 하는 것과 같은 반응을 보인다.

② 사건전개

하루는 점심시간에 지숙이의 기분이 나빠지는 것 같았다. 다른 친구들이 밥을 먹을 때도 먹지 않고 멍하니 앉아 있었다. 교사가 "지숙이 왜 밥 안 먹니?"하고 물어보면, 가만히 아무런 대답도 하지 않는다. 집에 갈 시간이 되어서 정리를 하자 지숙이는 배가 아프다고 하고 머리가 아프다고 한다. 집에 도착해서 내려 주려고 하면 차량 뒤에 숨어서 내리지 않으려고 한다. 교사가 "지숙이 집에 가기 싫으니?"하고 묻자 지숙이는 "네, 싫어요." 하고 대답을 했다. 교사는 "그럼 선생님이 데려간다."고 하자 지숙이는 "네, 저 선생님 집에 갈래요. 전 집보다 어린이집이 좋아요."하고 말한다.

교사는 지숙이를 달래서 집에 데려다 주고 왔다. 교사가 생각하기에 지숙이는 애정 부족이라는 생각이 들어서 사랑 표현을 많이 해주고 있는데, 조금 나아지기는 했으나 아직도 기분이 나쁘면 아무것도 하지 않고 책상에 멍하게 있는다. 교사로서 애정을 주는 것 이외에 더 이상 어떻게 해줄 수 없음이 안타깝다.

사례에 대해서 토론하기

① 문제의 원인 :

② 사람들의 입장 :

③ 문제해결 방법 :

2. 스트레스 원인

유아들의 스트레스가 증가하는 이유는 현대사회 가족구조의 변화, 부모의 양육 태도의 변화, 유아 개인 특성의 변화, 과잉 경쟁과 조기교육 등 여러 가지 원인 때문이다. Wiedey와 Lichtenstein(1987)은 유아기 스트레스 관련 요인을 유아의 발달에 부적합한 학문적 과제, 가까운 가족 구성원이나 친구의 죽음, 이사나 전학, 동생의 출생, 개인적인 상해나 질병, 부모의 별거나 이혼, 가족의 긴장의 7가지로 제시하였다. O' Brien(1984)은 오늘날 유아들이 스트레스를 받는 이유를 4가지로 들고 있다. 첫째, 부모들이 스트레스를 받기 때문에 유아도 연쇄적으로 스트레스를 받는다. 둘째, 부모를 만족시켜야 한다는 압박감이 유아들에게 스트레스를 받게 한다. 셋째, 유아교육기관에서나 특별활동에서 과다한 경쟁은 유아들에게 스트레스를 받게 한다. 넷째, 삶에 대한 불확실성과 두려움 때문에 유아들은 스트레스를 받는다고 하였다. Kuczen(1997)은 유아의 연령에 따른 스트레스 요인을 제시하였는데 구체적인 내용은 다음 〈표 21〉과 같다.

〈표 21〉 연령에 따른 스트레스 요인

연령	스트레스 요인
2세	규칙 지키기, 자기중심, 격리불안, 배변훈련, 잠자는 시간, 과로, 두려움 등
3세	소유욕, 질투, 격리불안, 가벼운 거짓말, 두려움, 언어, 배변, 식사 등
4세	친구와의 사귐, 권리주장, 성, 두려움 등
5세	유아교육기관, 걱정, 자위행위 등

유아의 스트레스 원인에 대한 우리나라 연구 결과들(김재은, 1998; 신의진, 2001; 홍은자, 2001)에 의하면 유아들의 스트레스는 가정의 황폐화, 부모의 기대와 압박, 부모-자녀 관계의 악화, 과잉 조기교육 및 학문적 요구 등에서 기인하는 것으로 나타났다. 유아들은 유아교육기관에서도 스트레스를 경험하는데, 학급 유아

수가 많을수록 스트레스 행동이 더 많이 나타나며, 자유 놀이보다는 대집단활동에서, 실외 놀이보다는 실내 놀이에서, 동적 놀이보다는 정적 놀이에서 유아의 스트레스 행동이 더 많이 나타났다(박화윤 · 안라리 · 하양승, 1998; 이윤경, 1994). 이외에 동생이 생기거나 친구와의 관계 등에서도 스트레스를 받을 수 있다. 이러한 것에 기초할 때 유아의 스트레스 원인은 부모관계, 또래관계, 기관의 프로그램 및 학습 환경 등 다양하다고 볼 수 있다.

3. 스트레스 지도

유아들의 스트레스를 지도하기 위해서는 지도내용과 지도방법을 계획하여 체계적으로 지도하는 것이 효과적이다. 유아 스트레스를 지도하기 위한 내용, 방법과 활동을 제시하면 다음과 같다.

1) 스트레스 지도내용

유아의 스트레스를 지도하기 위해서는 스트레스를 유발하는 개인, 가정, 기관의 영향요인을 파악하고, 스트레스 원인을 극복할 수 있도록 지도하는 것이 필요하다. 스트레스 지도내용은 다음과 같다.

- 정서적 안정감 가지기
- 적절한 방법으로 부정적 정서 해소하기
- 자신의 감정을 적절하게 표현하기

2) 스트레스 지도방법

유아의 스트레스를 해결하기 위해서는 유아가 스트레스를 어느 정도 받고 있는지 유아의 행동을 관찰하고, 관찰 결과를 기초로 스트레스의 원인을 분석하고, 분석 결과에 의한 적절한 지도 및 해결방법을 찾아야 한다. 유아의 스트레스 행동 관찰 및 지도원칙은 다음과 같다.

(1) 스트레스 관찰

다음의 유아 스트레스 지수, 유아 · 사회 · 정서적 행동 평가척도와 유아의 스트레스 행동관찰 체크리스트를 활용하여 유아의 스트레스 정도와 스트레스 행동을 분석한다. 분석 결과를 기초로 유아가 스트레스를 해소할 수 있도록 지도한다.

유아 스트레스 지수

문항	관찰내용	문항점수
1	딱히 몸에 이상이 없는 것 같은데도 머리가 아프다고 칭얼거린다.	0 1 2 3
2	배가 아프다고 울거나 설사를 자주 한다.	0 1 2 3
3	아이의 손과 발이 차거나 손바닥이 축축하며 땀을 점점 더 많이 흘린다.	0 1 2 3
4	떨리는 목소리를 내며, 얼굴 근육이 떨리고 이를 갈거나 악 다문다.	0 1 2 3
5	입안이 아프다고 하거나 종기가 자주 나며 유행성 감기에 자주 걸린다.	0 1 2 3
6	심장이 불규칙하게 뛰며, 가슴이 두근거리거나 몹시 빨리 뛰기도 한다.	0 1 2 3
7	들떠 있거나 불안정하여 우울해하거나 의기소침해 있다.	0 1 2 3
8	화를 잘 내거나 반항적이며 그치게 하기가 어렵다.	0 1 2 3
9	한번 울어대기 시작하면 그치게 하기 어렵다.	0 1 2 3
10	음식을 너무 많이 먹고 특히 단것을 많이 먹는다.	0 1 2 3
11	무엇이든 잘 집중하지 못한다.	0 1 2 3
12	자기 뜻이 받아들여지지 않을 때마다 화를 내고 소리를 지른다.	0 1 2 3
13	몸 여기저기가 많이 아프다고 한다.	0 1 2 3
14	불안하고 안절부절하며 들떠 있거나 걱정거리가 많은 것 같다.	0 1 2 3
15	힘이 없고 어떤 일을 시작하는 것을 어려워한다.	0 1 2 3
총점		
문항 체크	어쩌다(한 달에 한 번 미만) 경험한다－0점 이따금(한 달에 한 번 정도) 경험한다－1점 종종(한 달에 한 번 이상 일주일에 한 번 미만) 경험한다－2점 자주(일주일에 한 번 이상) 경험한다－3점	

문항	관찰내용	문항점수
해석	총점 0~5점 스트레스 상황을 아주 잘 극복하고 처리하는 유아다. 총점 6~12점 걱정할 정도는 아니지만 조금 신경을 쓰는 것이 좋다. 총점 13~20점 어느 정도의 스트레스 증세를 보이기 시작한다. 어떻게 스트레스를 받고 극복하는지 주의를 기울인다. 총점 21~30점 상당한 스트레스를 받고 있다. 스트레스 수치를 낮추기 위해 당장 조치를 취해야 한다. 총점 31점 이상 심각한 스트레스를 받고 있다. 유아가 스트레스를 이겨내는 법을 배울 때까지 유아에게 스트레스를 줄 수 있는 상황을 없애도록 한다.	

출처: 아치발드 하트(1997). 엄마아빠, 스트레스 좀 주지 마세요. 김원주 역. 서울: 베다니 출판사.

한국형 유아사회 · 정서적 행동 평가 검사

문항	관찰내용	문항점수
1	꼼지락거리고 안절부절한다.	0 1 2
2	자기나 다른 유아들의 물건을 망가뜨리거나 부순다.	0 1 2
3	다른 아이들과 싸운다.	0 1 2
4	많은 것들에 대한 걱정에 사로잡혀 있다.	0 1 2
5	대체로 혼자 노는 편이다.	0 1 2
6	쉽게 화를 내고 잘 참지 못한다.	0 1 2
7	슬퍼 보이거나 불행해 보이거나 우울해 보인다.	0 1 2
8	얼굴이나 몸에 경련을 일으키거나 어색하다.	0 1 2
9	손톱을 물어뜯거나 손을 빤다.	0 1 2
10	집중을 잘 하지 못하거나 주의집중 시간이 짧다.	0 1 2
11	새 것이나 새로운 상황에 대해 두려워하는 경향이 있다.	0 1 2
12	안절부절하고 가만히 앉아 있지 못한다.	0 1 2
13	말을 더듬는다.	0 1 2
14	언어장애(어려움)를 가졌다.	0 1 2
15	다른 아이들을 못살게 군다.	0 1 2
16	장난감을 다른 아이들과 나누어 가지고 놀지 못한다.	0 1 2

문항	관찰내용	문항점수
17	쉽게 잘 운다.	0 1 2
18	다른 아이들을 욕한다.	0 1 2
19	쉽게 포기한다.	0 1 2
20	다른 아이들을 차고 때리는 등 신체적 공격을 한다.	0 1 2
21	아무 생각 없이 허공을 주시하곤 한다.	0 1 2
총점		
해석	• 총점: 각 문항별 점수를 합하여 총점이 11점 이상이면 스트레스가 높은 것이다. • 항목별 비교: 불안공포 점수(4, 5, 7, 8, 9, 11, 13, 14, 17, 21 문항의 합 10) 주의산만 점수(1, 10, 12, 19 문항의 합 4) 적대공격 점수(2, 3, 6, 15, 16, 18, 20 문항의 합 7)	

출처: 염현경(1998). 유아의 일상적 스트레스 척도 개발 및 타당화 연구. 이화여자대학교 대학원 박사학위 논문.

(2) 스트레스 지도원칙

교사가 인식하지 못하는 상황에서 유아들은 스트레스를 받을 수 있기 때문에 유아가 현재 스트레스를 받고 있는지를 파악하는 것이 지도의 첫 걸음이다. 스트레스를 받는 것으로 판단된다면 다음과 같은 사항을 고려하여 지속적으로 지도를 해야 한다.

- 성공적인 경험 제공
  유아의 능력을 벗어나는 요구는 유아에게 스트레스로 이어질 수 있으므로 유아가 감당할 수 있는 만큼의 과업을 제공하여 성공적인 경험을 갖게 하고 성취한 것에 대해서 칭찬한다.
- 협동 제공
  유아 간의 경쟁은 스트레스를 유발하므로 경쟁보다는 협동을 제안한다.
- 편안한 환경 마련

편안하게 휴식할 수 있는 시간을 제공하고, 차분한 교실 분위기를 조성하며, 유아들의 스트레스를 유발시키는 유아교육기관의 환경, 규칙 등을 개선한다.

- 지속적인 사랑과 관심

  교사와 부모는 유아와 개인적인 대화 시간을 충분히 갖고, 지속적인 관심을 가지고 사랑을 준다.

- 스트레스 해소 기회 제공

  동적인 게임이나 역할 놀이를 통하여 부정적인 감정을 해소할 수 있는 경험을 제공한다.

- 부모상담

  부모와 상담을 하고 부모의 압력이 스트레스 요인인 경우, 부모 상담을 통해 유아를 이해시킨다.

- 전문가 지원

  지속적으로 유아의 스트레스가 해소되지 않으면 전문가의 도움을 받는다.

3) 스트레스 지도활동

유아의 스트레스를 해소하기 위해서는 욕구를 긍정적으로 발산할 수 있는 활동적인 놀이(실외놀이, 게임, 음률 등)와 분노나 스트레스 감정을 해소할 수 있는 놀잇감(찰흙, 미술, 샌드백 등)을 제공한다.

활동 풍선 터트리기

활동유형 : 게임

준 비 물 : 풍선

활동순서

① 터트릴 풍선은 미리 불어서 준비한다.

② 유아들을 원게임 대형으로 둥그렇게 앉힌다.

③ 게임 방법(음악에 맞추어 원을 따라 걷다가 교사가 호루라기를 한 번 불면 원 안으로 들어가 풍선을 터트린다. 교사가 호루라기를 두 번 불면 원 밖으로 나온다. 풍선이 없어질 때까지 반복한다)을 설명한다. 게임에 필요한 안전규칙 사항을 알려준다(풍선을 입으로 가져가지 않는다. 친구를 밀지 않는다).

④ 게임을 하면서 즐거웠던 점, 나빴던 점에 대해서 평가한다.

활동 신문지 찢기

활동유형 : 게임

준 비 물 : 신문지

활동순서

① 찢을 수 있는 신문을 미리 준비한다.

② 유아들을 원 게임 대형으로 둥그렇게 앉힌다.

③ 게임 방법(음악에 맞추어 원을 따라 걷다가 교사가 호루라기를 한 번 불면 원 안으로 들어가 신문을 찢는다. 교사가 호루라기를 두 번 불면 원 밖으로 나온다. 이런 식으로 게임을 반복한다)을 설명한다. 게임에 필요한 안전규칙 사항을 알려준다(신문을 입으로 가져가지 않는다. 친구를 밀지 않는다).

④ 게임을 하면서 즐거웠던 점, 나빴던 점에 대해서 평가한다.

4 성적 문제

유아들은 성에 대한 호기심이 증가하면서 자신의 성기를 만지는 유아적 자위행위를 하거나 놀이와 장난을 통해 어른을 흉내 내기도 한다. 유아교육기관에서 가장 빈번하게 관찰되는 유아의 성행동은 자신의 성기를 만지는 것이다. 그 외에 화장실 안을 엿보거나, 성과 관련된 말이나 욕설을 하는 경우, 자위행위를 하는 경우, 남아가 여아의 치마를 들치며 놀리는 경우, 서로의 알몸을 보여주며 놀이하는 경우, 여아가 남아처럼 일어서서 소변을 보는 경우, 서로 성기를 보여주고 비교하거나 자랑하는 경우, 친구의 성기를 만지는 경우, 성인들의 성행위를 모방하는 경우, 성과 관련된 그림을 그리는 경우 등이 있다(박선미, 2004).

이는 유아의 성역할 개념과 성에 대한 호기심이 발달하기 때문이다. 일반적으로 성역할 개념은 만 1세부터 시작하여 만 3~4세 급속히 증가하고, 만 5~6세 때에는 성인과 유사한 정도의 지식을 습득한다(우민정, 2011, 재인용). 성에 대한 질문이 나오기 시작하는 시기는 만 3~4세경이고 5~6세는 최고조를 이룬다. 이 시기에 주로 하는 질문은 출산, 아기의 기원, 어머니의 임신현상 등에 대한 것이다(이행자, 1981).

유아의 성적 놀이나 실험은 해당 연령에서 매우 정상적이며 건강한 것이지만, 때때로 아동의 불건전하거나 부적절한 성적 행동이 성학대로 연결될 수도 있다. 따라서 교사나 부모들은 유아들이 하는 성적 행동에 민감해야 하며, 비정상적인 행동을 주시할 필요가 있다(박은혜 · 이명성 · 성원경 · 함인자, 2006). 그러나 유아의 자위행위나 성에 대한 호기심에 대해서 어른들이 지나치게 반응하면, 유아는 성에 대해 수치심과 죄의식과 같은 부정적인 시각을 갖게 되고, 음성적으로 이런 행동을 더 많이 할 수 있다. 따라서 성인은 유아의 성적 행동에 관심을 가지고 긍정적인 성역할 개념을 가질 수 있도록 지도해야 한다.

1. 성적 문제 사례

유아들 중에 바지 속에 손을 넣어 성기를 만지거나, 계단 난간이나 침대 또는 책상 모서리에 성기를 문지르고, 이불이나 베개 등을 다리에 끼우고 성기에 압박을 가하는 유아들이 있을 수 있다. 다음 사례에서 그러한 유아를 간접적으로 경험할 수 있다.

사례 성기 만지기

배경

① 기관 : 사립 어린이집
② 교사 : 경력 1년차 교사
③ 유아 : 만 4세 여아 혜진

이야기 전개

① 사건배경

수업 후 교사가 차량운행을 하는 동안, 교실에 남아 있는 유아들은 자유선택활동을 한다. 이 유아들은 주로 모형 장난감 집에서 매일 아빠, 엄마놀이를 한다. 교사는 유아들이 그 안에 들어가서 놀기 때문에 차량 운행을 하는 동안 걱정이 덜 됐다. 혜진이도 교사의 차량운행 동안 남아 있는 유아 중 하나이다.

② 사건전개

어느 날 혜진이 어머님께서 전화를 하셨다. 혜진이가 유치원에 갔다 오면, 자꾸 성기가 아프다고 하면서 팬티를 입지 않는다고 했다. 교사는 이유를 알 수 없어 다음 날 하루 종일 혜진이를 유심히 관찰하였으나 특별한 것은 눈에 띄지 않았다. 교사는 차량운행을 다른 선생님께 부탁하고 남은 유아들이 항상 놀고 있는 모형 장난감 집에 가서 조용히 관찰을 했다. 혜진이가 서 있고 남자애들이 혜진이의 성기를 손으로 만지고 있었다. 혜진이는 저항 없이 남자애들의 행동을 받아들이고 있었다. 초임이었던 교사는 그 상황을 보고 너무 놀라서 어떻게 할지 당황해 했다. 일단 유아들을 불러서 다른 활동을 하게 했다. 그리고 다음 날에는 장난감집을 역할영역에서 치워 버렸다. 그런데 혜진이가 장난감집을 치운 이후로 이상한 행동을 하기 시작했다. 책상이나 의자, 또는 다른 물건 등의 모서리에 자신의 성기를 대고 문지르곤 했다. 그래서 교사는 혜진이 어머님께 전화를 드렸다. 어머님께 전에 있었던 일들을 말씀드리고 혜진이의 요즘의 행동에 대해서도 말씀을 드렸다. 혜진이 어머님은 화를 내시면서 선생님이 신경을 써주지 못해서 그런 것이라고 말하면서 원장선생님께도 크게 항의를 하셨다. 교사는 뒤늦게 혜진이의 행동을 발견해서 일이 커진 것 같았다. 어떻게 이 일을 해결해야 할지 막막했다.

사례에 대해서 토론하기

① 문제의 원인 :

② 사람들의 입장 :

③ 문제해결 방법 :

2. 성적 문제 원인

유아들은 자신의 신체를 알고 싶은 마음에서 성기를 만질 수 있다. 그러다가 우연히 특별한 느낌을 발견하고 그 느낌이 좋아서 습관화가 되고, 놀이가 되어 버리는 경우도 있다. 또는 우울하거나 정서적으로 불안정하거나 부모와의 관계에서 사랑과 관심을 제대로 느끼지 못하고, 친구도 별로 없고, 놀이나 여타 활동에서 만족과 즐거움을 느끼지 못하는 유아들에게서 나타날 수 있다. 성기를 자극해서 신체적으로 흥분이 되면 이런 우울, 외로움, 무료함, 불안함을 순간적으로 잊어버릴 수 있기 때문이다(송종용, 2001b). 유아들이 성과 관련된 행동을 하는 원인을 구체적으로 살펴보면 다음과 같다(이순례 외, 2001).

- 신체를 탐색하다가 우연히 쾌감을 느끼게 되는 경우
- 정서적으로 심심하여 자신의 신체를 우연히 탐색하다가 쾌감을 느끼게 되거나 심리적으로 불안감을 해소하기 위한 경우
- 성인이나 TV 등을 통해서 성행위를 보고 모방하는 경우
- 영아기에 부모가 너무 자주 씻어 주어 성장하면서 자극이 쾌감으로 느껴지는

경우
- 성기에 염증이 있어서 긁기 시작한 것이 습관이 된 경우
- 계단 난간이나 미끄럼을 타거나 자전거 등을 타면서 성기가 자극된 경우
- 꼭 끼는 바지를 입어서 성기에 압박이 되고 자극이 된 경우
- 성폭행을 당한 경우

3. 성적 문제 지도

유아의 성적 문제 행동을 지도하기 위해서는 지도내용과 지도방법을 계획하여 체계적으로 지도하는 것이 효과적이다. 유아의 성적 문제를 해결하기 위한 지도내용, 지도방법과 지도활동을 제시하면 다음과 같다.

1) 성적 문제 지도내용

유아들의 성적 문제 행동을 해결하기 위해서는 기본적인 성에 대한 지식을 알아야 하고, 자신과 타인의 신체의 중요성을 인식하여 보호할 수 있어야 한다. 이를 위한 구체적인 지도내용은 다음과 같다(우민정, 2011).

- 신체에 대해서 이해하기
- 자신과 타인의 몸의 소중함 인식하고 소중히 여기기
- 임신과 출산과정에 대해서 이해하기
- 남자와 여자의 신체 특징 이해하고 존중하기
- 위험한 상황에서 자신과 타인의 몸을 보호하기

2) 성적 문제 지도방법

유아의 성적 행동을 관찰하여 문제를 파악하고, 유아의 호기심을 풀어 주고 적절히 표현하는 방법을 알려주어야 한다(한국어린이육영회, 1990). 유아의 성적 문제 행동의 관찰 및 지도원칙은 다음과 같다.

(1) 성적 문제 관찰

유아의 성적 문제가 나타날 경우, 교사는 다음의 관찰지를 활용하여 유아가 어떤 성적 행동을 보이는지, 언제 어디에서 그런 행동을 하는지, 지속 시간은 얼마인지, 행동 후 유아의 반응은 어떠한지, 얼마나 자주 발생되는지 등을 관찰한다. 관찰 결과에 기초하여 지속적인 관심을 가지고 지도한다.

성적 행동 관찰지

구분	관찰내용		
	1 회	2 회	3 회
행위 유형			
행위 시기			
행위 장소			
행위에 대한 반응			
행위 지속시간			
행위 발생빈도			

(2) 성적 문제 지도원칙

유아의 성적인 발견과 호기심은 자라면서 겪는 지극히 자연스러운 일이라는 것을 인정해야 한다. 유아가 호기심에서 하는 행동을 나쁜 짓이라고 단정하여 혼내거나 부끄럽게 취급하면 오히려 유아들의 호기심을 자극하게 된다. 유아가 습관처럼 성기를 만질 때에도 무조건 면박을 주거나, 나무라거나 위협하여 공포심을 주거나 하는 것은 죄의식을 갖게 하므로 바람직하지 않다. 보다 적극적으로 유아들이 왜 이러한 성적 행동을 하는지 그리고 왜 하지 말아야 하는지를 정확하게 물어보고 또 설명해주는 것이 필요하다(박은혜 외, 2006). 구체적인 지도원칙은 다음과 같다.

- 위협하거나 수치심을 주지 않기
  예를 들어 "손으로 자꾸 고추를 만지면 고추가 떨어질 거야. 손을 묶어 놔야겠다."와 같은 위협이나 협박은 유아에게 죄의식을 갖게 하고 이런 행위를 음성적으로 하게 하므로 바람직하지 않다.
- 성기의 중요성 교육
  성기는 중요한 부분이며, 자꾸 만지면 균이 들어가게 되니까 만지지 말라고 알려준다. 또한 다른 친구의 성기도 소중하므로 만져서는 안 된다는 것을 알려준다.
- 유아의 관심을 다른 곳으로 유도
  손으로 다른 활동을 하게 하거나, 다른 곳으로 불러서 함께 놀이하는 방법을 사용하고 혼자 있거나 심심한 시간이 없도록 한다.
- 유아의 부모와 상담
  가정에서의 유아의 행동에 대한 정보를 수집하고, 유아교육기관과 가정이 일관성 있는 지도를 한다.
- 안심시키기
  성폭력을 당한 것이 원인인 경우 "네가 잘못한 일이 아니므로 크게 걱정할 필요는 없다."고 안심시키고, 전문가의 상담을 받는 것이 필요하다.

3) 성적 문제 지도활동

유아들에게 필요한 성교육은 성개념을 알고, 성에 대한 바른 태도를 가지고, 위험 상황에서 대처하는 기술을 기르는 것이다. 교사는 이러한 기본적인 유아 성교육의 목표와 내용 속에서 성적인 문제 행동을 지도하고 예방하기 위해서 이야기 나누기, 동화 등 다양한 활동을 통해서 자연스럽게 지도해야 한다.

활동 내 몸은 보물이에요.

활동유형 : 이야기 나누기

준 비 물 : '보물 책' 그림자료, 이야기 나누기 파워포인트 자료(유아를 위한 성교육 프로그램(교육인적자원부, 2006) 참조)

활동순서

① 사전활동으로 자유선택활동 시간에 소중한 것 그리기 활동을 하여 유아들의 그림을 모아 '보물 책'을 만든다.

② 보물 책을 보면서 이야기를 나눈다. "누구의 그림이니? 예원이에게 소중한 것은 무엇이니?, 왜 소중하니?", "이렇게 소중한 것들은 어떻게 간직하니?", "이런 물건들만 소중할까? 물건이 아닌 것도 소중한 것은 없을까?(엄마, 아빠, 친구들 같은 사람도 소중하다)"

③ 우리의 몸도 소중하다는 것을 이야기 나눈다(나에게는 보물이 많아요. 내 장난감 상자, 내가 키우는 예쁜 물고기, 우리 가족, 그리고 내 몸도 보물이에요. 내 몸은 소중한 보물이기 때문에 깨끗한 속옷을 입어서 잘 가려야 해요. 또 함부로 보거나 만지면 안돼요.). "이렇게 소중한 우리 몸은 어떻게 보호하면 좋을까?"(건강하게 한다, 다치지 않게 한다, 다른 사람이 함부로 만지거나 보면 안 된다. 중요한 부분은 자꾸 만지면 안 된다. 깨끗하게 한다.)

5 미디어 중독

미디어(media) 중독은 TV, 컴퓨터 게임, 인터넷, 휴대폰 등의 지나친 사용으로 다른 일상생활이나 대인관계 등 신체 · 심리 · 사회적인 면에서 부적응 또는 일탈을 경험하고, 미디어 사용을 중단하였을 때 불안을 경험하는 상태이다(강진숙 · 이제영, 2011; 변시형 · 조한익, 2011). 과거에는 TV나 컴퓨터 게임에 대한 중독이 일반적인 문제였다면 인터넷의 확장과 스마트폰의 대중화로 인하여 다양한 종류의 미디어 중독의 문제가 심화되고 있다.

이러한 미디어 중독 문제는 그동안 주로 청소년과 성인의 문제로 국한되었으나, 점차 유아들의 문제로도 인식되고 있다. 행정안전부(2012)의 자료에 의하면 인터넷을 하루 2.7시간 이상 사용하는 만 5~9세 인터넷 중독 유 · 아동은 7.9%이며, 고 위험군에 해당하는 유 · 아동은 1.7%인 것으로 나타났다. 만 5세~49세의 인터넷 중독률이 7.7%라는 것을 감안할 때 유 · 아동의 인터넷 중독률은 매우 높다고 볼 수 있다.

유아가 스마트폰이나 동영상 등 미디어에 중독되면 스마트폰을 들여다보지 않으면 불안하고 초조해지는 금단 증상이나, 점점 더 많은 시간을 사용해도 만족감을 느끼지 못하게 되는 내성 증상이 나타난다. 미디어에 노출되는 시간이 길어질수록 뇌의 발달에 불균형이 생기고 사고력과 지능발달이 저하된다. 스마트기기는 머리로 떠올리기도 전에 이미 화면으로 보여주므로 여러 정보를 머릿속에 동시에 입력하고 처리하는 '작업 기억'을 발달시킬 기회를 빼앗는다. 이처럼 스마트기기의 '멀티태스킹'에 익숙해지면 '팝콘'처럼 곧바로 튀어 오르는 것에만 반응할 뿐, 다른 사람의 감정이나 느리게 변화하는 진짜 현실에 무감각해진다(권장희, 2012; 영남일보, 2012). 따라서 오랫동안 바른 자세로 앉아서 집중해서 공부하거나 책을 읽는 습관을 기르기 어렵고, 자신에게 필요한 자료를 찾아내거나 자기주도 학습 능력을 키우는 데 어려움이 있다. 또한 미디어 자극에 과다 노출된 유아는 감정을 조절하고 억제하는 기능이 발달되지 않아서 자아통제력이 낮고, 충동성이 증가하여 주의력결핍 등의 장애가 나타날 수 있다. 그 이외에 대인관계 기술이 부족하여 또래들과의 갈등이 생길 수 있으며, 신체적인 건강이 악화될 수 있고 우울이나 강박증 등 정신적 문제를 경험할 수도 있다(강병재, 2008; 이숙희, 2010; 조선일보, 2011).

1. 미디어 중독 사례

미디어 중독은 오락성 때문에 판단능력이 발달한 청소년이나 성인들에게서도 나타난다. 따라서 판단능력이 부족한 유아들의 경우 미디어 중독에서 스스로 벗어나기 힘들고 성인의 적절한 지도가 필요하다. 다음의 사례를 통해 미디어 중독의 문제점을 인식할 수 있다.

사례 컴퓨터 놀이만 하려는 유아

배경

① 기관 : 공립어린이집
② 교사 : 경력 2년차 교사
③ 유아 : 만 5세 남아 성현

이야기 전개

① 사건배경

성현의 엄마는 1년 전에 둘째를 낳았는데, 성현이가 동생을 질투하고 괴롭혔다. 성현이 아빠는 성현의 마음을 달랠 방법으로 컴퓨터를 가르쳐 주었는데, 성현이가 인터넷 정보 검색과 게임 방법까지 쉽게 이해하는 것을 보고 천재라는 생각이 들었다. 성현이 아빠는 남들보다 새로운 것에 대한 호기심이 많아서 신제품을 빨리 구입해서 사용해 보는 '얼리 어댑터(early adapter)'이기 때문에 새로운 컴퓨터나 스마트폰은 빨리 구입하였고, 성현이에게도 사용법을 알려주었다.

② 사건전개

성현은 어린이집에 오자마자 컴퓨터 영역으로 달려간다. 교사에게 인사도 하지 않고, 옷을 벗지도 않고, 출석 카드를 붙이지도 않고 컴퓨터 영역으로 간다. 교사가 먼저 인사를 해도 반응이 없고, 교사가 인사하는 것, 옷 정리와 출석카드 붙이는 것을 권유하면 짜증을 내고는 한다. 더욱이 컴퓨터 영역을 다른 유아가 사용하고 있는 경우에는 화를 내고 놀이하고 있는 유아에게 빨리 나오라고 재촉을 한다. 한번 컴퓨터 영역에서 놀이를 시작하면 정해진 시간을 지키지 않아서 친구들과 갈등이 많다. 교사는 컴퓨터 영역 사용시간을 10분으로 제한하였던 놀이규칙을 요일 지정으로 바꾸어서 성현이가 매일 컴퓨터 영역에 들어가지 못하게 하였다. 성현이는 자신이 컴퓨터를 하지 못하는 요일에도 컴퓨터 영역을 배회하고 다른 놀이를 하지 않았다. 그리고 게임기를 들고 오는 날이 많아졌다. 교사가 다른 놀이로 유도하려 했으나 시무룩하고 관심이 없었다.

성현이가 컴퓨터 놀이를 할 수 있는 요일 어느 날, 성연이는 오자마자 컴퓨터 영역에 들어가서 매우 놀이에 몰입하고 있었다. 어느 정도 시간이 지나서 다른 영역에서 놀던 해미가 성현이가 놀이하는 것을 지나가다 보고는 "야, 너 그 게임하면 안 돼."라고 말했다. 성현이는 "니가 뭔데"라고 소리를 질렀다. 해미가 "그런 게임은 나쁜 거야. 선생님이 하지 말라고 약속했잖아"라고 말했다. 성현이는 "너 때문에 우리 편 죽었어" 하면서 해미를 밀었다." 해미가 크게 우는 소리를 듣고 교사가 가까이 갔다. 성현이가 인터넷 게임을 하는 것을 보고 교사는 "성현아 누가 그런 게임 하라고 했어? 선생님하고 게임은 하면 안 된다고 약속 했잖아."하고 말하고 컴퓨터 버튼을 눌러서 껐다. 성현이는 "아~~씨" 하면서 마우스를 교사의 얼굴에 던지며 "내가 이기고 있었는데~~" 라고 하며 씩씩거렸다. 마우스에 맞은 교사의 얼굴에 멍이 들었다. 컴퓨터 놀이 규칙을 바꿨으나 성현이는 더 컴퓨터에 집착하는 것 같다. 어머님과 상담을 했는데, 집에서도 컴퓨터 게임만 하려고 하고 어디든지 게임기를 들고 다녀서 걱정이라고 하였다.

사례에 대해서 토론하기

① 문제의 원인 :

② 사람들의 입장 :

③ 문제해결 방법 :

2. 미디어 중독 원인

유아기 미디어 중독이 나타나는 원인은 스마트폰, 태블릿 PC 등 일상생활에서 이러한 기기들을 접할 수 있는 기회가 많아졌기 때문이다. 이로 인해 유아들이 스마트기기를 때와 장소를 가리지 않고 사용하고 있다(조선일보, 2011). 그 이외에도 미디어 중독의 원인은 여러 가지가 있을 수 있는데, 구체적으로 살펴보면 다음과 같다.

- 무선 인터넷, 모바일 기기의 보급 확산

 스마트기기의 보급이 확대되면서 생활 패턴이 크게 바뀌고 있다. 방송통신위원회(2012)에서 발표한 '2012 인터넷 이용 실태 조사'에 따르면 만 3~9세 유무선 인터넷 활용률은 88.2%이다. 만 6세 이상의 조사대상자 중 63.7%가 스마트폰 및 태블릿 PC 등 스마트기기를 보유하고 있는 것으로 나타났다. 유아들이 스마트폰을 보유하고 있지는 않아도 부모들의 스마트폰 보유가 증가하면서 유아들의 스마트폰 접촉도 증가하고 있다.

- 맞벌이 가정의 증가

통계청(2019)의 자료에 의하면 배우자가 있는 가구 12,245만 가구 중 맞벌이 가구는 46.3%를 차지한다. 이처럼 맞벌이 가정이 증가되면서 점차 부모들이 유아들을 돌보아 주는 시간이 감소되고 상대적으로 미디어에 노출되는 시간이 증가되고 있다.

- 컴퓨터를 이용한 교육의 증가

스마트기기를 기반으로 교육과정을 바꾸는 등 스마트기기가 교육방법에서 대세가 되고 있다(영남일보, 2012). 이러한 현상으로 인해서 스마트기기에 대한 영 · 유아의 접촉 시간이 늘어나고 있다.

- 부모의 부적절한 모델 및 인식 부족

유아들은 부모가 스마트기기를 자유롭게 사용하는 모습을 보면서 자기도 모르게 스마트기기를 매력적인 것으로 인지하게 된다. 부모들의 이러한 부적절한 모델 및 인식 부족이 유아들의 미디어 중독을 유발한다(영남일보, 2012).

3. 미디어 중독 지도

유아의 미디어 중독을 해결하기 위해서는 지도 내용 및 방법을 체계적으로 계획하여 지도하는 것이 효과적이다. 유아의 미디어 중독을 지도하기 위한 내용, 방법과 활동을 제시하면 다음과 같다.

1) 미디어 중독 지도내용

유아들 스스로 자유롭게 컴퓨터를 사용할 수 있는 능력을 지니게 되면서 성인이 제시하는 범위 이외의 정보에도 노출되고 보호자의 통제를 넘어서 게임을 하거나 사이버 공간에서 스스로 활동할 가능성이 많아졌다(강신영, 조준호, 2007). 이러한 문제를 막기 위해서는 유아들이 미디어의 위해성을 알고 적절하게 사용할 수 있도록 지도해야 한다. 미디어 중독을 예방하기 위한 지도내용은 다음과 같다.

- TV, 인터넷, 통신기기 등의 위해성 알기
- TV, 인터넷, 통신기기 등을 허락받고 사용하기
- TV, 인터넷, 통신기기 등의 사용 시 약속 지키기
- TV, 인터넷, 통신기기 등의 사용 시 욕구 조절하기

2) 미디어 중독 지도방법

유아의 미디어 중독 문제를 해결하기 위해서는 유아교육기관 및 가정에서의 유아 행동 특성을 정확히 파악하고, 이를 기초로 적절한 지도 및 해결방법을 찾아야 한다. 유아의 미디어 중독 관찰 및 지도원칙은 다음과 같다.

(1) 미디어 중독 관찰

유아의 미디어 중독은 유아교육기관에서 교사의 관찰을 통해서는 정확하게 파악하기 어려울 수 있다. 따라서 다음의 관찰 도구를 활용하여 가정에서 부모가 유아의 행동을 관찰하게 하고, 그 관찰 결과를 교사와 공유하여 함께 지도하는 것이 적절하다.

유아용 인터넷 게임 중독 척도

	문 항	전혀 그렇지 않다	때때로 그렇다	자주 그렇다	항상 그렇다
환경 특성	1. 부모의 형편상(직장, 생활, 질병 등) 집에서 유아의 하루생활을 관리하는 데 어려움이 있다.	1	2	3	4
	2. 유아는 혼자서 시간을 보내는 경우가 많다.	1	2	3	4
	3. 유아가 게임을 하는 데 보내는 시간이 얼마나 되는지 알고 있다.	1	2	3	4
	4. 유아가 하는 게임의 종류나 시간에 대해 일관된 양육기준을 가지고 관리한다.	1	2	3	4
게임 지향적 생활	5. 유아는 친구들과 만나는 것보다 집에서 게임하는 것을 더 좋아한다.	1	2	3	4
	6. 유아는 또래와 놀 때에도 주로 게임을 한다.	1	2	3	4
	7. 유아는 가족이나 친지의 모임에서도 게임만 하려고 한다.	1	2	3	4
	8. 유아는 외출을 할 경우 (게임을 하고 싶어) 집에 빨리 들어오려고 한다.	1	2	3	4
	9. 유아는 게임 아이템을 사달라고 하고나 캐쉬 충전을 해달라고 조르는 경우가 있다.	1	2	3	4
	10. 유아의 놀이나 대화 내용은 주로 게임과 관련된 것이다.	1	2	3	4
	11. 유아는 게임 이외의 다른 활동에는 별다른 관심이 없다.	1	2	3	4
	12. 유아는 일상생활 중에도 게임에 대한 생각을 많이 한다.	1	2	3	4
	13. 유아는 밖에서 노는 것보다 집에서 게임하기를 원한다.	1	2	3	4
금단과 정서 경험	14. 유아는 게임을 못하게 하면, 불안해하거나 다른 일에 의욕을 보이지 않는다.	1	2	3	4
	15. 유아는 게임을 하지 못한 날에는 괜한 심통을 부리거나 사소한 일에 화를 낸다.	1	2	3	4
	16. 유아는 게임을 할 때 자기도 모르게 욕을 하거나 흥분된 모습을 보인다.	1	2	3	4
	17. 유아는 게임을 할 때 컴퓨터가 느리거나 게임 사이트에 문제가 생기면 안절부절 못하며 행동한다.	1	2	3	4
	18. 유아는 폭력적이거나 잔인한 게임 장면에 아무렇지도 않게 반응한다.	1	2	3	4

<table>
<tr><th colspan="2">문 항</th><th>전혀 그렇지 않다</th><th>때때로 그렇다</th><th>자주 그렇다</th><th>항상 그렇다</th></tr>
<tr><td rowspan="2">채점 및 해석</td><td>채점: 3, 4번 역 채점(1→4, 2→3, 3→2, 4→1)</td><td></td><td></td><td></td><td></td></tr>
<tr><td colspan="5">• 일반 사용자군: 35점 이하
• 잠재적 위험군: 36-45점
• 고 위험군: 46점</td></tr>
</table>

출처: 이경옥, 김민화, 김승옥, 김혜수(2006). 유아동 및 청소년의 인터넷 게임 중독 척도개발연구. 연구보고 06-15. 서울: 한국정보문화진흥원.

(2) 미디어 중독 지도원칙

유아의 미디어 중독은 사전 예방을 위한 지도가 가장 중요하고, 이를 위해서는 교사와 부모의 인식이 우선되어야 한다. 유아의 미디어 중독을 예방하기 위한 구체적인 지도원칙은 다음과 같다(서울경제, 2012; 영남일보, 2012; 조선일보, 2011; 조선일보, 2011. 6.25; 권장희, 2012).

- 미디어 접촉 시기 늦추기
  유아들이 스마트기기를 접하게 되는 시기를 가능한 한 늦춰야 한다. 부모는 퇴근 이후에 스마트기기를 유아들의 시야에서 치우고, 대화를 많이 하는 등 스마트기기에 노출되지 않도록 주의해야 한다.
- 미디어에 대한 올바른 인식시키기
  유아들이 스마트기기를 잘못 다루면 위험할 수 있다는 것을 인식시킨다. 영아들의 경우, 위험하다는 것을 인식시키기 어려우므로 부모나 성인들이 미디어에 많이 노출되지 않도록 주의해야 한다.
- 기본생활습관을 충실하게 형성한 후 미디어 사용하기
  미디어는 수면, 배변, 청결, 예절 등의 기본적인 생활습관과 독서습관 등을 들인 다음에 사용하는 것이 좋다. 미디어는 유아들에게 늘 하고 싶은 욕망을 갖게 하기 때문에 유아가 스스로 통제하고 책임 있게 살아가는 생활습관을 형성하기 전에 미디어에 중독되면 벗어나기 어렵다. 따라서 최소한 기본생활습관이 잘 형성된 이후에 노출될 때 미디어 사용을 절제할 수 있다.

- 사용시간 제한하기

  유아들은 재미있는 것을 계속 반복하려는 습성이 있기 때문에 스마트기기에 중독될 확률이 어른보다 훨씬 높다. 하루 사용 시간을 최대 30분 미만으로 제한할 때 미디어 중독을 예방할 수 있다. 하지만 매일 일정한 시간을 정해놓고 사용하는 것은 습관으로 이어질 가능성도 있기 때문에 주의해야 한다.

- 미디어 사용 시 유아와 함께 하기

  부모가 미디어에 대한 영향력을 행사하기 위해서는 유아의 미디어 사용 시 함께 해야 한다. 부적절한 상황에 대해서는 설명을 해주어야 한다.

- 허락받기와 규칙 지키기

  교사 및 부모의 허락을 받았을 때에만 미디어를 사용하게 하고, 약속한 사용 시간 동안에만 이용하게 한다. 유아 스스로도 정해진 규칙을 지킬 수 있도록 지도한다.

- 대체할 수 있는 다른 즐거움 주기

  미디어 중독은 무엇보다 예방이 중요하다. 가장 좋은 예방법은 유아에게 게임을 대체할 수 있는 다른 즐거운 놀이활동을 제공하는 것이다. 교사는 역할놀이, 쌓기놀이, 책 읽기 등 유아들과 함께 하는 활동 시간을 마련하는 것이 바람직하다.

3) 미디어 중독 지도활동

유아의 미디어 중독을 막기 위해서는 미디어보다 친구들과 함께 하는 놀이가 더 즐겁다는 것을 인식할 수 있게 해야 한다. 유아교육기관에서 하는 모든 활동들이 가능하나, 컴퓨터 게임이나 스마트폰의 게임에서 유아들이 느낄 수 있는 경쟁, 흥분 상태를 느낄 수 있는 주사위 게임, 집단 편 게임 등의 그룹 게임 등이 적절하다.

활동 주사위 게임

준 비 물 : 게임판, 주사위, 말

활동순서

① 말을 움직일 수 있는 게임판을 만든다.
② 말을 동일한 개수로 나누어 갖고, 순서를 정한다.
③ 주사위를 던지고 주사위의 숫자만큼 말을 움직인다.
④ 말이 목적지에 빨리 도착하는 사람이 이긴다.

10 발달지체 및 행동장애 지도

1 발달지체

유아가 정상적인 성인으로 성장하여 독립적인 생활과 사회생활을 하기 위해서는 운동능력, 사회성 및 감정조절, 언어, 인지, 적응 행동 등 5가지 영역의 균형잡힌 발달이 필요하다(강동경희대학병원, 2012). 그러나 정상적인 발달 속도와 비교하여 유의미하게 느린 발달의 양상을 보여서 장애가 의심되는 상태, 또는 발달의 속도가 상대적으로 지나치게 느리기 때문에 발생한 다양한 장애의 유형을 발달지체(developmental delay)라고 한다. 발달지체라는 용어는 학령기 이전의 유아에게 어떤 특정한 진단명을 부여하는 것이 부정적인 고정관념을 갖게 할 수 있다는 우려 때문에 사용되었다(국립특수교육원, 2009).

발달지체는 모든 영역이 전반적으로 지체된 발달 장애, 인지가 지체된 경우, 언어 발달이 지체된 경우, 신체조절 발달이 지체된 경우, 정서나 사회성이 지체된 경우 등이 있다. 인지 발달지체는 뇌세포들의 능동적인 상호작용의 문제로 인지활동에 문제가 생기는 것이다. 언어발달지체는 인지발달의 지체로 인해서 뇌의 활동 범위가 좁아져 언어 활용의 범위가 좁아지는 것이다. 신체발달지체는 신체를 제대로 움직이기 위한 정신활동의 문제로 적절히 신체를 조절하는 것이 어렵다. 정서나 사회성 지체는 정서적 기억의 문제로 자신과 다른 사람의 감정적 의미를 알지 못하여 사회성 발달의 지체까지 생기는 것이다(정인태, 2001).

그러나 영유아기는 발달이 완성되는 시기가 아니라 적절한 자극과 교육을 통해서 뇌나 신체의 성장과 발육이 촉진될 수 있는 시기이기 때문에 비록 발달지체가 나타난다 해도 적극적인 지원을 통해서 정상적인 발달로 진행될 수 있다.

1. 발달지체 사례

대부분의 부모들은 본인의 자녀가 발달의 문제가 있다는 것을 드러내기를 꺼린다. 교사들은 구체적인 문제 원인을 모르는 상황에서 유아를 지도하면서 어려움을 경험한다. 다음의 사례에서도 교사의 어려움을 이해할 수 있다.

사례 발달이 늦은 유아

배경

① 기관 : 사립 유치원

② 교사 : 경력 3년차 교사

③ 유아 : 만 5세 남아 성철

이야기 전개

① 사건배경

성철이는 부모님과 남동생과 함께 살고 있다. 성철이는 얼핏 보면 별 문제가 없는 것처럼 보인다. 얼굴도 귀엽게 생겼고, 특별히 이상해 보이지는 않는다. 그러나 성철이는 모든 활동 하나하나 교사가 알려주어야만 할 수 있다. 출석카드 도장 찍기, 정리하기, 활동하는 것, 매일 하는 모든 활동들도 교사가 알려주어야만 한다. 스스로 하는 일들은 거의 없다.

② 사건전개

교사는 성철이가 스스로 할 수 있는 활동을 정해서 난이도를 두어 조금씩 할 수 있도록 지도하고 있다. 성철이가 스스로 조금이라도 하면 잘한다고 칭찬을 해준다. 그리고 모든 일을 할 때 교사는 성철이에게만은 자세하게 설명을 해주고, 다 마칠 수 있을 때까지 도와주고 있다. 다른 유아들과 함께 하는 활동은 더욱 어려워한다.

물론 학기 초보다는 활동도 진득하게 하고, 시키는 일들은 할 수 있을 정도로 많아 좋아진 것 같지만, 조금 있으면 초등학교에 입학을 해야 하는데, 학교에서는 선생님들이 일일이 아동들에게 신경을 써주지 않을 것 같아서 걱정이다. 교사로서 어떤 측면에서 성철이가 장애를 갖고 있는지는 정확히 판단할 수 없으나 더 이상 해줄 수 있는 것이 없는데 어떻게 할지 걱정이다.

사례에 대해서 토론하기

① 문제의 원인 :

② 사람들의 입장 :

③ 문제해결 방법 :

2. 발달지체 원인

발달지체의 원인은 질병, 심리적 외상, 출생 시 손상, 유전 요인 등으로 알려진 것도 있지만, 아직 알려지지 않은 경우도 있다. 구체적인 발달지체의 원인을 살펴보며 다음과 같다(Pauc, 2008).

- 유전적인 요인

  발달지체는 유전의 영향을 받는데, 어머니가 발달지체였던 경우는 30%, 아버지가 발달지체였던 경우는 50%의 유전 가능성이 있다. 부모가 발달지체의 유전자를 가지고 있다고 해서 반드시 자녀에게 유전된다고 볼 수 없으나 가능성이 상대적으로 높아진다.
- 출생 시 외상

  출생과정 중의 외상은 발달지체의 원인이 될 수 있다. 태아의 탯줄을 늦게 끊는 것도 발달에 영향을 줄 수 있다.
- 임신 중 스트레스와 호르몬

  임신 중의 스트레스는 발달지체의 원인이 될 수 있다. 또한 임신 중 어머니의 에스트로겐 수치가 높은 경우, 남아에게 영향을 주어 발달지체가 될 수 있다.

임신 중 산모의 질병(고혈압, 당뇨, 심장질환 등)이나, 약물중독도 영향을 미칠 수 있다.

- 뇌의 미성숙

  뇌의 성장 과정은 사람에 따라서 빠르기도 하고 느리기도 하여 이러한 성장 속도가 발달지체 증후군을 만들기도 한다. 대부분의 사람들은 어릴 때 사소한 발달지체 증상을 보이지만, 두뇌가 발달하면서 만회를 하고 결국 기능이 평준화 되면서 그러한 증상은 사라진다. 그러나 적절한 중재를 하지 않는 경우 발달지체가 지속될 수 있다.

그 이외에 문화적, 경제적 결핍 등 유아의 발육에 필요한 적절한 교육적 자극이 부족한 생활환경에 방치된 경우 발달지체가 나타날 수 있다.

3. 발달지체 지도

발달이 지체된 유아를 지도하기 위해서는 지체된 부분을 정확히 파악한 후에 지도내용과 지도방법을 계획하여 체계적으로 지도하는 것이 효과적이다. 발달지체 유아를 위한 지도내용, 지도방법과 지도활동을 제시하면 다음과 같다.

1) 발달지체 지도내용

발달지체 유아의 지도는 지체된 부분에 따라서 지도내용이 달라질 수 있다. 전반적인 발달지체 유아의 지도내용은 다음과 같다.

- 기초학습능력 기르기
- 문제해결능력 기르기
- 적절한 방법으로 표현하기

- 다른 사람의 행동과 의도 이해하기
- 적절한 사회적 관계 형성하기
- 자신의 정서 조절하기

2) 발달지체 지도방법

발달지체 유아를 효과적으로 지도하기 위해서는 어떠한 영역의 발달이 지체되었는지에 대한 정확한 분석이 우선되어야 한다. 발달지체 유아들을 파악하기 위한 관찰 및 지도원칙을 제시하면 다음과 같다.

(1) 발달지체 관찰

발달지체 유아들을 진단하기 위해서는 여러 가지 도구를 활용할 수 있다. 그중에서 제주특별시자치도 · 교육과학기술부(2008)가 개발한 영유아를 위한 언어 · 인지 · 사회 · 정서발달 평가도구를 제시하면 다음과 같다.

영유아를 위한 언어 · 인지 · 사회 · 정서발달 평가도구 (과제제시형)

연령		평가문항
3세	언어 · 인지	1. 처음 제시한 5개의 사물이나 그림을 보여준 후 기억하라고 하면 최소 3개를 기억한다.
		2. 3장의 장면으로 만들어진 에피소드에서 이야기의 전후관계를 안다.
	사회 · 정서	3. 교사와 즐거움을 공유한다.
		4. 다른 사람의 감정을 인식하고 표정을 그림에서 찾아낸다.
4세	언어 · 인지	1. 옷, 장난감 등의 범주어(분류어) 이름을 표현한다.
		2. 처음 제시한 5개의 사물이나 그림을 보여준 후 기억하라고 하면 최소 4개를 기억한다.
		3. 4장의 장면으로 만들어진 에피소드에서 이야기의 전후관계를 안다.
	사회 · 정서	4. 다른 사람의 생각, 감정, 믿음이 나와 다를 수 있음을 이해한다.
		5. 다른 사람에게 마음의 상처를 주지 않고 정서를 표현한다.

연령		평가문항
5세	언어 · 인지	1. '과일', '동물' 등의 상위 범주어(분류어)를 표현한다.
		2. 처음 제시한 5개의 사물이나 그림을 보여준 후, 기억하라고 하면 최소 4개를 기억한다.
		3. 4장의 장면으로 만들어진 에피소드에서 이야기의 전후관계를 안다.
	사회 · 정서	4. 복합정서를 이해한다.

과제 제시형 기록용지 기입 방법 및 유의점은 다음과 같다.

① 과제 제시형 평가는 발달 지연된 영 · 유아를 선별하기 위한 평가이므로 평가 대상인 영 · 유아의 연령에 관계없이 과제 제시형 기록용지에 있는 모든 연령의 문항을 모두 실시한다.
② 과제 제시형 평가는 교사용 지침서에 제시된 평가지침의 내용과 순서에 따라서 정확하게 실시한다.
③ 평가 도구 제시 전에 영 · 유아와 충분한 래포를 형성하고 평가의 분위기가 너무 경직되지 않도록 조심한다.
④ 과제 제시형 문항은 자유선택활동 시간이나 휴식 시간 등 하루 일과 시간 중 적절한 시간을 이용하여 영 · 유아와 1:1로 실시한다.
⑤ 평가 도구에 포함된 자료 이외에 평가에 필요한 자료는 기관에서 쉽게 구할 수 있으므로 평가하기 전에 준비한다.
⑥ 과제 제시형 평가문항을 시행한 후, 평가기준에 기초하여 '예', '아니오'로 표시한다.
⑦ 기록용지에 있는 평가문항을 작성한 후, '예'에 표시한 개수를 모두 합해서 총점란에 기입한다.

출처: 제주특별시자치도 · 교육과학기술부(2008). 영유아를 위한 언어 · 인지 · 사회 · 정서발달 평가도구. 제주특별시자치도 · 교육과학기술부.

(2) 발달지체 지도원칙

발달지체가 발생하지 않도록 임신 중 스트레스나 외상 등의 문제를 철저히 예방하는 것이 필요하다. 그러나 유전적인 요인에 의한 발달지체는 예방이 불가능하기 때문에 발생 직후 문제를 줄일 수 있는 방법에 초점을 맞춰야 한다. 적절한 지도가 이루어지지 않으면 발달지체가 고착될 수 있으므로 효과적인 지도를 통해서 정상발달로 성장할 수 있도록 해야 한다. 적절한 지도방법으로는 정확한 진단, 식이요법, 두뇌자극 운동, 놀이훈련 등을 들 수 있다(서희선, 권현수, 2009; 장혜원, 2012; 정인태, 2001; Pauc, 2008).

- 정확한 조기 진단

정확한 조기 진단을 위해서는 가족력, 임신과 출산과정을 파악하고, 발달 이정표를 통해서 언제 걷기 시작했는지, 언제 한 단어 언어를 하였는지, 언제 대소변가리기를 하였는지 등을 확인한다. 그리고 전문가의 진단을 받는다.

- 적절한 영양 공급

첨가제, 인공 감미료, 소금, 설탕이 많이 들어있는 인스턴트식품을 제한한다. 단백질, 지방, 탄수화물, 비타민, 미네랄 등이 균형 잡힌 유기농 음식을 제공한다. 적절한 양의 오메가 3와 오메가 6를 제공하는 것도 필요하다. 이러한 좋은 음식은 유아의 뇌 성장을 도와주고 발육이 부진한 뇌를 교정해 준다.

- 두뇌자극

여러 가지 냄새 맡기, 맛보기, 들려주기, 보여주기 등 감각을 통한 정신활동을 전개한다. 또한 재미있게 흔들어주기, 신체 마사지하기, 유아와 함께 달리기 등 신체를 통한 적절한 자극을 제공하고, 선이나 평균대 걷기 등 신체 균형을 잡는 활동을 한다. 그 외에 그림그리기, 음악 활동, 신체 표현, 다양한 놀이 등을 통해서 뇌의 발달을 자극할 수 있다.

- 일반 유아의 인식 지도

장애아동에 대한 비장애유아의 긍정적인 인식과 수용하는 태도는 질 높은 상호작용을 촉진시켜 통합교육이 성공할 수 있는 밑바탕이 된다. 따라서 발달지체 유아에 대한 지도뿐 아니라 일반 유아들의 인식을 변화시키는 등 발달지체 유아에 대한 일반 유아들의 이해를 지도한다.

3) 발달지체 지도활동

발달지체의 문제 행동을 감소시키고, 흥미 있는 수업 참여를 위한 중재전략으로 유아의 경험과 생각, 감정, 갈등을 표현할 수 있는 미술활동이 효과적이다(오가영, 2006). 미술활동을 통해 유아는 스스로 활동의 결과를 확인하여 성공감을 느낄 수 있다. 다양한 미술 매체를 통해서 주의집중 능력을 향상시키고 산만함을 줄이며, 내면의 충동적인 요소를 창작과 놀이를 통해서 표출시켜 주는 효과적인 방법이다(이혜숙, 김선미, 2011). 더 나아가 손의 감각을 사용하므로 소근육 발달과 뇌의 활성화에 효과가 있다.

활동 핑거페인팅

활동유형 : 조형

준 비 물 : 마분지, 밀가루 풀, 식용색소

활동순서

① 밀가루 풀에 식용색소를 넣고 섞어서 3-5가지 색상의 물감풀을 만든다.
② 마분지 위에 유아가 원하는 색상의 물감풀을 1숟가락씩 놓아준다.
③ 손가락으로 물감 풀을 이용하여 그림을 그리게 한다.
④ 그려진 그림 위에 도화지를 덮어서 찍어볼 수 있다.
⑤ 그림을 건조시킨다.
⑥ 활동 후, 물감풀 그림을 만졌을 때 어떤 느낌이었는지, 어떤 점이 재미있었는지 이야기한다.

2 주의력결핍 · 과잉행동

유아들은 자신이 흥미 있어 하는 일이나 활동에는 오랫동안 집중하지만, 흥미가 없거나, 지루하거나, 너무 쉽거나 어려운 경우 집중하지 못하는 것이 일반적인 특성이다. 또한 유아의 집중력은 주변 환경이나 상황의 영향을 받기도 한다.

이러한 유아들의 일반적인 특성을 벗어나는 공격성, 짧은 주의집중력, 반사회적인 행동, 파괴, 괴롭힘, 끊임없는 행동, 격분, 비협력 등은 주의력결핍장애(ADD: Attention Deficit Disorder)이다. 한편 지나친 활동, 짧은 주의집중력, 통제할 수 없는 충동, 운동신경의 협응 문제, 정서적 불안정 등의 문제를 나타내는 유아들은 과잉행동 장애(Hyperactivity)이다. 최근에는 이런 두 가지 행동의 장애를 통합하여 주의력결핍 · 과잉행동장애(ADHD: Attention Deficit Hyperactivity Disorder)라고 칭한다(지성애 · 홍혜경, 2001). 주의력결핍 · 과잉행동장애를 가진 유아들의 주요한 특성은 집중력 부족, 충동적 행동, 과잉행동이다. 이러한 유아들은 주어진 일을 끝까지 하기 어렵고, 산만하고 침착하지 못하다. 또한 다른 사람의 지시를 따르거나, 순서를 기다리고, 조용히 앉아 있는 것이 쉽지 않다. 뿐만 아니라 생각 없이 상황에 빠르게 반응하며, 위험한 일을 저지를 가능성이 높다. ADHD는 여아보다는 남아에게서 더 많이 발견되는데, 이런 문제의 원인은 명확하게 규명되지 않았으나 주로 신경적인 요인에 의한 것으로, 의지나 양육의 문제는 아니라고 한다(Baker, 1993; Landau & McAninch, 1993).

유아들의 경우 만 2세는 5분, 만 3~4세는 10~15분, 만 5~6세는 15~20분 정도의 주의집중이 가능하므로 유아들의 주의가 산만한 것은 자연스러운 현상이다. 이러한 일반적인 주의산만을 넘어서 일상생활에 지장이 있고 다른 사람들을 방해한다면 원인을 찾아보아서 적절히 지도해야 한다.

1. 주의력결핍 · 과잉행동 사례

주의력이 부족한 유아들은 학습에 어려움이 생기고, 수업을 방해하고, 교사와 부정적인 상호작용을 많이 하여 교사의 시간을 소모시키고, 다른 친구들로부터 따돌림을 받는 등의 문제가 나타날 수 있다. 다음 사례에서도 교사의 여러 가지 어려움을 짐작할 수 있다.

사례 주의산만 유아

배경

① 기관 : 사립 유치원
② 교사 : 경력 2년차 교사
③ 유아 : 만 5세 여아 유진

이야기 전개

① 사건배경
유진이는 아버지의 직장 사정으로 2년 동안 호주에서 살다가 왔다. 아직 유치원 생활에 적응을 못하며 주의산만한 행동을 보인다. 호주에서는 유치원에 다니지 않고 자유롭게 집에서 생활을 했다. 아직은 한국말이 서툴러 친구들이나 교사와 의사소통이 자유롭지 못하다. 유진이는 교사의 말에 주의집중을 하지 못해서 피아노 위에 올라가거나 돌아다닌다. 친구들과도 잘 사귀지 못해서 친구가 별로 없다.

② 사건전개
오늘 유치원 버스를 타고 9시 25분에 등원을 한 유진이는 교실로 들어오더니 피아노 앞에 있는 자석판으로 간다. 자석판의 자석을 떼었다 붙였다 하고 높게 일렬로 쌓아 본다. 그리고는 무릎을 꿇고 기어다닌다. 그것을 본 교사가 "유진이 출석카드에 도장 찍었니?"라고 하자 교사 말을 들은 유진이는 도장찍으러 가서 가방 안을 한참 살펴본다. 유진이는 "어! 없다."하면서 가방 안을 교사에게 보여준다. 교사는 "그럼 유진이 내일은 출석카드 가방에 꼭 챙겨와. 그래야 선생님이 오늘 거랑 내일 것 찍어 주지." 유진이는 "네" 하고 대답을 한다. 개인장에 가방을 넣으러 간 유진이는 장 앞에서 누웠다 앉았다 반복한다. 조형영역으로 가서 찰흙을 꺼내서 손으로 눌러보더니 옆의 화이트보드로 가서 낙서를 한다. 조금 있다가 그 자리에 누워 버린다. 유진이는 수업 중에도 가만히 있지 못한다. 교실을 뛰어다니고 굴러다녀서 다른 아이들을 방해한다. 교사가 유진이에게 주의집중을 요구하자 유진이는 "그거 재미없어. 나 그거 하기 싫어."하고 말한다. 교사는 유진이가 유치원 생활에 잘 적응해서 모든 활동에 즐겁게 참여하도록 격려를 하고 있다. 활동에 지장을 주는 행동은 무시하고, 가능한 한 달래서 활동에 참여시키려고 하고 있다. 그러나 유진이의 행동에 많은 변화가 생기지 않고 있다. 교사로서 더 이상 할 수 있는 방법이 없다는 생각이 든다.

사례에 대해서 토론하기

① 문제의 원인 :

② 사람들의 입장 :

③ 문제해결 방법 :

2. 주의력결핍 · 과잉행동 원인

주의력결핍 · 과잉행동은 환경적인 요인과 유전 · 기질적인 요인 등에 의해서 나타날 수 있다. 환경적으로 장난감을 너무 많이 사주거나, 학원을 몇 개씩이나 보내서 유아에게 부담이 되거나, 발달에 부적합한 활동을 제공하는 경우에 나타날 수 있다. 또한 카페인이나 인스턴트식품을 많이 섭취하는 경우에도 나타날 수 있다. 이와 같은 환경적인 요인에 의해서 나타날 수 있고, 유전이나 임신 및 출산 등에 의한 기질적인 요인에 의해서 나타날 수 있다. 유아의 주의력결핍 · 과잉행동의 원인은 구체적으로 다음과 같다(이상복 · 이상훈 · 이효신, 1996; 이순례 외, 2001; Landau & McAninch, 1993).

1 유전적 요인

- 가족 구성원 중 ADHD가 있는 경우 가능성이 높다.
- 유아 개인이 가지고 태어난 기질적인 요인에 의해 나타난다.
- 대뇌피질 부분의 기능결함에 의해서 나타난다.

2 임신 및 출산 문제

- 출생 시 뇌의 손상으로 나타난다.
- 임신 중 납, 니코틴, 알코올과 같은 유해물질에 노출되는 경우 가능성이 높다.

3 환경적 문제

- 부모의 양육태도가 너무 엄격하고 지배적이며, 산만하고 침착하지 못한 행동을 보인다.
- 부모의 성격이 급해서 기다려 주지 못하거나 가정불화 등으로 안정감을 가질 수 없는 경우 초조함으로 인한 산만함을 보인다.

3. 주의력결핍 · 과잉행동 지도

교사가 주의력결핍 · 과잉행동 유아를 지도하기 위해서는 많은 인내심이 필요하다. 지도내용과 방법에 대한 장 · 단기 계획을 세워서 체계적으로 지도하는 것이 효과적이다. 주의력결핍 · 과잉행동 유아를 위한 지도내용, 지도방법과 지도활동을 제시하면 다음과 같다.

1) 주의력결핍 · 과잉행동 지도내용

주의력결핍 · 과잉행동 유아들은 지나친 활동, 짧은 주의집중력, 통제할 수 없는 충동, 운동신경의 협응 문제, 정서적 불안정 등의 문제를 나타내므로 이러한 문제점을 극복하기 위해서 집중력, 통제력 등을 길러주어야 한다. 구체적인 지도내용은 다음과 같다.

- 주의집중력 키우기
- 충동적인 행동 조절하기
- 다른 사람을 배려하기
- 다른 사람들의 생각과 행동 존중하기

2) 주의력결핍 · 과잉행동 지도방법

주의산만이나 과다한 행동들은 실제 유아의 개인적인 특성 때문인 경우가 많지만, 증상이 심하다면 주의력결핍 · 과잉행동증 때문일 수 있다. 유아교사들은 주의력결핍 · 과잉행동장애에 대한 이해가 부족하기 때문에 정상적인 유아를 문제 유아로 오해하거나 또는 문제 유아를 그대로 방치하는 경우가 있다. 이런 오해나 방치의 문제를 막기 위해서 교사는 보다 지속적이고 체계적으로 유아를 관찰해야 한다. 학급이나 놀이 상황에서의 자연적이고 직접적인 관찰은 유아를 이해하고 진단하는 데 매우 도움이 된다. 교사는 관찰 결과를 기초로 유아를 지도해야 한다. 유아교사는 문제 행동의 전문가가 아니므로 ADHD로 예상되는 유아는 전문가의 상담 및 진단이 필요하고, 진단에 기초한 약물치료나 행동요법과 같은 전문적인 치료도 필요하다. 유아교육기관에서의 주의력결핍·과잉행동 유아에 대한 관찰 및 교사의 지도원칙은 다음과 같다.

(1) 주의력결핍·과잉행동 관찰

유아의 주의력결핍 행동을 진단하기 전에 유아가 집중을 보이는 활동은 무엇이고, 몇 분 동안 놀이에 참여하는지, 유아들과의 관계는 어떠한지, 누구와 놀이를 하는지 등 유아의 놀이집중 특성을 관찰한다. 그리고 주의력결핍·과잉행동을 진단하기 위해서는 다음의 ADHD 진단준거에 기초하여 관찰하고 분석한다.

ADHD 진단준거

문항	내 용	그렇다	아니다
1	쉬지 않는다.		
2	앉아 있어야 할 때 앉아 있기가 힘들다.		
3	외부 자극에 의해 쉽게 주의가 산만해진다.		
4	게임이나 집단 상황에서 순서를 지키기 어렵다.		
5	흔히 질문이 끝나기도 전에 벌컥 대답한다.		
6	다른 사람의 지시를 따르기 어렵다.		
7	놀이 시 주의를 유지하기 어렵다.		
8	한 활동을 완성하기 전에 다른 활동으로 자주 바꾼다.		
9	조용히 노는 것이 어렵다.		
10	지나치게 많이 말한다.		
11	자주 다른 유아들의 놀이를 방해한다.		
12	말하고 있는 것을 자주 듣지 않는 듯하다.		

문항	내 용	그렇다	아니다
13	자주 물건을 잃어버린다.		
14	결과를 고려하지 않고 신체적으로 위험한 행동을 자주 한다.		
진단 방법	위의 14개 증상 중 8개 이상의 증상을 6개월 이상 보이는 경우는 주의력결핍 · 과잉 행동 장애이다.		

출처 : 이상복 · 이상훈 · 이효신(1996). 주의력 결핍 · 과잉행동 아동의 행동지도 방법. 대구: 대구대학교 출판부.

(2) 주의력결핍 · 과잉행동 지도원칙

일반적으로 유아교육기관은 주의 산만한 유아들을 위하여 활동적이면서 비구조적인 환경을 제공하고, 유아의 개인적인 요구에 적합하고 협동을 격려하는 학습을 제공하는 것이 좋다. 구체적인 지도원칙은 다음과 같다.

- 흥미 있는 활동 제공
  관찰 결과를 기초로 유아의 발달 수준에 알맞고, 유아가 가장 좋아하는 활동과 놀이를 제공하여 집중시간을 연장시켜 나갈 수 있게 한다.
- 규칙적인 생활 습관
  일찍 자고 일찍 일어나는 등 규칙적인 생활습관을 갖게 한다.
- 칭찬 제공
  매번 야단치는 것은 반항적인 성격을 갖게 하므로 부정적인 행동은 무시하고, 긍정적인 행동을 칭찬해 준다.
- 다른 유아의 이해
  주의 산만한 유아들은 다른 유아들로부터 배척될 수 있으므로 다른 유아들이 그 유아의 특성을 알고 이해할 수 있도록 도와준다.
- 부모 상담
  부모와 교사의 정보 공유를 통해서 교사-부모의 협력적인 지도를 한다. 교사는 부모에게 유아를 다루는 기술을 알려준다.

3) 주의력결핍 · 과잉행동 지도활동

주의력이 부족한 유아에게 가장 필요한 것은 집중력을 증진시켜 주는 것이다. 집중력을 길러주기 위해서는 우선 유아가 흥미를 보이는 활동을 제공하는 것이 효과적이고, 책읽기, 퍼즐 맞추기와 같은 활동들을 통해서 집중력이 발달될 수 있다.

활동 퍼즐 맞추기

활동유형 : 조작

준 비 물 : 유아가 흥미를 보이는 퍼즐

활동순서

① 유아가 좋아할 수 있는 쪽수가 적은 퍼즐을 준비한다.
② 교사와 같이 퍼즐 맞추기를 한다. 교사와 유아가 똑같은 퍼즐을 누가 더 빨리 맞추는지 시합을 할 수 있다.
③ 유아가 완성하는 경우 칭찬을 해준다.
④ 점차 조각의 갯수가 많은 퍼즐을 시도하게 한다.

3 자폐

자폐란 주변과의 교류(특히 언어상의 교류)를 거부할 뿐 아니라 행동 상에도 심각한 문제를 나타내는 어린이들의 증세를 일컫는다. 자폐증은 3세 이전부터 언어표현-이해, 어머니와의 애착 행동, 사람들과의 놀이에 대한 관심의 부족 등이 나타난다. 3세 이후에 또래에 대한 관심의 현저한 부족, 상동증(반복행동), 놀이행동의 위축, 인지발달의 저하 등이 함께 나타나는 복합장애이다(서울대학교병원, 2013c).

즉, 자폐아들은 다른 사람에게 반응이 없으며, 타인과 접촉 시 위축되고, 의사소통이 거의 이루어지지 않는다. 이와 달리 생물이나 무생물에 대해서는 지나친 관심이나 애착 및 반복적인 행동을 보인다.

자폐증은 주로 30개월 이전에 나타나며 일생 동안 지속될 수 있다. 자폐증은 남아가 여아보다 더 많이 나타나지만, 자폐 장애를 가진 여아는 남아보다 증상이 더 심하다(Wing, 1993). 최근 우리나라에서도 자폐아들이 많이 출현하고 있어서 부모 및 교사들도 자폐아의 지도에 많은 어려움을 갖고 있다. 자폐아의 일반적인 특징을 살펴보면 다음과 같다(강문희, 2000; 박수미, 2002).

1 대인관계 장애

- 일반적인 유아들에게서 나타나는 부모 쳐다보기, 안기기, 매달리기 등의 애착 행위가 별로 없고, 엄마와 잘 떨어져 있고 낯가림이 거의 없다.
- 다른 사람과 눈을 마주치거나 신체적으로 접촉하는 것을 싫어한다.
- 다른 유아들에게 전혀 관심을 보이지 않는다.
- 다른 사람의 감정 및 권리를 이해하지 못해서 대인관계 형성이 어렵다.

2 언어 및 의사소통 장애

- 정상적인 유아들은 생후 3~4개월에 옹알이를 하나, 자폐아들은 옹알이를 하지 않고, 말을 시작할 나이가 지나도 말이 없는 등 언어발달이 비정상적으로 늦다.
- 자폐아들은 반향어, 혼자 중얼거리기, 괴상한 소리내기 등의 특이한 형태의 언어 특성을 나타낸다.
- 음성의 높낮이, 억양, 속도, 리듬, 강도 등이 비정상적이다.
- 언어 이해력이 부족하여 의사를 표현할 때, 말보다 행동으로 원하는 것을 요구한다.

③ 행동장애

- 이상한 행동(흔히 발가락 끝으로 걷는다든지, 몸을 주기적으로 흔드는 등)을 반복적으로 되풀이 한다.
- 새로운 환경의 변화에 저항이 많고 똑같은 것만을 집착하여, 심한 편식이나 집착을 나타낸다.
- 놀이는 제한되고, 창의적이거나 상상력이 요구되는 상징놀이를 하지 못한다.
- 주의가 산만하고 부산하며 가만히 있지 못하는 등 과잉운동 증상을 보인다.
- 신체를 벽에 부딪히거나, 할퀴거나, 물거나, 머리카락을 뽑는 등의 자해행위를 보인다.

④ 정서 및 지각장애

- 갑작스러운 기분 변화를 보여 특별한 이유 없이 울거나 웃는다.
- 감각을 느끼는 과정에 장애가 있어서 어떤 자극에는 과장되게 반응하고 어떤 자극에는 아예 반응을 보이지 않는다.

⑤ 기타 행동장애

- 불면증, 식사문제, 유뇨증 및 유분증이 나타날 수 있다.
- 체구가 작은 편이고, 대뇌의 비대칭성이 이루어지지 않아서 양손잡이가 비교적 많다.
- 감염증, 열성경련, 변비, 심한 트림 등의 질병에 잘 걸린다.

이상 살펴본 것처럼 자폐아들이 보이는 주된 문제는 사회적 의사소통 및 상호작용의 장애, 언어발달장애, 행동장애 등 복합적인 장애이다.

1. 자폐 사례

자폐증의 행동상의 문제는 아주 가벼운 경우에서 심한 경우까지 다양하다. 심한 경우에는 기괴한 형태의 행동이나 공격성, 때로는 자해행위까지 보이며, 이것은 오래 지속되고 잘 수정되지 않는다. 그러나 가벼운 경우는 마치 학습장애처럼 보이고 의사소통과 사회성에서 문제행동을 보인다. 다음은 자폐증상의 전형적인 특징을 보여주는 사례이다.

사례 자폐성향을 보이는 유아

배경

① 기관 : 법인 어린이집
② 교사 : 경력 3년차 교사
③ 유아 : 만 5세 남아 승혁

이야기 전개

① 사건배경

승혁이는 카센터를 경영하시는 조용하신 성격의 아빠, 소탈한 성격의 엄마, 초등학생 누나와 함께 산다.

② 사건전개

승혁이는 다음 날 어린이집 차를 타고 울지 않고 등원을 하였다. 그러나 교실에 들어오자 두려움 때문인지 큰 소리로 엄마를 찾으며 울음을 그치지 않았다. 승혁이는 눈물, 콧물을 손가락으로 다 빨아먹고, 웃옷을 올려서 자신의 배를 할퀴고, 자신의 얼굴을 손으로 때리는 행동을 했다. 이런 행동은 반복되었고, 어떤 날은 바지를 벗어서 성기를 만지기도 하였다. 승혁이가 어린이집에서 집착을 보이는 것은 컴퓨터였다. 컴퓨터를 못하게 하면 유희실이나 다른 곳으로 가서 엉엉 울고, 책을 뒤적이고, 혼자 소리내서 하하 웃고, 중얼거리기도 했다. 시간이 지나면서 승혁이는 아주 짧게 몇 초 동안 수업을 듣기도 하였다. 점심시간이나 간식시간에는 다른 유아들처럼 기다리지 못했다. 좋아하는 반찬이 나오면 손으로 자기 것을 먹고, 친구 것도 집어먹었다. 편식이 심해서 싫어하는 반찬이 나오면 절대로 먹지 않았고, 억지로 먹여 보려고 하면 토하고, 소리를 지르며 울었다. 바깥놀이나 견학을 갈 때에도 친구들 손잡는 것을 싫어했다. 그래서 교사 손을 꼭 붙잡고 다녀야 했다. 긴 시간 동안 또래들과 의사소통이 이루어지지 않았다.

유아들과 교사는 승혁이가 수업에 많이 참여할 수 있도록 도왔다. 승혁이는 다른 친구들처럼 기다려서 밥 먹는 횟수가 늘어났다. 승혁이가 다른 유아들보다 컴퓨터를 잘하기 때문에 유아들은 컴퓨터로 글씨를 뽑아달라고 했다. 조금씩 호전된다고 하더라도 교사는 승혁이 때문에 너무 많은 어려움과 업무가 과다하게 발생하였고, 다른 유아들을 충분히 돌보아 주지 못했다. 다른 유아들은 승혁이 때문에 피해 보는 일이 많았고, 너무 많은 인내심이 필요하였다. 또 다시 교사가 자폐아를 지도해야 한다면, 여전히 어떻게 지도해야 할지 난감하다.

사례에 대해서 토론하기

① 문제의 원인 :

② 사람들의 입장 :

③ 문제해결 방법 :

2. 자폐 원인

자폐의 원인에 대한 구체적인 연구 결과에 따르면 자폐증의 원인은 신체 · 기질적인 요인, 정보처리의 결함, 환경적인 요인 등 매우 다양하다. 신체 · 기질적인 요인은 자폐증의 원인을 생물학적, 내분비학적, 유전적 이상으로 설명한다. 정보처리의 결함은 외부에서 자극이 오면 그것을 지각하고, 연결 · 통합하고, 반응해야 하는데, 이중 하나의 장애로 자폐증이 나타난다고 설명한다. 환경적 요인은 자폐의 원인을 부모로부터의 애정 부족이나 인간 접촉이 풍부하지 못한 사회적 박탈로 설명한다(강문희, 2000; 박수미, 2002).

예전에는 자폐의 원인을 부모와 유아의 부적절한 사회 · 정서적인 관계 때문에 발생한다고 생각하여 자폐아의 부모는 성격이 냉정하고, 완벽하고, 강박적이며, 기계적이라고 생각하였다. 그러나 최근에는 자폐증의 원인을 환경적인 요인보다는 기질이나 정보처리의 손상으로 보는 경우가 많다. 따라서 오늘날에는 자폐가 출생 전후의 뇌손상과 뇌염, 선천성 풍진 등 뇌의 뚜렷한 기질적 장애와 같이 동반되는 것으로 보아 뇌의 손상에 의해 발생할 것이라는 의견이 지배적이다.

3. 자폐 지도

교사가 자폐 유아를 효과적으로 지도하기 위해서는 지도내용과 지도방법에 대한 장 · 단기 계획을 세워서 체계적으로 지도하는 것이 효과적이다. 자폐 유아를 위한 지도내용, 지도방법과 지도활동을 제시하면 다음과 같다.

1) 자폐 지도내용

자폐의 원인을 명확하게 규명하지 못했기 때문에 치료법도 밝혀지지 않고 있다. 그래서 자폐 유아들은 대체로 가정과 기관의 생활에 잘 적응하도록 훈련시키는 데에 초점을 맞추고 있다. 구체적인 지도내용은 다음과 같다.

- 다른 사람과 적절한 관계 형성하기
- 다른 사람과 적절하게 상호작용하기
- 적절하게 표현하기
- 주의력 가지기
- 자신의 정서 조절하기
- 바른 기본생활습관 형성하기

2) 자폐 지도방법

자폐는 만 3세 이전에 이상 증상이 분명해지므로 자폐의 증상을 보이는 경우, 전문가의 상담을 받아야 한다. 자폐아는 사고, 언어 발달의 지체뿐 아니라 사회성의 문제로 대인관계 및 상호작용에 어려움이 있기 때문에 정상아와의 통합교육이 매우 필요하다. 일반 학급에서 교사는 다른 유아들과의 상호작용을 도와주어야 하고, 다른 유아들이 자폐 유아에 대해서 이해하고 편견을 갖지 않도록 지도해야 한다. 자폐아를 진단하기 위한 관찰 및 유아교육기관에서의 지도원칙은 다음과 같다.

(1) 자폐 관찰

교사는 자폐로 의심되는 유아들을 다음의 자폐아 진단 문항을 활용하여 대인관계, 언어, 행동, 정서 등의 특성을 관찰한다. 반응성 애착장애나 다른 문제가 있는 유아를 자폐로 오해하는 경우가 있으므로 정확한 진단이 필요하다〈표 22〉. 자폐로 판단되는 유아는 전문가의 진단이 필요하며 진단 결과를 기초로 교사, 전문가, 부모의 상호 협력 하에 지도가 이루어져야 한다.

자폐아 진단 체크리스트

범 주	내 용	그렇다	아니다
대인관계	• 아이들과 어울리지 않는다. • 눈맞춤을 하지 않는다. • 안기려 하지 않는다. • 사람에 대해 관심이 없으며 냉담하다.		
언 어	• 말이 없거나 혼자 중얼거린다. • 반향어 등 언어발달에 장애가 있다. • 다른 사람과 대화를 시작하거나 지속하는 능력이 부족하다.		
행 동	• 특정 놀이나 사물에 대해 이상하게 집착한다. • 배우기를 싫어한다. • 자해행위를 하거나 아픔을 못 느낀다. • 목적 없이 왔다 갔다 하며 심하게 설친다. • 세발자전거를 못 타거나 순가락질을 못하는 등 대·소근육 기능 발달이 부진하다. • 위험상황을 모른다. • 자발적이고 다양한 가상적 놀이나 사회적 모방놀이를 못한다. • 변화를 싫어하고 같은 행동을 고집한다.		
정 서	• 부적절하게 웃거나 깔깔거린다. • 이유 없이 심하게 운다. • 무언가 하려는 의욕이 없고 극도로 소극적이다.		
진단방법	• 과반수 이상이면 자폐성향이 있는 것으로 진단 가능함		

출처: www.wewith.pe.kr

〈표 22〉 반응성 애착장애 원인 및 특징

구 분	내 용
원 인	• 안락함, 자극, 애정 등 유아의 기본적인 감정적 욕구를 지속적으로 방치하는 경우 • 유아의 기본적인 신체적 욕구를 지속적으로 방치하는 경우 • 양육자가 반복적으로 바뀜으로써 안정된 애착을 형성하지 못한 경우
특 징	• 5세 이전에 발달적으로 부적절한 사회적 관계 형성이 시작된다. • 부모에 대한 반응을 억제하고, 양가적이며 상반된 반응을 보인다. • 아무 성인에게나 무차별적인 애착반응을 보인다.

(2) 자폐의 지도원칙

특수아 통합이 일반화 되면서 자폐 유아를 일반 학급에서 지도하는 경우가 늘어나고 있다. 자폐아를 일반 학급에서 지도하기 위해서는 자폐 유아를 위한 지도와 함께 일반 유아들에 대한 지도가 병행되어야 한다. 자폐아의 체계적인 지도를 위해서는 특수교사나 전문가의 도움이 필요하다.

- 조기발견 및 진단

  조기 발견 및 진단, 체계적인 지도를 통해서 자폐아도 많이 향상될 수 있다. 따라서 자폐아로 생각되는 유아를 조기 발견하는 것은 중요하다.

- 전문가의 지원

  유아교사가 자폐아를 진단할 수 없으므로 전문가의 정확한 진단과 평가가 필요하고, 특수교사와 협조하여 유아를 지도한다.

- 정상아 교육

  정상 유아들에게 자폐아를 이해하고 협력할 수 있는 교육을 한다. 자폐아들에게는 정상 유아들과 관계를 형성할 수 있는 기회를 제공한다.

- 의사소통 능력 증진

  의사소통 능력을 증진시키기 위해서 자폐 유아와 많은 의사소통 시간을 가진다.

- 환경 제공

유아에게 충분한 장난감이나 집중력을 높일 수 있는 환경 및 놀이를 제공하여 상동 행동을 감소시킨다.

- 가정과 협력

  가정에서 부모가 해야 할 역할을 의논하고 함께 지도하여 가정의 스트레스를 줄인다.

3) 자폐의 지도활동

자폐 증상을 가진 유아들은 또래와의 상호작용에서 무반응부터 공격적이고 신경질적인 반응까지 양 극단적인 반응을 보임으로 지도상의 어려움을 가진다. 자폐 유아의 대표적인 특성인 의사소통과 사회성의 결함을 극복하기 위한 교육활동을 계획하는 것이 바람직하다. 자폐 유아의 상동행동을 감소시키는 효과적인 방법으로 음악활동을 들 수 있다. 능동적인 음악활동, 즉 악기놀이, 율동, 노래 부르기에 참여한 경험으로 자폐아들의 상동행동이 감소되었다는 결과들이 보고된 바 있으므로(이진영, 1994), 다양한 음악활동을 통해 지도할 수 있다.

활동 악기 연주

활동유형 : 음률

준비물 : 악기

활동순서

① 유아들에게 2-3 종류의 악기를 나누어주고 함께 관찰해 본다.
② 악기들을 이용하여 다양한 소리를 자유롭게 내보도록 한다.
③ 교사는 각 악기의 특징과 사용하는 방법을 설명해 준다.
④ 간단한 리듬합주를 해본다.
⑤ 악기 연주 후 느낀 점을 이야기한다.

부 록

1. 발달 체크리스트
2. 행동발달 관찰기록
3. 기본생활습관 평정척도
4. 사회적 능력 평정척도
5. 사회적 관계에 관한 관찰기록
6. 친사회적 행동 평정척도
7. 적응 평정척도
8. 부적응 행동 관찰기록
9. 영유아 언어 · 인지 · 사회 · 정서발달평가도구

1. 발달 체크리스트

〈0~12개월용〉

발달영역	내 용	관찰됨	관찰안됨
신체 및 운동 발달	□ 주변을 둘러본다(2개월).	□	□
	□ 큰소리로 웃는다(3~5개월).	□	□
	□ 머리를 조절하여 움직인다.	□	□
	□ 손발을 응시하고 탐색한다(3~5개월).	□	□
	□ 몸을 뒤집는다(4~6개월).	□	□
	□ 도움 없이 앉는다(6~8개월).	□	□
	□ 우유병을 잡는다(6~8개월).	□	□
	□ 긴다(6~8개월).	□	□
	□ 도움 없이 걷는다.	□	□
	□ 성인의 얼굴표정을 흉내 낸다.	□	□
	□ 잡는다.	□	□
	□ 입 안에 물건을 넣는다.	□	□
	□ 엄지와 집게손가락으로 사물을 집는다.	□	□
	□ 떨어진 장난감을 집는다.	□	□
	□ 치아가 나타나기 시작한다(6~12개월).	□	□
사회성 발달	□ 웃는다(0~3개월).	□	□
	□ 어머니를 알아본다.	□	□
	□ 낯선 사람을 인식하기 시작한다.	□	□
	□ 개별적인 놀이와 접촉을 즐긴다.	□	□
	□ 즐거울 때는 소리를 지른다.	□	□
	□ 행동을 흉내 낸다.	□	□
	□ 숨바꼭질이나 다른 게임에 참여한다.	□	□
	□ 혼자 남겨질 때 울기도 한다.	□	□
인지/언어 발달	□ 다양한 소리나 목소리에 반응한다.	□	□
	□ 장시간 동안 사물을 관찰한다.	□	□
	□ 사물을 숨길 경우 이것을 알아챈다.	□	□
	□ 호기심을 보인다.	□	□
	□ '아니오'를 배우고 반응한다.	□	□
	□ 눈으로 사물을 쫓아간다.	□	□
	□ 사물을 안과 밖에 놓는다.	□	□
정서 발달	□ 수줍음, 죄의식, 부끄러움을 보이기 시작한다.	□	□
	□ 좌절감을 보인다.	□	□
	□ 감정을 보이려고 한다.	□	□
	□ 반대, 저항, 도망가기도 한다.	□	□
	□ 유머감각이 발달한다.	□	□
	□ '아니오'라고 말하면서 부정적일 수 있다.	□	□
	□ 즐거움을 웃음으로 보여 준다.	□	□

〈12~24개월용〉

발달영역	내 용	관찰됨	관찰안됨
신체 및 운동 발달	□ 치아가 계속 생긴다.	□	□
	□ 잘 기어다니고, 혼자서도 잘 선다.	□	□
	□ 도움 없이 걷는다.	□	□
	□ 장난감을 밀고 끈다.	□	□
	□ 의자에 앉는다.	□	□
	□ 음악에 따라 움직인다.	□	□
	□ 공을 던지고 찬다.	□	□
	□ 뒤로 해서 계단을 기어 내려간다.	□	□
	□ 블록을 쌓는다.	□	□
	□ 숟가락을 사용하고, 음식을 씹는다.	□	□
	□ 책장을 넘긴다.	□	□
	□ 위 · 아래로 점프를 한다.	□	□
	□ 문과 서랍을 연다.	□	□
	□ 컵을 잡는다.	□	□
	□ 팔 전체를 사용하여 색칠한다.	□	□
	□ 정교하게 사물에 대한 조절을 시작한다.	□	□
사회성 발달	□ 거울을 보고 자신을 인식한다.	□	□
	□ 자신의 이름을 알고 반응한다.	□	□
	□ 놀이를 모방한다.	□	□
	□ 성인을 모방한다.	□	□
	□ 집는 장난감을 사용한다.	□	□
	□ 신체의 일부를 구별한다.	□	□
	□ 또래와의 놀이에서 관심을 보이고 노는 것을 즐긴다.	□	□
	□ 소유하려는 성향을 보인다.	□	□
인지/언어 발달	□ 단순한 지시에 반응한다.	□	□
	□ 단어들을 함께 사용하기 시작한다.	□	□
	□ 리듬과 운율을 즐긴다.	□	□
	□ 같은 이야기를 반복해서 듣기를 좋아한다.	□	□
	□ 관심 영역을 갖는다.	□	□
	□ 주변 세계를 호기심을 갖고 탐색하며 질문을 한다.	□	□
	□ 크기에 따라 고리를 끼우고 2~3개 조각의 퍼즐을 맞추려고	□	□
	시도한다.	□	□
	□ '무엇'과 '어디'라는 질문을 한다.	□	□
정서발달	□ 두려움을 보이기도 한다.	□	□
	□ 의도적인 거짓말을 시작하기도 한다.	□	□
	□ 자신감을 보인다.	□	□
	□ 감정을 표현하는 단어를 사용하고 동정과 애정을 나타낸다.	□	□
	□ 감정이 상처받을 수 있다.	□	□
	□ 얼굴에서 나타나는 표현이 감정과 연결된다.	□	□
	□ 성급함을 보인다.	□	□

〈3세용〉

발달영역	내 용	관찰됨	관찰안됨
신체 및 운동 발달	☐ 원을 그린다.	☐	☐
	☐ 점토, 퍼즐, 가위를 즐겨 사용한다.	☐	☐
	☐ 블록 쌓기를 한다.	☐	☐
	☐ 장애물 주변을 뛴다.	☐	☐
	☐ 선을 따라 걷는다.	☐	☐
	☐ 한 발로 균형을 잡고 뛸 수 있다.	☐	☐
	☐ 세발자전거를 탄다.	☐	☐
	☐ 공을 어깨 위로 던진다.	☐	☐
	☐ 두 발로 점프한다.	☐	☐
	☐ 옷의 지퍼를 올리고 단추를 채우기 시작한다.	☐	☐
사회성 발달	☐ 이름을 말한다.	☐	☐
	☐ 다른 사람 곁에서 계속해서 놀거나 놀이에 참여한다.	☐	☐
	☐ 어렵기는 하지만, 양보하거나 순서를 지킨다.	☐	☐
	☐ 다른 사람을 구별한다.	☐	☐
	☐ 노래하기를 즐긴다.	☐	☐
	☐ 책임감을 가지며 자기조절을 보여준다.	☐	☐
	☐ 극놀이나 가상놀이를 시작한다.	☐	☐
인지/언어 발달	☐ 문제를 해결한다.	☐	☐
	☐ 주의깊게 듣는다.	☐	☐
	☐ 간단한 지시를 따른다.	☐	☐
	☐ 일을 수행한다.	☐	☐
	☐ 자신을 언어적으로 표현할 수 있다.	☐	☐
	☐ 크기를 비교한다.	☐	☐
	☐ 숫자를 센다.	☐	☐
	☐ 색깔을 인식하고 짝짓는다.	☐	☐
	☐ 그림을 그리고 어른에게 설명할 수 있다.	☐	☐
	☐ "왜?" 라는 질문을 한다.	☐	☐
	☐ 이름과 나이를 묻는다.	☐	☐
	☐ 짧은 주의력을 갖는다.	☐	☐
	☐ 물건을 분류할 수 있다.	☐	☐
	☐ 문장으로 말할 수 있다.	☐	☐
	☐ 시간개념을 이해하기 시작한다.	☐	☐
	☐ 문장을 이용하면서 말하는 것을 이해할 수 있다.	☐	☐
정서 발달	☐ 자신감이 발달하고 있다.	☐	☐
	☐ 적절한 방법으로 감정을 표현한다.	☐	☐
	☐ 적극적 비판을 받아들인다.	☐	☐
	☐ 유머감각이 발달하고 시시해질 수도 있다.	☐	☐
	☐ 기쁘지 않을 때 엄지손가락을 빨거나 우는 등의 유아기적 행동으로 되돌아간다.	☐ ☐	☐ ☐

〈4세용〉

발달영역	내 용	관찰됨	관찰안됨
신체 및 운동 발달	□ 그림을 색칠하고 가위를 사용한다.	□	□
	□ 도움 없이 옷을 입고 벗는다.	□	□
	□ 발을 바꾸면서 혼자서 계단을 걷는다.	□	□
	□ 화장실에서 자립적이다.	□	□
	□ 공을 차고 던지고 튕기고 잡는다.	□	□
	□ 달리고 껑충 뛰고 뛰어넘고 전속력으로 달린다.	□	□
	□ 눈과 손의 협응력이 발달한다.	□	□
사회성 발달	□ 다른 사람들과 놀고 상호작용을 한다.	□	□
	□ 역할놀이는 사소한 일을 하면서 현실에 가까워진다.	□	□
	□ 성의 차이에 흥미를 보인다.	□	□
	□ 새로운 것을 시도한다.	□	□
	□ 집단활동에 적극적으로 참여한다.	□	□
	□ 다른 사람들과 잘 논다.	□	□
	□ 식탁 예절을 지킨다.	□	□
	□ 다른 사람들의 소유물을 존중한다.	□	□
	□ 사소한 갈등을 해결할 수 있다.	□	□
	□ 권위를 받아들인다.	□	□
인지/언어 발달	□ 수를 센다.	□	□
	□ 글자와 소리에 관심이 있다(익숙하게 읽기 시작한다).	□	□
	□ 주의깊게 듣는다.	□	□
	□ 지시를 따른다.	□	□
	□ 결심이나 선택을 한다.	□	□
	□ 노력과 결과 사이의 관계를 생각한다.	□	□
	□ 주의 산만하지 않게 일을 수행한다.	□	□
	□ 독립적으로 일을 하고, 도움을 요청할 것이다.	□	□
	□ 일을 옳게 하려고 노력한다.	□	□
	□ 배우는 것을 좋아한다.	□	□
정서 발달	□ 익숙한 주위 환경으로부터 떨어졌을 때 안정감을 느낀다.	□	□
	□ 실수를 받아들인다.	□	□
	□ 개인적 생각과 감정을 표현한다.	□	□
	□ 부모로부터 쉽게 떨어진다.	□	□
	□ 자신감이 발달한다.	□	□
	□ 화/두려움을 보다 더 조절할 수 있다.	□	□

〈5세용〉

발달영역	내　　용	관찰됨	관찰안됨
신체 및 운동 발달	□ 신발끈 묶기, 단추 채우기, 지퍼 올리기 등을 혼자 한다.	□	□
	□ 신체 부위를 조절한다(자전거 타기, 수영하기 등).	□	□
	□ 정확하게 오린다.	□	□
	□ 연필과 가위를 올바르게 사용한다.	□	□
	□ 오른쪽과 왼쪽을 기본적으로 구분한다.	□	□
	□ 유연하게 신체를 움직인다.	□	□
	□ 뒤로 걷는다.	□	□
	□ 장애물을 건드리지 않고 건너뛴다.	□	□
	□ 오른손 사용이나 왼손 사용이 고정되어 있다.	□	□
	□ 풀을 정확하고 쉽게 사용한다.	□	□
사회성 발달	□ 자신의 친구를 선택하기도 하고 배척하기도 한다.	□	□
	□ 간단한 그룹 게임을 하고 경쟁적인 게임을 한다.	□	□
	□ 집단활동에 참여하고 역할을 나누며 의사결정을 한다.	□	□
	□ 공정한 놀이를 원한다.	□	□
	□ 친구와 어른과 상호작용한다.	□	□
	□ 소유물과 다른 사람을 존중한다.	□	□
	□ 리더십을 보인다.	□	□
	□ 친구를 따를 수 있다.	□	□
	□ 놀잇감을 공유하고 순서를 기다린다.	□	□
인지/언어 발달	□ 생각을 표현하기 위해 완전하고 복잡한 문장을 사용한다.	□	□
	□ 그림을 그리고 고안된 문자 형태를 갖춘 문자를 사용함으로써 생각을 기록한다.	□	□
		□	□
	□ 글자와 몇몇 단어를 인식한다.	□	□
	□ 숫자를 인식한다.	□	□
	□ 형태를 인식한다.	□	□
	□ 일정한 모양과 순서대로 나열하는 것을 이해한다.	□	□
	□ 일대일 대응하는 것을 이해한다.	□	□
	□ 비교하고 순서대로 배열한다.	□	□
	□ 전 · 후 관계의 단어를 이해한다.	□	□
	□ 운율적 단어를 이해한다.	□	□
정서 발달	□ 자기통제력을 보인다.	□	□
	□ 부모로부터 쉽게 떨어진다.	□	□
	□ 대집단 활동시 편안하게 참여한다.	□	□
	□ 협동적인 태도를 갖는다.	□	□
	□ 언어로 갈등을 해결한다.	□	□
	□ 제안이나 수정에 잘 반응한다.	□	□

출처: Gober, S. Y. (2002). Six simple ways to assess young children. NY:Delmar.

2. 행동발달 관찰기록

관찰유아			생년월일		
관 찰 자			성 별		
관 찰 일	1회	2회	3회	4회	5회	6회

영역	내 용	1회	2회	3회	4회	5회	6회
기본생활습관	1. 정리정돈을 할 수 있다.						
	2. 간식/식사 전에 손을 씻는다.						
	3. 규칙(차례, 약속)을 잘 지키는 편이다.						
	4. 어른께 존댓말을 사용한다.						
	5. 음식을 골고루 먹는다.						
	6. 낮잠을 잔다.						
	7. 교사의 지시를 잘 이해하고 따른다.						
	8. 물건을 소중히 다루고 아껴쓴다.						
	9. 고마워, 괜찮아, 미안해 등의 말을 적절하게 사용한다.						
	10. 혼자서 옷을 입을 수 있다.						
	11. 화장실 사용 후 뒤처리를 혼자 한다.						
신체발달	1. 자세가 바르다.						
	2. 행동이 민첩하다.						
	3. 양발을 바꾸어 가며 계단을 오를 수 있다.						
	4. 바깥놀이에 활발히 참여한다.						
	5. 한 발로 깡충뛰기를 할 수 있다.						
	6. 공을 던지고 받을 수 있다.						
	7. 그네를 혼자 탈 수 있다.						
	8. 매트에서 구르기를 할 수 있다.						
	9. 손 사용에 있어서 선호도를 보인다(왼손, 오른손).						
	10. 손잡이나 병뚜껑을 쉽게 돌린다.						
	11. 주스나 우유를 흘리지 않고 따를 수 있다.						
	12. 지퍼를 열고 잠글 수 있다.						
	13. 단추를 열고 잠글 수 있다.						
	14. 작은 물건을 잡을 수 있다(손바닥으로, 손가락으로).						
	15. 가위질을 할 수 있다.						
인지발달	1. 질문을 많이 한다.						
	2. 사물을 주의깊게 본다.						
	3. 상식이 풍부하다.						
	4. 문제상황 시 다양한 방법으로 해결을 시도한다.						
	5. 자연현상에 대하여 관심이 있다.						
	6. 기본도형의 이름을 안다.						

영역	내　용	1회	2회	3회	4회	5회	6회
	7. 기본 색깔의 이름을 안다.						
	8. 사건을 순서에 따라 배열한다.						
	9. 사물을 한 가지 속성에 따라 분류한다.						
	10. 5까지의 수를 합리적으로 센다.						
	11. 하루일과의 순서를 안다.						
	12. 하루 전에 무슨 일이 일어났는지를 안다.						
	13. 사물의 수량이 많고 적음으로 보고 변별한다.						
	14. 일대일 대응으로 두 집단의 수를 짝짓는다.						
	15. 자신을 중심으로 위, 아래, 앞, 뒤를 구별한다.						
	16. 일상생활에서 사용되는 수의 활용에 관심을 갖는다.						
	17. 자신을 중심으로 왼쪽, 오른쪽을 안다.						
언어능력	1. 주의깊게 듣는다.						
	2. 기초적인 낱말과 문장을 듣고 이해한다.						
	3. 분명한 발음으로 말한다.						
	4. 자신의 의견을 분명히 말한다.						
	5. 또래와 대화를 할 수 있다.						
	6. 상황에 따라 알맞게 말할 수 있다.						
	7. 이야기를 듣고 기억해 내어 이야기한다.						
	8. 교사가 나타내는 신호나 지시에 따른다.						
	9. 읽어 준 글을 자기 생각대로 이해하여 순서대로 말한다.						
	10. 글자에 관심을 보인다.						
	11. 글자의 기초가 되는 모양을 그린다.						
	12. 자기 이름과 간단한 글자를 읽는다.						
	13. 어른의 도움 없이 혼자 책을 읽는다.						
	14. 책 읽기를 즐겨한다.						
	15. 새로 내놓은 책에 관심을 갖는다.						
	16. 자기 이름과 간단한 글자를 읽는다.						
	17. 어른의 도움 없이 혼자 문장을 쓴다.						
	18. 연필을 바로 쥔다.						
	19. 바르게 앉아서 쓴다.						
	20. 창의적으로 이야기를 꾸며 말할 수 있다.						
부적응행동	1. 자기 의사를 잘 표현하지 못한다.						
	2. 다른 사람과 말할 때 마주 쳐다보지 못한다.						
	3. 다른 사람과 이야기할 때, '예', '아니오' 라고만 대답한다.						
	4. 용품(크레파스, 놀잇감)이 없어도 같이 쓰자는 말을 못한다.						
	5. 친구들에게 자기 감정이나 의사를 나타내지 못한다.						
	6. 낯선 사람 앞에서는 말을 못한다.						
	7. 공연히 얼굴을 붉히거나 유난히 수줍음을 탄다.						
	8. 남이 조금만 뭐라고 해도 당황하거나 쩔쩔맨다.						
	9. 어른이 조금이라도 꾸중을 하기만 하면 울기부터 한다.						

영역	내 용	1회	2회	3회	4회	5회	6회
부적응 행동	10. 지명을 받았을 때 재촉받고서야 마지못해 일어난다.						
	11. 선생님의 질문에 알면서도 더듬거리거나 말을 하지 않는다.						
자기정체성	1. 엄마와 쉽게 떨어진다.						
	2. 교사에게 매달리거나 달라붙지 않는다.						
	3. 교사의 권유 없이 활동을 스스로 선택해서 논다.						
	4. 자신의 권리와 의견을 주장한다.						
	5. 자기가 하는 일에 열중한다(집중력이 있다).						
	6. 자기가 하는 일에 자신감을 보인다.						
	7. 자기가 시작한 일을 끝마친다.						
	8. 언어와 행동이 늘 긍정적이다.						
	9. 자신의 작품에 대체로 만족한다.						
사회·정서발달	1. 자신의 감정을 말로 표현할 수 있다.						
	2. 새로운 환경이나 교구에 흥미를 보인다.						
	3. 성격이 명랑하다.						
	4. 감정이 쉽게 바뀌는 편이다.						
	5. 혼자서 노는 편이다.						
	6. 놀이에서 주로 지도자 역할을 한다.						
	7. 이미 진행되고 있는 놀이에 자연스럽게 끼어든다.						
	8. 문제상황이 생겼을 때 혼자서 잘 해결한다.						
	9. 문제상황이 생겼을 때 말로 해결한다.						
	10. 다양한 놀이에 참여한다.						
	11. 친구들의 활동을 방해하지 않는다.						
친사회성발달	1. 다른 사람의 감정을 이해하고 그에 맞는 말이나 행동을 한다.						
	2. 친구와 나누어 쓸 수 있다.						
	3. 친구에게 양보할 줄 안다.						
	4. 놀이나 작업을 할 때 협동을 잘한다.						
	5. 다른 사람의 부탁을 들어준다.						
	6. 친구나 교사를 잘 도와준다.						
공격적인 행동	1. 가만히 있는 친구를 공연히 툭툭 치거나 밀친다.						
	2. 물건을 다른 사람에게 던진다.						
	3. 다른 사람을 발로 차거나 때린다.						
	4. 친구를 꼬집거나 깨문다.						
	5. 다른 아이가 하는 일을 건드려서 망쳐 놓는다.						
	6. 친구가 가지고 놀고 있는 장난감을 빼앗는다.						
표현력과 창의력	1. 음악이나 악기소리에 맞추어 몸을 움직인다.						
	2. 악기를 연주하는 일에 관심을 보인다.						
	3. 자신의 생각과 느낌을 그림으로 표현할 수 있다.						
	4. 독창적이고 다양한 형태의 표현을 시도한다.						
	5. 여러 가지 재료를 이용하여 다양한 방법으로 만들고 꾸밀 수 있다.						
	6. 역할놀이에서 맡은 역할을 잘 해낸다.						
	7. 놀이의 주제를 다양하게 선택한다.						

출처: 황해익(2000). 유아교육평가. 서울: 양서원.

3. 기본생활습관 평정척도

유 아 명 / 기본생활습관내용												
예절1 어른께 공손한 태도로 인사한다.	단계											
인사를 하지 않는다.	1											
가르쳐 주면 마지못해 억지로 한다.	2											
가르쳐 주면 공손한 태도로 인사한다.	3											
가끔 공손한 태도로 인사한다.	4											
항상 스스로 공손한 태도로 인사한다.	5											
예절2 친구들과 인사를 잘한다.	단계											
친구들과 만났을 때 전혀 인사를 하지 않는다.	1											
친구들과 인사하도록 하면 마지못해 억지로 한다.	2											
가르쳐 주면 인사한다.	3											
친구들과 가끔 인사를 잘한다.	4											
친구들과 만나면 항상 반갑게 인사한다.	5											
예절3 웃어른께 물건을 받을 때 두 손을 사용한다.	단계											
가르쳐 주어도 하지 않는다.	1											
가르쳐 주면 할 때도 있지만 그렇지 않은 경우가 많다.	2											
가르쳐 주면 그대로 한다.	3											
가르쳐 주지 않아도 가끔은 잘 하는 편이다.	4											
언제나 잘 한다.	5											
예절4 자기가 잘못한 일을 사과할 줄 안다.	단계											
전혀 사과하지 않는다.	1											
주의를 주면 마지못해 사과한다.	2											
가르쳐 주면 사과할 줄 안다.	3											
가르쳐 주지 않아도 사과하는 편이다.	4											
언제나 스스로 사과할 줄 안다.	5											
예절5 입 안에 음식물을 넣고 말하지 않는다.	단계											
가르쳐 주어도 지키지 않는다.	1											
가르쳐 주면 마지못해 지킨다.	2											
가르쳐 주면 그대로 지킨다.	3											
잘 지키는 편이다.	4											
언제나 잘 지킨다.	5											
예절6 올바르게 앉아서 식사를 한다.	단계											
주의를 주어도 지키지 않는다.	1											
지적해 주면 마지못해 따른다.	2											
지적해 주면 바르게 한다.	3											
가끔 바르게 앉아서 식사를 한다.	4											
언제나 올바른 자세로 앉아 식사를 한다.	5											

유아명 / 기본생활습관내용												
예절7 국기에 대한 경례를 바르게 한다.	단계											
시켜도 하지 않는다.	1											
시키면 마지못해 한다.	2											
시키면 잘 한다.	3											
시키지 않아도 잘 할 때가 가끔 있다.	4											
항상 스스로 잘 한다.	5											
질서1 복도와 계단에서 걷는다.	단계											
주의를 주어도 뛰어다닌다.	1											
주의를 주면 마지못해 걷는다.	2											
주의를 주면 바르게 걷는다.	3											
대체로 바르게 다니는 편이다.	4											
언제나 바르게 다닌다.	5											
질서2 신발을 바르게 신는다.	단계											
혼자서는 전혀 신지 못한다.	1											
어른이 조금 도와주면 신을 수 있다.	2											
혼자 신는 편이다.	3											
혼자 스스로 신으려고 애쓴다.	4											
혼자 신발을 바르게 신는다.	5											
질서3 모든 놀이를 할 때 차례를 지킨다.	단계											
언제나 차례를 지키지 않는다.	1											
교사가 이야기하면 마지못해 차례를 지킨다.	2											
교사가 말하면 차례를 잘 지킨다.	3											
가끔 스스로 차례를 지키는 편이다.	4											
언제나 스스로 차례를 잘 지킨다.	5											
질서4 소지품을 스스로 정리해 놓는 습관을 가진다.	단계											
제자리에 정리하라고 해도 아무곳에나 방치한다.	1											
제자리에 정리하라고 하면 마지못해 정리한다.	2											
제자리에 정리하라고 하면 잘 정리한다.	3											
어른이 주위에 있으면 잘 정리한다.	4											
항상 스스로 알아서 잘 정리한다.	5											
질서5 입었던 옷을 잘 정리한다.	단계											
언제나 옷걸이에 걸지 않고 갤 줄도 모른다.	1											
얘기하면 마지못해 바르게 앉는다.	2											
얘기하면 잘 정리한다.	3											
가끔 바르게 정리할 때도 있다.	4											
언제나 스스로 잘 정리한다.	5											

유아명 기본생활습관내용												
질서6 의자에 바르게 앉는다.	단계											
바르게 앉으라고 얘기해도 바르게 앉지 않는다.	1											
얘기하면 마지못해 바르게 앉는다.	2											
바르게 앉으라고 얘기하면 바르게 앉는다.	3											
어른이 주위에 있으면 바르게 앉는다.	4											
언제나 의자에 앉는 자세가 바르다.	5											
질서7 함께 정한 놀이할 때의 규칙을 지킨다.	단계											
어른이 지적해 주어도 규칙을 지키지 않는다.	1											
어른이 지적을 하면 마지못해 지킨다.	2											
어른이 지적을 해주면 잘 지킨다.	3											
대체로 잘 지키는 편이다.	4											
항상 스스로 잘 지킨다.	5											
절제1 다른 친구의 놀이를 방해하지 않는다.	단계											
주의를 주어도 다른 친구들의 놀이를 방해한다.	1											
주의를 주면 마지못해 멈춘다.	2											
주의를 주면 다른 친구의 놀이를 방해하지 않는다.	3											
대체로 다른 친구의 놀이를 방해하지 않는 편이다.	4											
언제나 다른 친구들의 놀이를 방해하지 않는다.	5											
절제2 적당량의 음식을 먹는다.	단계											
전혀 음식의 양을 조절하지 않는다.	1											
어른이 일러주면 덜어 놓는 척한다.	2											
어른이 말을 해주면 적당량을 조절하여 먹는다.	3											
스스로 적당량의 음식을 조절하여 먹는 편이다.	4											
항상 스스로 적당량의 음식을 조절하여 먹는다.	5											
절제3 상황에 따라 목소리를 조절하여 이야기한다.	단계											
주의를 주어도 조절하지 못한다.	1											
주의를 줄 때만 적당한 소리로 이야기한다.	2											
주의를 주면 목소리를 잘 조절하여 이야기한다.	3											
대체로 목소리를 잘 조절하여 이야기하는 편이다.	4											
항상 스스로 적당한 목소리로 이야기한다.	5											
절제4 말할 때 차례를 지킨다.	단계											
주의를 주어도 차례를 지켜서 말할 줄 모른다.	1											
주의를 주어도 차례를 지켜서 말하지 못할 때가 있다.	2											
주의를 주면 차례를 잘 지켜 말한다.	3											
비교적 차례를 지켜서 말할 줄 안다.	4											
항상 스스로 차례를 지켜서 말할 줄 안다.	5											

유아명 기본생활습관내용												
절제5 물을 사용한 후 수도꼭지를 잠근다.	단계											
주의를 주어도 수도꼭지를 잘 잠그지 않는다.	1											
주의를 주면 수도꼭지를 잠그는 척한다.	2											
주의를 주면 수도꼭지를 잘 잠근다.	3											
어른이 주위에 있기만 해도 수도꼭지를 잘 잠근다.	4											
항상 스스로 수도꼭지를 잘 잠근다.	5											
절제6 함께 사용하는 물건을 아껴쓴다.	단계											
주의를 주어도 아껴쓰지 않는다.	1											
주의를 주면 마지못해 아껴쓴다.	2											
주의를 주면 잘 아껴쓴다.	3											
비교적 아껴쓰는 편이다.	4											
항상 스스로 아껴쓸 줄 안다.	5											
절제7 다시 사용 가능한 종이를 되살려 쓸 줄 안다.	단계											
가르쳐 주어도 전혀 되살려 쓰려고 하지 않는다.	1											
가르쳐 주면 마지못해 되살려 쓴다.	2											
가르쳐 주면 즐겁게 되살려 쓴다.	3											
가르쳐 주지 않아도 가끔 사용하는 경우가 있다.	4											
항상 스스로 사용 가능한 종이를 되살려 쓰려고 한다.	5											
청결1 이를 닦는다.	단계											
이를 전혀 닦지 않는다.	1											
이를 닦으라고 하면 마지못해 닦는다.	2											
이를 닦으라고 하면 이를 잘 닦는다.	3											
말하지 않아도 가끔 잘 닦는다.	4											
언제나 이를 스스로 잘 닦는다.	5											
청결2 콧물이나 침을 잘 처리한다.	단계											
콧물이나 침을 전혀 닦지 않는다.	1											
닦으라고 하면 마지못해 닦는다.	2											
콧물이나 침을 닦으라고 하면 닦는다.	3											
콧물이나 침을 가끔 잘 처리한다.	4											
언제나 스스로 잘 처리한다.	5											
청결3 흘린 음식물을 뒷처리한다.	단계											
흘린 음식물을 치우라고 해도 닦지 않는다.	1											
흘린 음식물을 치우라고 하면 치운다.	2											
흘린 음식물을 치우라고 하면 잘 치운다.	3											
음식물을 흘렸을 때 잘 치우는 편이다.	4											
깨끗이 치운다.	5											

유아명 / 기본생활습관내용												
청결4 깨끗하게 화장실을 사용한다.	단계											
언제나 화장실을 깨끗하게 사용하지 않는다.	1											
주의를 주면 깨끗하게 하기도 한다.	2											
주의를 주면 깨끗하게 사용한다.	3											
화장실을 깨끗하게 사용하는 편이다.	4											
언제나 화장실을 깨끗이 사용한다.	5											
청결5 쓰레기는 분리하여 쓰레기통에 버린다.	단계											
언제나 쓰레기를 쓰레기통에 버리지 않는다.	1											
주의를 주면 깨끗하게 하기도 한다.	2											
주의를 주면 깨끗하게 사용한다.	3											
화장실을 깨끗하게 사용하는 편이다.	4											
언제나 화장실을 깨끗이 사용한다.	5											
청결6 벽이나 책상에 낙서하지 않는다.	단계											
언제나 벽이나 책상에 낙서를 한다.	1											
주의를 주면 피하여 안 하는 척한다.	2											
주의를 주면 낙서하지 않는다.	3											
거의 낙서하지 않는 편이다.	4											
전혀 낙서하지 않는다.	5											
청결7 주변을 깨끗이 청소한다.	단계											
시켜도 전혀 청소하지 않는다.	1											
청소하자고 하면 겨우 하는 척한다.	2											
청소하자고 하면 잘 따른다.	3											
말하지 않아도 가끔 청소한다.	4											
스스로 주변에 있는 쓰레기를 청소한다.	5											

출처: 경기도교육청(1991). 기본생활습관지도. 수원:널바니 출판사.

4. 사회적 능력 평정척도

관찰유아명 :	생년월일 :	관찰일 :

* 다음의 문항에 해당되는 곳에 V표 하시오.

1. 자기소개하기

____ 1. 자신의 이름만을 말할 수 있다.
____ 2. 자신의 성과 이름을 모두 말할 수 있다.
____ 3. 이름과 생일에 따른 나이를 말할 수 있다.
____ 4. 이름과 나이, 주소를 말할 수 있다.
____ 5. 해당사항 없음

2. 다른 사람의 이름 사용하기

____ 1. 자기 주변 사람들의 이름을 적절히 사용하지 못한다.
____ 2. 5명 정도의 아동 혹은 성인의 이름을 말한다.
____ 3. 5~10명 정도의 아동 이름을 말한다.
____ 4. 모든 아동과 성인의 이름을 사용한다.
____ 5. 해당사항 없음

3. 새 친구와 인사하기

____ 1. 새로 들어온 친구를 집단에 맞이할 때 갑작스러운 행동(껴안거나 부딪치거나 잡아당기는 등) 으로 압도한다.
____ 2. 간단한 신체적 접촉(두드리거나 비비거나 쿡쿡 찌르는 등)을 하면서 말을 건넨다.
____ 3. 새 친구에게 대개는 말을 걸지만 가끔은 몸을 건드리기도 한다.
____ 4. 거의 언제나 신체접촉 없이 말로 맞이한다.
____ 5. 해당사항 없음

4. 설비 안전하게 사용하기

____ 1. 높이나 무게, 거리, 등의 위험을 무시하고 활동을 계속한다. 활동(불안정한 설비에 올라가거나 상자를 너무 높이 쌓거나, 균형 잡히지 않은 구조물에서 뛰어내리는 등)을 하면서 말을 건넨다.
____ 2. 가끔은 도움을 구하고 가끔은 어려움에 빠지면서 위험한 활동을 계속한다.
____ 3. 위험한 활동을 계속하지만 어려움에 빠질 때 자주 도움을 청한다.
____ 4. 활동을 계속하기 전에 위험을 없애거나 도움을 청한다.
____ 5. 해당사항 없음

5. 사고에 대해 알리기: 사고가 났을 때(예: 엎지르거나 깨뜨리기)

____ 1. 사고를 알리지 않는다.
____ 2. 사고에 대해 가끔 알린다.
____ 3. 사고에 대해 자주 알린다.
____ 4. 사고에 대해 거의 항상 알린다.
____ 5. 해당사항 없음

6. 활동 지속하기

____ 1. 한 활동에 대해 지속적으로 참여하지 못하고 이 활동으로 계속 옮겨 다닌다.
____ 2. 자신의 활동을 계속하지만 다른 아동의 활동을 보면 쉽게 흐트러진다.
____ 3. 자신의 활동을 계속하며 다른 아동에게 방해받았을 때에만 그만둔다.
____ 4. 다른 아동의 방해에도 자신의 활동을 계속한다.

7. 과제 수행하기
____ 1. 보통 두세 번 얘기를 들어야만 과제를 시작한다.
____ 2. 보통은 한 번만 얘기해도 과제를 시작하지만 곧 빈둥거려서 다시 상기시켜야만 한다.
____ 3. 시작은 잘 하지만 일을 끝내는 것은 느리다.
____ 4. 시작도 잘 하고 재빨리 끝낸다.
8. 언어적인 지시 따르기: 다음의 경우에 지시를 따를 수 있다.
____ 1. 행동으로 예를 보일 때
____ 2. 구체적 예가 없이 하나의 지시에 대해서
____ 3. 구체적 예가 없이 두 개의 지시에 대해서
____ 4. 구체적 예가 없이 세 개 혹은 그 이상의 지시에 대해서
9. 새로운 지시 따르기
____ 1. 익숙한 지시만 따른다.
____ 2. 하나의 새로운 지시가 주어졌을 때 그때만 따른다.
____ 3. 한 번에 하나의 새로운 지시를 따른다.
____ 4. 한 번에 여러 가지의 새로운 지시를 따른다.
10. 지시 사항 기억하기
____ 1. 아동 자신이 활동을 할 때 거의 항상 지시와 시범을 반복해야 할 필요가 있다.
____ 2. 자주 반복 및 상기시켜 줄 필요가 있고 제대로 되고 있는지 확인해 주어야 한다.
____ 3. 활동을 끝내기 전에 가끔 일부분에 대한 지시 사항을 반복할 필요가 있다.
____ 4. 활동을 모두 끝낼 동안 한 번도 반복해서 얘기할 필요가 없다.
11. 다른 아동에게 설명하기: 다른 아동에게 어떤 일을 하는 것(물건을 조립한다든가, 게임을 한다든가 등)에 대해 설명하려 할 때
____ 1. 설명할 수 없다.
____ 2. 설명을 다 하지 못한다.
____ 3. 설명을 끝내기는 하지만 일반적인 사항에 그치고 만다.
____ 4. 거의 항상 말로 원하는 것을 표현한다.
____ 5. 해당사항 없음
12. 원하는 것 의사표현 하기
____ 1. 자신의 욕구를 거의 언어화하지 않고 가리키거나 잡아당기거나 울거나 함으로써 원하는 것을 표현한다.
____ 2. 가끔씩 말로 하지만 보통 행동과 말을 함께 사용한다.
____ 3. 보통은 말로 하고 가끔씩 행동으로 표현한다.
____ 4. 거의 항상 말로 원하는 것을 표현한다.
13. 빌리기
____ 1. 다른 아동이 사용 중인 것을 허락받지 않고 빼앗아 온다.
____ 2. 다른 아동의 물건을 사용하기 위해 가끔씩은 허락을 받고 가져온다.
____ 3. 다른 아동의 물건을 사용하기 위해 자주 허락을 받는다.
____ 4. 다른 아동의 물건을 사용하기 위해 거의 항상 허락을 받는다.
14. 돌려주기: 어떤 것을 빌렸을 때
____ 1. 원래 주인에게 돌려줄 생각을 거의 하지 않는다.
____ 2. 가끔씩 돌려주려고 노력한다.
____ 3. 자주 돌려주려고 노력한다.

____ 4. 거의 항상 돌려준다.
____ 5. 해당사항 없음

15. 다른 아동과 공유하기
____ 1. 도구나 인형을 나누어 갖지 않는다.
____ 2. 성인이 개입해야 나누어 갖는다.
____ 3. 가끔씩 다른 아동과 스스로 나누어 갖는다.
____ 4. 다른 아동과 자주 기꺼이 나누어 갖는다.
____ 5. 해당사항 없음

16. 다른 아동 도와주기: 다른 아동이 어려움을 겪고 있을 때(설비 사용, 옷입기 등)
____ 1. 절대로 도와주는 법이 없다.
____ 2. 같이 놀던 친구일 때만 도와준다.
____ 3. 가끔가다 다른 아동을 돕기 위해 자신의 놀이를 중단한다.
____ 4. 다른 아동을 돕기 위해 자주 자신의 놀이를 중단한다.
____ 5. 해당사항 없음

17. 다른 아동과 함께 놀기
____ 1. 보통 혼자 논다.
____ 2. 다른 아동과도 놀지만 한두 명에 한한다.
____ 3. 가끔씩은 큰 놀이 집단(셋 또는 그 이상)을 형성하기도 한다.
____ 4. 보통 큰 집단(셋 또는 그 이상)을 형성해서 논다.
____ 5. 해당사항 없음

18. 참여 시도하기: 다른 아동들이 하고 있는 활동에서 추가 인원을 필요로 할 때
____ 1. 거의 그 활동에 참여하려고 하지 않는다.
____ 2. 가끔씩 참여하려고 한다.
____ 3. 자주 참여하려고 한다.
____ 4. 거의 항상 그 활동에 참여하려고 한다.
____ 5. 해당사항 없음

19. 집단활동 시작하기
____ 1. 거의 항상 자신만을 위한 활동을 시작한다.
____ 2. 자신의 활동을 시작하고 한 아동이 참여하는 것을 허락한다.
____ 3. 가끔씩 둘 또는 그 이상의 아동을 포함하는 활동을 시작한다.
____ 4. 자주 집단성격을 띤 활동을 시작한다.
____ 5. 해당사항 없음

20. 놀이에 대한 제안하기: 다른 아동과 함께 놀 때
____ 1. 주로 다른 아동의 지시를 따른다.
____ 2. 가끔씩 놀이의 방향에 대한 제안을 한다.
____ 3. 자주 놀이에 대한 제안을 한다.
____ 4. 거의 항상 놀이의 방향에 대한 제안을 한다.
____ 5. 해당사항 없음

21. 차례 기다리기
____ 1. 순서를 앞지르기 위해서 자주 다른 아동을 방해하거나 밀거나 한다.
____ 2. 순서를 앞지르려고 시도는 하지만 그러기 위해 밀거나 싸우지는 않는다.
____ 3. 순서를 기다리기는 하지만 앞에 있는 아동을 밀거나 괴롭힌다.

____ 4. 순서가 돌아오거나 호명되기를 기다린다.
____ 5. 해당사항 없음

22. 좌절에 대한 반응하기: 원하는 것을 갖지 못하거나 일이 생각대로 되지 않을 때
____ 1. 울화를 터뜨린다(소리치거나 발로 차고 던지는 등).
____ 2. 문제를 해결하는 데 있어 도움을 구하지 않고 대신할 만한 다른 활동을 찾는다.
____ 3. 혼자 해결하려고 하지 않고 다른 사람에게서 도움을 구한다.
____ 4. 혼자서 해결하려고 노력한 후 다른 사람의 도움을 구한다.

23. 성인에게 의존하기: 성인의 참여나 격려 없이도 자신의 활동을 계속한다.
____ 1. 거의 그 활동을 계속하지 않는다.
____ 2. 가끔씩 그렇다.
____ 3. 자주 그렇다.
____ 4. 거의 항상 활동을 계속한다.

24. 놀이에 대한 제한 수용하기: 성인이 아동의 활동을 제한할 경우(놀이공간, 도구 사용, 활동 유형 등)
____ 1. 제한을 거의 받아들이지 않는다.
____ 2. 제한을 가끔씩 받아들인다.
____ 3. 제한을 자주 받아들인다.
____ 4. 제한을 거의 항상 받아들인다.

25. 활동 전환하기: 한 활동에서 다른 활동으로 바꾸는 경우
____ 1. 성인에 의해서 개별적인 지시(즉, 손을 잡고 이끈다든가 하는 등)가 있어야만 한다.
____ 2. 도구 등의 배치가 완료되기 전에는 새로운 활동으로 이동하지 않는다.
____ 3. 교사의 말에 따라 새로운 활동으로 이동한다.
____ 4. 구체적인 지시가 없이도 새로운 활동으로 이동한다.

26. 일상의 변화 수용하기: 아동은 별다른 저항이나 스트레스 없이 일상의 변화(일과, 방의 배치, 성인들)를 받아들인다.
____ 1. 거의 그렇지 않다.
____ 2. 가끔 그렇다.
____ 3. 자주 그렇다.
____ 4. 거의 항상 그렇다.

27. 공공장소에서 주의 주기: 공공장소에서 데리고 갔을 때 말과 행동으로 재차 주의를 주어야 한다.
____ 1. 거의 항상 그렇다.
____ 2. 자주 그렇다.
____ 3. 가끔 그렇다.
____ 4. 거의 그렇지 않다.
____ 5. 해당사항 없음

28. 낯선 성인에 대한 반응하기
____ 1. 낯선 성인과는 어떤 접촉도 피하거나 위축된다.
____ 2. 낯선 성인이 다가오면 처음에는 피하지만 차츰 반응한다.
____ 3. 낯선 성인에게 대답은 하지만 접촉은 시도하지 않는다.
____ 4. 낯선 성인 쪽으로 쉽게 움직인다.
____ 5. 해당사항 없음

29. 새로운 활동하기
____ 1. 익숙한 활동에만 매달린다.

____ 2. 다른 아동들이 그 활동을 하고 있는 경우에만 새로운 활동에 참여한다.
____ 3. 모든 아동들에게 새로운 활동에 다른 아동들과 함께 참여한다.
____ 4. 다른 아동들이 참여하지 않더라도 새로운 활동에 참여한다.
____ 5. 해당사항 없음

30. 도움 요청하기: 다른 사람의 도움이 필요한 활동에 참여하고 있을 때
____ 1. 도움을 구하지 않고 활동을 그만둔다.
____ 2. 도움을 받을 때에만 활동을 계속한다.
____ 3. 활동을 지속하다가 마지막에 도움을 요청한다.
____ 4. 간단히 시도해 본 후에 사람의 도움을 구한다.

31. 협동하며 놀기: 다른 아동의 의견을 수용하면서 놀이 및 활동에서 서로 협력한다.
____ 1. 거의 그렇지 않다.
____ 2. 가끔 그렇다.
____ 3. 자주 그렇다.
____ 4. 거의 항상 그렇다.
____ 5. 해당사항 없음

32. 규칙 준수하기: 다른 아동들과 놀이를 할 때 규칙을 따른다.
____ 1. 거의 그렇지 않다.
____ 2. 가끔 그렇다.
____ 3. 자주 그렇다.
____ 4. 거의 항상 그렇다.
____ 5. 해당사항 없음

33. 감정 이입하기: 다른 아동이 감정이 상해 있거나 의기소침해 할 때 관심을 가지고 도움을 주며 편안하게 해준다.
____ 1. 거의 그렇지 않다.
____ 2. 가끔 그렇다.
____ 3. 자주 그렇다.
____ 4. 거의 항상 그렇다.
____ 5. 해당사항 없음

34. 공격하기
____ 1. 다른 아동들을 괴롭히거나 화나게 하지 않고 말다툼을 하지 않는다.
____ 2. 가끔씩 아동들을 괴롭히거나 화나게 하고 말다툼한다.
____ 3. 자주 아동들을 괴롭히거나 화나게 하고 말다툼한다.
____ 4. 자주 아동들을 괴롭히거나 화나게 하고 말다툼하며 가끔씩 때리기도 한다.

출처: 강경아(1999). 유아의 사회적 능력에 따른 또래간 요구전략, 요구의 결과 및 반응전략. 이화여자대학교 대학원 석사학위논문.

5. 사회적 관계에 관한 관찰기록

유 아 명		남, 여	생년월일	년 월 일
평가목적				

* 관찰한 장면에 ∨표 해주세요.

관 찰 일	/ 일	/ 일	/ 일
사회적 관계에 관한 문항	1회	2회	3회
1. 성인과 관계 맺기			
(1) 아직은 교사와 상호작용하지 않는다.			
(2) 친숙한 성인이 상호작용을 주도할 때 반응한다.			
(3) 친숙한 성인과의 상호작용을 주도한다.			
(4) 친숙한 성인과의 상호작용을 지속한다.			
(5) 친숙한 성인과 복잡한 활동(규칙 준수, 협동 등)을 함께 한다.			
2. 다른 유아와 관계 맺기			
(1) 아직은 다른 유아들과 함께 놀지 않는다.			
(2) 다른 유아가 상호작용을 주도할 때는 반응한다.			
(3) 다른 유아와의 상호작용을 주도한다.			
(4) 다른 유아와의 상호작용을 지속한다.			
(5) 다른 유아와 복잡한 활동(규칙 준수, 협동 등)을 함께 한다.			
3. 친구 사귀기			
(1) 반 친구들의 이름을 알지 못한다.			
(2) 몇몇 친구들의 이름을 알며 가끔 그 친구들에 대한 이야기를 한다.			
(3) 반 친구들을 친구로 인식한다.			
(4) 반 친구들에게 친구로 인식되어진다.			
(5) 친구로부터 사회적 지위를 받으며, 그 친구에게 신의를 보인다.			

사회적 관계에 관한 문항	1회	2회	3회
4. 사회적인 문제 해결하기			
(1) 갈등을 해결하기 위해 다른 사람과 협조하지 않으며, 대신 피해 버리거나 힘을 사용한다.			
(2) 다른 사람이 문제 상황에 관심을 갖도록 하기 위해 적절한 방법을 찾는다. 관심을 끌기 위해 때리거나 발로 차는 행동을 하지 않는다.			
(3) 다른 유아와의 문제를 해결하기 위해 성인의 도움을 요청한다.			
(4) 가끔, 협상이나 사회적으로 적절한 방법을 사용하여 다른 유아들과 문제를 혼자서 해결하려고 한다.			
(5) 일반적으로 다른 유아들과의 문제를 혼자서 해결한다.			
5. 감정을 이해하고 표현하기			
(1) 아직은 감정을 나타내거나 말하지 못한다.			
(2) 감정을 나타내거나 말하지만, 때때로 부적절한 방법을 사용한다.			
(3) 다른 사람의 감정을 인식하고 있음을 보여 준다.			
(4) 일반적으로 적절한 방법으로 감정을 표현한다.			
(5) 다른 사람의 감정에 적절한 반응을 한다.			

출처: 이정환(1997). 교사를 위한 유아관찰지침서. 서울 : 한국어린이육영회.

6. 친사회적 행동 평정척도

〈2, 3세용〉

관찰유아		생년월일		성별	남, 여
관 찰 자		관 찰 일	년 월 일		
유아의 연령					

* 유아의 친사회적 행동에 대해 다음과 같이 1~5로 평가하여 해당 숫자에 O표를 한다.
  1: 전혀 그렇지 않다 2: 약간 그렇지 않다 3: 중간 정도 4: 약간 그렇다 5: 아주 그렇다
* 내용을 종합하여 요약한다.

1. 또래가 울면 말이나 언어적 표현으로 위로한다.	1	2	3	4	5
2. 또래가 울면 신체적인 표현(예: 토닥거리기), 접촉을 통해 위로한다.	1	2	3	4	5
3. 장난감을 친구와 나누어 쓴다.	1	2	3	4	5
4. 간식을 친구와 함께 나누어 먹는다.	1	2	3	4	5
5. 놀이시간에 친구와 함께 협동하여 논다.	1	2	3	4	5
6. 미술, 작업시간에 또래와 함께 협동하여 구성한다.	1	2	3	4	5
7. 친구를 도와준다.	1	2	3	4	5
8. 교사를 도와준다.	1	2	3	4	5
9. 자신의 장난감이나 물건을 친구에게 그냥 준다.	1	2	3	4	5
10. 친구가 놀다간 자리를 치워 준다.	1	2	3	4	5
11. 친구가 부탁하면 들어 준다.	1	2	3	4	5
12. 교사가 ○○을 달라고 요청하면 들어 준다.	1	2	3	4	5
13. 또래와 놀이를 하면서 장난감을 서로 교환한다.	1	2	3	4	5
14. 친구와 대화하면서 언어적 교환을 나눈다.	1	2	3	4	5
15. 친구가 울거나 슬퍼하면 자신도 같은 감정을 갖는다.	1	2	3	4	5
16. 그림그리기, 작업시간에 재료를 서로 나누어 쓴다.	1	2	3	4	5
17. 장애물이 접근하면 친구를 방어해주는 행동을 보인다.	1	2	3	4	5
요약					

〈4, 5세용〉

관찰유아		생년월일		성별	남, 여
관 찰 자		관 찰 일	년 월 일		
유아의 연령					

* 유아의 친사회적 행동에 대해 다음과 같이 1~5로 평가하여 해당 숫자에 O표를 한다.
  1: 전혀 그렇지 않다 2: 약간 그렇지 않다 3: 중간 정도 4: 약간 그렇다 5: 아주 그렇다
* 내용을 종합하여 요약한다.

1. 다른 사람의 감정을 이해한다.	1	2	3	4	5
2. 다른 사람의 감정을 이해하고 말로 위로한다.	1	2	3	4	5
3. 다른 사람의 감정을 이해하고 행동이나 신체적 접촉을 통해 위로한다.	1	2	3	4	5
4. 친구나 교사에게 나누어 주기를 한다.	1	2	3	4	5
5. 친구나 교사에게 양보를 한다.	1	2	3	4	5
6. 놀이시간이나 작업시간에 협력한다.	1	2	3	4	5
7. 친구와 교사를 도와준다.	1	2	3	4	5
8. 자신의 것을 다른 사람에게 대가를 받지 않고 그냥 준다.	1	2	3	4	5
9. 다른 사람의 부탁을 들어 준다.	1	2	3	4	5
10. 나보다 어려운 상황에 놓여 있는 사람에게 동정심을 보인다.	1	2	3	4	5
11. 친구에게 격려를 한다.	1	2	3	4	5
12. 친구를 위해 간식 그릇을 치워 주거나 주변 정리를 해준다.	1	2	3	4	5
13. 우는 친구에게 다가가서 안심시켜 준다.	1	2	3	4	5
14. 토의 시간에 자기주장을 할 수 있다.	1	2	3	4	5
15. 장애물이 접근했을 때 자신의 친구를 방어한다.	1	2	3	4	5
16. 친구에게 어떤 일이 일어났을 때 언어로 그 일을 인정한다.	1	2	3	4	5
17. 친구와 장난감을 교환하며 놀이를 한다.	1	2	3	4	5
18. 친구에게 관용을 베푼다.	1	2	3	4	5
19. 교사나 친구에게 친절하다.	1	2	3	4	5
20. 친구와 대화를 주고받으면서 언어적 교환을 한다.	1	2	3	4	5
요약					

출처: 전남련(1999). 유아교육기관 교사를 위한 유아관찰 및 평가의 실제. 서울: 창지사.

7. 적응 평정척도

유 아 명		남, 여	생년월일	년 월 일
관찰일자	년 월 일			

＊관찰한 장면에 V표 해주세요.

1: 전혀 그렇지 않다 2: 약간 그렇지 않다 3: 중간 정도 4: 약간 그렇다 5: 아주 그렇다

문 항	1	2	3	4	5
1. 친구를 잘 도와준다.					
2. 친구들과 공동의 주제를 갖고 함께 일한다.					
3. 장난감 등을 친구들과 잘 나누어 갖는다.					
4. 차례를 지킨다.					
5. 다른 사람들이 고통스러워할 때 관심을 보인다.					
6. 쾌활하고 명랑하다.					
7. 친절하고 우호적이다.					
8. 편안하고 안정적이다.					
9. 매사에 의욕적이다.					
10. 함께 놀이를 할 친구들을 적극적으로 찾는다.					
11. 친구들과 같이 놀기를 좋아한다.					
12. 다른 친구들이 사귀고 싶어하는 인기 있는 아이이다.					
13. 다른 아이들이 하고 있는 작업이나 활동 중간에도 쉽게 어울린다.					
14. 친구들과 갈등의 긍정적인 방법으로 해결한다.					
15. 일반적으로 다른 친구들과 잘 어울려 논다.					
16. 자신감이 있다.					
17. 독립적이다.					
18. 자기 주장이 있다.					
19. 자기 주도적이다. (활동을 스스로 선택하여 시도하거나 결정한다.)					
20. 교실활동이나 역할에 새로운 제안을 하여 주도성을 갖는다.					
21. 쉽게 포기하지 않는다.					
22. 하루하루의 일과를 잘 이해하고 따른다.					
23. 대부분의 경우 교사에게 협조한다.					
24. 대집단 활동시간 동안 교사의 말에 귀를 기울여 잘 듣는다.					
25. 유치원에 있는 동안 지시에 잘 따른다.					
26. 활동이 바뀔 때 쉽게 적응한다.					
27. 자유선택활동과 소집단활동 시간 동안 주어진 과제에 충실하게 참여한다.					
28. 교사에게 관심과 도움을 적절히 요청한다.					

출처: 박영충(1997). 포트폴리오의 유아교육 현장 적용 효과. 숙명여자대학교 대학원 박사학위논문.

8. 부적응 행동 관찰기록

유 아 명		남, 여	생년월일	년 월 일
관찰일자	년 월 일			

* 관찰한 장면에 ∨표 해주세요.			
관 찰 일	/ 일	/ 일	/ 일
문 항	1회	2회	3회
1. 자기 의사를 잘 표현하지 못한다.			
2. 다른 사람과 말할 때 마주 쳐다보지 못한다.			
3. 다른 사람과 이야기할 때 '예, 아니오' 라고만 대답한다.			
4. 용품(크레파스, 장난감 등)이 없어도 같이 쓰자는 말을 못한다.			
5. 친구들에게 자기 감정이나 의사를 나타내지 못한다.			
6. 낯선 사람 앞에서는 말을 못한다.			
7. 공연히 얼굴을 붉히거나 유난히 수줍음을 탄다.			
8. 남이 조금만 뭐라고 해도 당황하거나 쩔쩔맨다.			
9. 어른이 조금이라도 꾸중을 하기만 하면 울기부터 한다.			
10. 지명을 받았을 때 재촉하거나 마지못해 일어난다.			
11. 선생님의 질문에 알면서도 더듬거리거나 말을 하지 않는다.			

출처: 황해익 · 임재택(1996). 영유아 관찰 및 평가. 서울: 양서원.

9. 영유아 언어 · 인지 · 사회 · 정서발달평가도구

연령	발달 영역	평가문항	예	아니오
3세	언어	1. 안/밖, 위/아래 위치부사어를 이해한다.		
		2. 어려운 의문사(왜, 어떻게)가 들어간 질문을 이해하고 적절하게 반응한다.		
		3. 간접적으로 말해도 그 의미를 이해한다.		
		4. 이야기를 해주면 주요 줄거리를 이해한다.		
		5. 익숙한 로고 글씨나, 상표, 간판을 이해한다.		
		6. 옷, 장난감 등의 쉬운 범주어(분류어)로 표현한다.		
		7. 조사를 사용하여 문장을 표현한다.		
		8. 상황에 적절한 시제를 사용한다.		
		9. 쉬운 음소(ㅁ ㅂ ㄴ ㄷ ㅇ)들을 문장("엄마, 아빠, 나, 딩동댕")에서 바르게 발음한다.		
		10. '왜' 나 '어떻게' 를 사용하여 정보를 요구하는 질문을 한다.		
		11. 익숙한 이야기에 대하여 논리적으로 이야기를 전개한다.		
	인지	12. 사각형 모양을 그린다.		
		13. 10개 정도의 조각으로 구성된 퍼즐을 완성한다.		
		14. 과거의 일을 네 가지 정도 기억한다.		
		15. 실제 사물을 직접 보지 않고도 표상한다.		
		16. 얼굴 특징이나 신체 특징이 있는 사람을 그린다.		
		17. 네 가지 장면으로 만들어진 에피소드에서 이야기의 전후관계를 안다.		
		18. 문제 해결을 위한 방법이나 전략을 모색한다.		
		19. 옆과 사이의 개념을 안다.		
		20. 새로운 사물을 관찰 할 때, 감각 외에 다른 자원을 사용한다.		
		21. 한 번에 두 가지 이상의 속성을 고려하여 사물을 분류한다.		
		22. 5개 이상의 사물을 한 가지 속성에 따라 순서대로 놓는다.		
		23. 7개의 구체물의 수를 센다.		
		24. A-B 패턴을 2회 이상 모방한다.		
	사회 · 정서	25. 또래들과의 집단 활동에서 자신의 생각을 제안하면서 놀이한다.		
		26. 문제 상황에서 해결방법을 제시한다.		
		27. 다른 사람이 도움을 필요로 할 때 자발적으로 도움을 준다.		
		28. 의견을 나누면서 협동놀이를 한다.		
		29. 자신의 성-안정성을 말로 표현한다.		
		30. 안전을 확인하기 위하여 교사에게 질문한다.		
		31. 자신의 능력을 긍정적으로 말로 표현한다.		

연령	발달영역	평가문항	예	아니오
3세	사회·정서	32. 학습 상황에서 열의와 호기심을 보인다.		
		33. 자신과 다른 사람의 감정을 구분한다.		
		34. 다른 사람에게 마음의 상처를 주지 않고 감정을 표현한다.		
		35. 더 큰 만족을 얻기 위하여 좌절하거나 실망하지 않고 참고 노력한다.		
4세	언어	1. 길이나 높이를 나타내는 수식어의 의미를 이해한다.		
		2. 입는 것, 타는 것 등 사물의 기능에 따른 표현을 이해한다.		
		3. 안/밖, 위/아래 위치 부사어를 이해한다.		
		4. 다른 사람이 말할 때 지나치게 방해하거나 무시하지 않고 잘 듣는다.		
		5. 글자와 그림을 구별한다.		
		6. 쉬운 의문사(무엇, 누가) 질문을 이해한다.		
		7. 사물이나 행동을 수식 하는 어휘(형용사, 부사)를 사용한다.		
		8. 쉬운 의문사(무엇, 누구)를 사용하여 질문한다.		
		9. 세 단어 이상의 문장을 사용한다.		
		10. 조사를 사용하여 문장을 표현한다.		
		11. 상태나 감정을 말로 표현한다.		
		12. 상대방이 한 말이나 지시에 거부나 부정을 표현한다.		
	인지	13. 원모양을 그린다.		
		14. 7개 정도의 조각으로 구성된 퍼즐을 완성한다.		
		15. 과거의 일을 세 가지 정도 기억한다.		
		16. 실물을 보면서 그림이나 구성물로 표현한다.		
		17. 간단한 형태의 사람(두족인)을 표현한다.		
		18. 세 가지 장면으로 만들어진 에피소드에서 이야기의 전후관계를 안다		
		19. 해결해야 하는 문제 상황에서, 문제의 원인을 안다.		
		20. 위/아래, 앞/뒤의 개념을 안다.		
		21. 새로운 사물을 관찰할 때, 여러 감각을 사용하여 정보를 수집한다.		
		22. 두 가지의 속성을 포함하는 사물들을 한 가지 속성에 따라 분류한다.		
		23. 4개의 사물을 한 가지 속성에 따라 순서대로 놓는다.		
		24. 5개의 구체물의 수를 센다.		
		25. A-B 패턴을 2회 이상 모방한다.		
	사회·정서	26. 또래의 놀잇감이나 소유물의 사용을 허락받는다.		
		27. 자신이 원하고, 생각하고, 느끼는 것을 친구나 교사에게 말로 표현한다.		
		28. 다른 사람이 도움이 필요하다는 것을 알고 반응한다.		

연령	발달영역	평가문항	예	아니오
4세	사회·정서	29. 2~3명의 소규모 집단에서 상호작용을 하면서 놀이를 한다.		
		30. 자신의 신체적인 특징을 말로 표현한다.		
		31. 교사의 도움이 필요 할 때 말이나 행동으로 요청한다.		
		32. 자신이 잘할 수 있는 것을 말로 자발적으로 표현한다.		
		33. 가상놀이에서 자신의 역할을 적절하게 수행한다.		
		34. 학기 초에 부모와 어려움 없이 헤어진다.		
		35. 실제나 가상놀이에서 감정에 대하여 말로 표현한다.		
		36. 자신의 감정을 말로 표현하여 조절한다.		
5세	언어	1. 어려운 단어를 이해한다.		
		2. 비유적인 표현의 의미를 이해한다.		
		3. 사동사를 듣고 그 뜻을 이해한다.		
		4. 농담을 이해한다.		
		5. '과일', '동물' 등의 어려운범주어(분류어)를 사용한다.		
		6. 연결어미(-하고, -해서, -지만)가 들어간 복문을 사용한다.		
		7. 대부분의 음소들(ㅂ ㄴ ㄷ ㅇ ㄹ ㄱ ㅈ)을 문장("가방이 줄에 묶여 있대요.")에서 바르게 발음한다.		
		8. 일상 사물의 특성을 말로 설명한다.		
		9. 유아에게 익숙한 글자는 소리 내어 읽는다.		
		10. 자신의 이름을 쓴다.		
		11. 끝말잇기를 한다.		
	인지	12. 삼각형 모양을 그린다.		
		13. 15개 이상의 조각으로 구성된 퍼즐을 완성한다.		
		14. 과거의 일을 네 가지 정도 기억한다.		
		15. 실제 사물을 보지 않고 표상한 후 이름을 짓는다.		
		16. 균형 잡힌 사람을 그린다.		
		17. 네 가지 장면으로 만들어진 에피소드에서 이야기의 전후관계를 안다		
		18. 문제 해결을 위한 방법이나 전략을 모색한 후 적용한다.		
		19. 왼쪽과 오른쪽의 개념을 안다.		
		20. 새로운 사물을 관찰할 때, 감각 외에 다른 자원을 사용한다.		
		21. 한 가지 유목에 따라 분류하고 다시 하위 유목에 따라 재분류한다.		
		22. 한 세트(5개)를 서열화 한 후 다른 한 세트(5개)를 첨가했을 때 한 가지 준거에 따라 배열한다.		
		23. 10개의 구체물의 수를 센다.		
		24. 기본 패턴을 변형하여 다양한 패턴을 확장해 낸다.		

연령	발달 영역	평가문항	예	아니오
5세	사회·정서	25. 우정의 개념을 이해한다.		
		26. 공정성을 알고 말이나 행동으로 표현한다.		
		27. 의도나 상황을 고려하여 행동을 판단한다.		
		28. 집단 활동에서 역할을 분담하여 협동놀이를 한다.		
		29. 자신의 능력을 정확하게 말한다.		
		30. 교사를 탐색과 문제해결의 자원으로 활용한다.		
		31. 교사와 자기주도적으로 상호작용을 한다.		
		32. 행동에 자신감을 보인다.		
		33. 사실과 환상을 말이나 행동으로 구분한다.		
		34. 새로운 상황에서 도전과 위험을 감수한다.		
		35. 타인의 숨은 의도를 공감하여 이해한다.		
		36. 자기-안정을 위하여 자발적으로 적절한 방법을 사용한다.		
		37. 다른 사람이 힘들어 할 때 위로한다.		

출처: 제주특별시자치도 · 교육과학기술부(2008). 영유아를 위한 언어 · 인지 · 사회 · 정서발달평가도구. 제주특별시자치도 · 교육과학기술부.

참고문헌

가족스트레스연구회(1994). **엄마의 스트레스**. 서울: 창지사.

강경아(1999). 유아의 사회적 능력에 따른 또래간 요구전략, 요구의 결과 및 반응전략. 이화여자대학교 대학원 석사학위논문.

강동경희대학병원 (2012). 발달지연. http://www.khnmc.or.kr/healthinfo/healthview.do?seq=272. (2013. 1. 2 인출)

강문희(2000). **유아생활지도**. 서울: 교문사.

강병재(2008). 게임과 몰입 유아의 행동특성에 관한 분석. **열린유아교육연구**, 13(3), 1-21.

강신영 · 조준오(2007). 유아에게 나타난 컴퓨터 활용의 역기능에 관한 연구. **유아교육논집**, 16(1), 43-61.

강영희(2008). **생명과학대사전**. 서울: 아카데미서적.

강진숙 · 이제영(2011). 청소년 TV중독의 원인과 예방에 대한 Q방법론적 연구. 『**한국방송학보**』, **55권 1호**, 79~108.

고인옥(2001). 사회적 갈등 상황에서 유아들의 갈등해결 전략과 교사의 역할. 중앙대학교 대학원 박사학위논문.

고재옥(2002). 유아의 식습관 및 생활 환경이 유아의 비만에 미치는 영향. 대구가톨릭대학교 교육대학원 석사학위논문.

고희정(1997). 유아의 기질과 스트레스행동과의 관계. 이화여자대학교 대학원 석사학위논문.

공석영 · 이규명 · 이은상 · 방인옥 · 김명숙(2000). **유아생활지도**. 서울: 양서원.

곽은복(2000). 유아 안전 교육 프로그램의 구성 및 효과에 관한 연구. 중앙대학교 대학원 박사학위논문.

교육과학기술부(2012). **교육과학기술부 고시 제 2012 - 16호**. 서울: 교육과학기술부.

교육과학기술부, 육아정책연구소(2012). 유아 인성교육을 위한 교사용 부모상담 가이드북. 교육과학기술부, 육아정책연구소

교육부(2019a). 유치원교육과정 고시문. 제2019-189호
교육부(2019b). 유치원교육과정 해설서. 교육부, 보건복지부.
교육인적자원부(2000). 유치원 교육과정에 기초한 유아 관찰척도. 서울: 교육인적자원부.
교육인적자원부(2001). 유치원 교사 교육프로그램. 서울: 교육인적자원부.
국립국어원(2013). 표준국어대사전. http://stdweb2.korean.go.kr/search/List_dic.jsp. (2013.1.15. 인출)
국립특수교육원(2009). 특수교육학 용어사전. 서울: 하우.
김경윤 · 조경선(2012). 통합교육환경에서 발달지체유아에 대한 일반유아의 인식변화 연구미래유아교육학회지, 19(2), 311-325.
김경희(1991). 아동심리학. 서울: 박영사.
김나영 · 이승희(2002). 아동임상 및 상담심리. 서울: 동문사.
김영희(1999). 유아의 또래 간 갈등해결 전략에 관한 연구. 서울여자대학교 대학원 박사학위논문.
김옥분(1997). 현장사례로 본 유아상담. 서울: 도서출판 어린이뜰.
김재은(1997). 유아의 발달심리. 서울: 창지사.
______(1998). 어린이의 발달과 스트레스. 삼성복지재단 제 6회 학술대회: 유능한 어린이로 키우기. 서울: 삼성복지재단.
김정인(2002). 보육시설의 질적 수준에 따른 유아의 감정조망수용 능력과 친사회적 행동. 이화여자대학교 대학원 석사학위논문.
김진영(1997). 유치원에서 또래 간 사회적 힘의 형성과정. 이화여자대학교 대학원 박사학위논문.
김충기(1997). 생활지도와 상담. 서울: 교육과학사.
김충기 · 장선철(2002). 유아생활지도. 서울: 동문사.
김태숙(2002). 유치원에서의 예절교육에 관한 연구. 성균관대학교.
네이버지식백과(2012). 팝콘브레인. http://terms.naver.com/entry.nhn?cid=406&docId=932795&mobile&categoryId=406 (2013. 1. 2)
대한간호학회(1996). 간호학대사전. 서울: 한국사전연구사.
대한소아과학회(2002). 한국 소아 신체 발육 표준치. 서울: 대한소아과학회.
두산(2013). 두산백과. http://www.doopedia.co.kr. (2013. 1. 14)
모수미 외 5인(1993). 서울시내 고소득층 아파트단지 국민학교 어린이의 체격과 식생태에 관

한 조사연구. 한국식생활문화학회지, 8(3).
박선미(2004). 유아성교육 현황 및 유아성교육에 대한 교사의 인식 조사. 이화여자대학교 석사학위논문.
박성수 · 유효순(1995). 아동생활지도. 서울: 한국방송통신대학교 출판부.
박성옥 외 9인(2003). 유아의 건강과 안전. 서울: 창지사.
박수미(2002). 언어훈련이 자폐성 아동의 부적응 행동에 미치는 효과. 대구대학교 교육대학원 석사학위논문.
박영충(1997). 포트폴리오의 유아교육현장적용효과. 숙명여자대학교 대학원 박사학위논문.
박은혜 · 이명선 · 성원경 · 함인자(2006). 유아를 위한 성교육 프로그램. 서울: 교육과학기술부.
박정애(2000). 만 4세 유아의 공격행동에 대한 연구. 건국대학교 교육대학원 석사학위논문.
박태우(1991). 토의집단의 구성과 학습형태. 교육연구 2월호, 30-32.
박혜경 외 5인(2005). 통합중심의 유아교과교육론. 교육아카데미.
박화윤 · 안나리 · 하양승(1998). 종일제와 반일제 유치원 프로그램의 유아 스트레스 행동. 유아교육연구, 18(2), 135-155.
방송통신위원회(2012). 보도자료: 인터넷이용행태가 고정형에서 모바일 중심으로 변화. 2012 인터넷이용실태조사 결과 발표. 서울: 방송통신위원회.
배호순(1997). 포트폴리오 평가에 대한 분석적 고찰. 수행평가의 이론과 실제. 한국교육평가연구회. 81-124.
변명숙(2000). 유아교육기관의 안전 환경 및 유아의 안전 지각 조사연구. 대구대학교 교육대학원 석사학위논문.
변시영 · 조한익(2011). 정서경험과 정서표현성 및 이용 동기가 인터넷 중독 · 휴대폰 중독에 미치는 영향. 인간이해, 32(1), 119-133.
보건복지부(1996). 영양, 건강, 안전 관리. 유아프로그램 7. 서울: 보건복지부.
서영숙(1980). 유아의 대물애착현상의 발생원인 및 의미에 관한 연구. 대한가정학회지, 18(1), 83-95.
서울경제(2012). 정서 불안 · 터넷 중독 조심하세요.(2012.04.11.)
서울대학교 병원(2013a). 소아비만. http://search.naver.com/search.naver?sm=tab_hty.top&where=nexearch&ie=utf8&query=%EC%86%8C%EC%95%84%EB%B9%84%EB%A7%8C. (2013. 1.14. 인출).

서울대학교 병원(2013b). 유뇨증. http://terms.naver.com/entry.nhn?cid=865&docId=927014&categoryId=1737. (2013. 1.14. 인출).

서울대학교 병원(2013c). 자폐증. http://terms.naver.com/entry.nhn?cid=865&docId=926930&mobile&categoryId=1734 (2013. 1.15. 인출).

서희선 · 권현수 (2009). 장애이해교육과통합교육경험이초등학교학생의 장애인식 및 수 용 태도에 미치는 효과. **특수교육연구**. 16(1), 63-82.

송명자(2001). **발달심리학**. 서울: 학지사.

송종용(2000). 유치원이나 친구집에서 남의 물건 들고 와요. 한겨레신문, 12월 22일.

______(2001a). 주변 정리에 지나치게 신경 써요. 한겨레신문, 10월 7일.

______(2001b). 성기부분 비벼대는 아이 친구랑 놀도록 신경 써야. 한겨레신문, 5월 20일.

순천향 아동임상센터(2013). 반항성장애진단검사. http://www.helpchild.net/about_difficulty03.php

신기철 · 신용철(1983). **새 우리말 큰 사전**. 서울: 삼성출판사.

신옥순(1994). **유아교육학개론**. 서울: 학지사.

신의진(2001). 과잉조기학습과 어린이 정신건강. **대한어린이교육협회 춘계 회원연수자료집**.

아치발드 하트(1997). **엄마아빠, 스트레스 좀 주지 마세요**. 김원주 역. 서울: 베다니출판사.

안순조(2002). 유아의 격리불안과 공격성에 대한 유치원 교사의 지각연구. 동아대학교 대학원 석사학위논문.

안영진(2014). **유아생활지도** 서울: 창지사.

안영진 · 이성숙(2002). **유아생활지도**. 서울: 삼광출판사.

안영진 · 장선철(2002). **아동상담**. 서울: 학지사.

여성부(2003). **영아보육 모형**(연구보고 2002-18). 서울: 여성부.

염현경(1998). 유아의 일상적 스트레스 척도 개발 및 타당화 연구. 이화여자대학교 대학원 박사학위논문.

영남일보(2012). 스마트미디어 중독 어린이 뇌 불균형 발달…접촉시기 늦춰야. http://www.bokjiro.go.kr/news/allNewsView.do?board_sid=308&data_sid=5877156 (2012. 11. 15. 인출)

오가영(2006). 놀이치료를 적용한 미술치료프로그램이 유아의 문제행동에 미치는 효과. **한국예술치료학회**, 6(1), 1-28

오경미(2002). 유아의 연령, 성별 및 유치원의 운영시간에 따른 유아의 스트레스 행동. 이화여자대학교 교육대학원 석사학위논문.
오영희 · 엄정애(1999). **부모교육**. 서울: 동현출판사.
우민정(2011). 유아 성교육 프로그램의 구성 및 적용효과. **유아교육학논집**, 15(2), 33-56.
윤운성 · 정정옥(1998). **발달심리**. 서울: 교육아카데미.
이경옥 · 김민화 · 김승옥 · 김혜수(2006). 유아동 및 청소년의 인터넷 게임 중독 척도개발연구. **연구보고 06-15**. 서울: 한국정보문화진흥원.
이기숙 외(1993). **유아를 위한 언어교육**. 서울: 교문사.
________(1997). **유아를 위한 안전교육**. 서울: 양서원.
이상복 · 이상훈 · 이효신(1996). **주의력 결핍 · 과잉행동 아동의 행동지도 방법**. 대구: 대구대학교 출판부.
이숙재 · 이봉선(1999). **영유아의 발달과 교육**. 서울: 창지사.
이순례 · 박희숙 · 조인숙 · 정수미(2001). **영유아행동지도**. 서울: 강남대학교 출판부.
이순형 외 4인(2007). **영유아 교수방법**. 서울: 학지사.
이순희 · 윤복희 · 박혜경 · 최일선(2000). **유아언어교육**. 서울: 양서원.
이숙희(2010). 컴퓨터 게임 중독 이행과 유아의 공격성 및 사회적 관계 변화 연구. **유아교육학논집**, 14(1), 185-202.
이시용 외 3인(2000). **아동생활지도와 상담**. 서울: 교육과학사.
이영석(1988). **유아교육실습**. 서울: 형설출판사.
______(1989). **아동연구방법론**. 서울: 창지사.
이영자(1994). **유아언어교육**. 서울: 양서원.
이예지 · 양성은(2012). 부모의 언어통제유형이 유아의 거짓말 행동에 미치는 영향. **Jurnal of the Korean Home Economics Association**, 50(4), 21-36.
이윤경(1994). 유아교육 프로그램의 학급크기가 유아의 스트레스 행동과 활동 형태에 미치는 영향. **유아교육연구**, 14(2), 153-169.
이은진(2005). 미술치료기 빈항성 장애 아동의 공격행동과 가족관계에 미치는 영향. **정서 · 행동장애연구**, 21(3), 243-271.
이은해(1985). **아동연구방법**. 서울: 교문사.
이재창(1995). **생활지도**. 서울: 문음사.
이재현(1999). 대전지역 소아 야뇨증에 관한 역학 조사. 충남대학교 대학원 석사학위논문.
이정환 · 박은혜(1996). **교사들을 위한 교사 관찰워크북 II**. 서울: 한국어린이육영회.

이정환(1997). 교사를 위한 유아관찰지침서. 서울: 한국어린이육영회.

이지영(2000). 유치원에서의 안전사고에 대한 교사의 인식 연구. 이화여자대학교 교육대학원 석사학위논문.

이철수 외(2009). 사회복지학사전, 서울: Blue Fish.

이행자(1981). 유치원 아동의 성교육에 관한 기초연구. 아화여자대학교 석사학위논문.

이혜경(2012). 불안애착아 발생 위험요인의 예측과 세대간 전이에 대한 조기중재: 한국과 캐나다의 국가 간 비교. 정서·행동장애연구, 26(3), 91-111.

이혜숙·김선미(2011). 미술놀이활동 중재가 발달지체유아의 공격성과 주의집중에 미치는 효과. 지적장애연구, 13(1), 123-143.

이혜숙·심보배(2012). 기능평가 중심의 미술놀이활동이 발달지체 유아의 문제행동에 미치는 효과. 지적장애연구, 14(1), 193-215.

임근영(2002). 인기아와 고립아의 스트레스 수준 및 스트레스 대처 행동 비교. 이화여자대학교 교육대학원 석사학위논문.

장선철(1995). 유아부적응행동의 이해와 지도. 서울: 창지사.

장소영(2002). 영양교육 프로그램이 유아의 영양지식 및 식습관에 미치는 영향. 서울여자대학교 교육대학원 석사학위논문.

장인숙·최은영·공마리아(2006). 분리불안장애아동의 자기표현중심 모자미술치료 사례연구. 정서·행동장애연구, 22(1), 255-283.

장현갑·강성군(1996). 스트레스와 정신건강. 서울: 학지사.

장혜원(2012). 음악활동이 통합 어린이집 발달지체유아의 사회 정서발달에 미치는 영향 음악활동이 통합 어린이집 발달지체유아의 사회 정서발달에 미치는 영향. 특수교육연구, 19(1), 241-266.

장휘숙(1996). 아동연구법. 서울: 창지사.

전남련(1999). 유아교육기관 교사를 위한 유아관찰 및 평가의 실제. 서울: 창지사.

정계숙·주지영(2005). 고립유아의 사회적 상호작용 행동 증진에 대한 단기 종단적 사례 연구: 협동 모래놀이를 통하여. 유아교육연구, 25(5), 123-146.

정용부·고영인·신경일(2003). 아동생활지도와 상담. 서울: 학지사.

정인태(2001). 발달장애: 소중한 우리아이들을 위하여. 서울: 도서출판 유아존중.

정재순(1997). 기본생활습관 교육을 위한 토의 교수전략이 유아의 기본생활습관의 형성에 미치는 효과. 한국교원대학교 대학원.

정정옥 · 이경희 · 임은숙(2003). 아동의 성장과 발달이해. 서울: 교육아카데미.

정환별 · 백은희 · 김정민(2011). 개별차원의 긍정적인 행동지원이 정신지체 초등학생의 자리 이탈 행동과 과제 수행 행동에 미치는 효과. 특수아동교육연구, 13(1), 193-217.

제주특별시자치도 · 교육과학기술부(2008). 영유아를 위한 언어 · 인지 · 사회 · 정서 발달평가도구. 제주특별시자치도 · 교육과학기술부.

조순옥 외 5인(2002). 유아사회교육. 서울: 창지사.

주간한국(2003). 두레우물 육아교실 '아이가 자다가 깨서 걸어 다녀요'. (2003.1.9).

조선일보(2011). 종이 책 대신 스마트러닝 · 공부 습관 들인 후 시작하세요!. (2011.12.5).

조선일보(2011). 인터넷 · 스마트폰 많이 쓰면 '팝콘 브레인(현실에 무감각한 뇌)' 된다(2011.6.25).

지성애 · 홍혜경(2001). 영유아생활지도. 서울: 양서원.

채규영(2007). 수면의 생리. Korean Journal of Pediatrics, 50(8). 711-717.

최국남 · 박순이(1999). 유아사회교육. 서울: 창지사.

최일선 · 조운주(2010). 유아교육평가의 이론과 실제. 서울: 창지사.

통계청(1995). 사망요인 통계요인. 서울: 통계청.

통계청(2019). 맞벌이가구 비율. http://www.index.go.kr에서 인출.

한국산업안전관리공단(1996). 유아교사용 안전교육 지도서. 한국산업안전관리공단.

한국어린이육영회(1990). 유아를 위한 성교육. 서울: 한국어린이육영회.

한국유아교육학회(1996). 유아교육사전. 서울: 한국사전연구사.

한미옥(2004). 유아의 격리불안에 대한 어머니의 지각과 양육태도 연구. 부산교육학연구, 17(1), p. 185-240.

한진주 · 윤재희(2015). 규칙에 대한 유아의 경험 분석 실외놀이 정리정돈 규칙을 중심으로. 유아교육학논집 19(5), 475-500.

행정안전부(2012). 보도자료: 유아동(만5~9세) 인터넷 중독률 성인보다 높다. 서울: 행정안 전부.

허혜경 · 김성희(2003). 아동건강교육. 서울: 창지사.

홍은자(2001). 어머니의 성취 압력과 학원 · 학습지 이용이 유아의 스트레스에 미치는 영향. 이화여자대학교 교육대학원 석사학위논문.

황해익(2000). 유아교육평가. 서울: 양서원.

황해익 외 7인(2001). 유아교육기관에서의 포트폴리오 평가. 서울: 창지사.

황해익 · 임재택(1996). 영유아관찰 및 평가. 서울: 양서원.

Ainsworth, M. D. S., Blehar, M., Waters, E., & Wall, S. (1978). *Patterns of attachment.* Hillsdale, NJ: Erlbaum.

American Psychiatry Association(1994). *DSM-IV: Diagnostic statistical manual of mental disorder* (4th ed.). Washington, D. C.: A. P. A.

Arter, J. A., & Spandel, V. (1992). Using portfolios of student work in instruction and assessment. *Educational Measurement: Issues and practice, 11(1)*, 36-44.

Baker, A. C. (1993). New frontiers in family day care: Integrating children with ADHD. *Young Children, 48(5)*, 69-73.

Barbara, N. (2001). *Plans for observing and recording young children.* NY: Delmar.

Baumrind, D. (1971). Current patterns of parental authority. *Developmental Psychology, 4* (1, Pt.2), 1-13.

Barcus, F. E. (1983). *Images of life on children' s television.* New York: Praeger.

Bar-Tal, D., & Raviv, A. (1982). A Cognitive-learning model of helping behavior development: Possible implications and applications in Eisenberg, N. (ed.), *The development of prosocial behavior* (pp.199-217). NY: Academy Press.

Berk, L. A. (2000). *Child development.* (5th ed.). MA: Allyn & Bacon.

Boutte, G., Keepler. D. L., Tyler, V. S., & Terry, B. Z. (1992). Effective techniques for involving "Difficult" parents. *Young Children, March*, 19-22.

Bowlby, J. (1958). *Attachment and loss.* London: Hogarth Press.

Braty, J. J. (2001). *Prosocial guidance for the preschool child.* 이기숙 · 강숙현 역. 서울: 이화여자대학교 출판부. (원저출판 1999)

Dunn, J. (1985). *The Beginnings of social understanding.* Oxford: Basil Blackwell.

Erickson, E. H. (1950). *Childhood and society.* New York: Norton.

Essa, E. (2003). *A practical guide for solving preschool behavior problems.* Delmar Learning, Inc.

Extension(2012). Basic tips child care providers can use to guide children' s behavior. http://www.extension.org/pages/25703/basic-tips-child-care-providers-can-use-to-guide-childrens-behavior. (2013.1.3. 인출)

Freud, S. (1948). *The ego and the mechanisms of defense.* New York: International Universities Press.

Fields, M. V., & Boesser, C. (1994). *Constructive guidance and discipline: preschool and primary education*. New York: Merrill.

Friedrich-Cofer, L., & Huston, A. C. (1986). Television violence and aggression: The debate continues. *Psychological Bulletin, 100*, 364-371.

Goldsmith, H. H. (1987). Roundtable: What is temperament? Four approaches. *Child Development, 58*, 505-529.

Havighurst, R. J. (1953). *Human development and education*. New York: Longmans Green & Co.

Hill, B. C., & Ruptic, C. (1994). *Practical aspects of authentic assessment: Putting the pieces together*. Norwood, MA: Christopher-Gordon Pub.

Hoffman, M. L. (1984). Interaction of effect and cognition in empathy. Inc Izard, J. Kagan & R. Zajone (Eds). *Emotion, cognition and behavior*(pp.103-131). New York: Cambridge University Press.

Huesmann, L. R. (1986). Psychological processes promoting the relation between exposure to media violence and aggressive behavior by the viewer. *Journal of Social Issues, 42*, 125-140.

Katz, L. G., & McClellan, D. E. (2001). **어린이들의 사회적 능력배양: 교사의 역할**. 홍용희 역. 서울: 양서원. (원저출판 1999)

Kemple, K. M. (1991). Preschool children' s peer acceptance and social interaction. *Young Children, 46(5)*, 47-54.

Killen, M., & Turiel, E. (1991). Conflict resolution in preschool social interaction. *Early Education and Development, 2(3)*, 240-256.

Klein, S, A.(2013). Guiding Young Children, Early Children:21 Strategies. http://www.earlychildhoodnews.com/earlychildhood/article_view.aspx?ArticleID=578. (2013. 1. 3 인출)

Kuczen, B. (1997). **아동의 스트레스**. 강영자 · 박성옥 · 양명숙 편역. 서울: 양서원. (원저출판 1987)

Landau, S., & McAnich, C. A. (1993). Young children with attention deficits. *Young Children, 48(4)*, 49-58.

Malloy, H. L., & McMurray. P. (1996). Conflict strategies and resolution: Peer conflict in an integrated early childhood classroom. *Early Childhood Research Quarterly, 11(2)*, 185-206.

Marion, M. C. (1991). **유아생활지도**. 조희숙 역. 서울: 창지사. (원저출판 1981)

Hayson, M. C. (1998). **유아를 위한 정서교육: 정서 중심 교육과정의 구성**. 정미라 · 박경자 · 배소연 역. 서울: 이화여자대학교 출판부. (원저출판 1994)

Meisel, S., & Steele, D. (1991). The Early childhood portfolio collection process. *Center for human growth and development*. Ann Arbor, MI: University of Michigan.

Miller, D. F. (2003). **아동 생활 지도**. 조희숙 · 공숙자 · 김선옥 공역. 서울: 창지사. (원저출판 2000)

Miller, N., & Marayama, G. (1976). Ordinal position and peer popularity. *Journal of Personality and Social Psychology, 33*, 123-131.

Morrison, G. S. (2001). *Early childhood education today*. (8th ed.). New Jersey: Merrill Prentice Hall.

O' Brien, S. J. (1984). For parents particularly. Childhood stress: A creeping phenomenon. *Childhood Education, 65(2)*, 105-106.

Oken-Wright, P. (1992). From tug of war to "let' s make a deal": The teacher role. *Young Children, 48(1)*, 15-20.

Pauc, R. (2008). **우리 아이 괴롭히는 발달장애 완치될 수 있을까?**. 이종인 역. 서울: 즐거운 상상. (원저출판 2006)

Shaklee, A. D. et al. (1997). *Designing and using portfolios*. Boston, N. Y.: Allyn and Bacon.

Shertzer, B., & Stone, Shelly, C. (1981). *Fundamentals of guidance* (4th ed.). Boston: Houghton Mifflin.

Snow, C. W. (1998). *Infant development*. New Jersey: Prentice-Hall, Inc.

Thomas, A., & Chess, S. (1977). *Temperament and development*. New York: Bruner Maxel.

Waters, J(2012). **유아교사의 새로운 도전: 처음처럼**. 김영옥 역. 경기: 공동체.

Wiedey, L. B., & Lichtenstein, J. M. (1987). *Academic stress in kindergarten children*. ED 310865.

Wing, L. (1993). **자폐아동 부모를 위한 지침서**. 신현순 역. 서울: 이화여자대학교출판부.(원저출판 1972)

저자소개

조운주

이화여자대학교 유아교육과(문학사)

이화여자대학교 대학원 유아교육과(문학석사, 문학박사)

현 국립한국교통대학교 유아교육학과 교수

저서: 「반성적 실천을 위한 유아교육실습」

「유아사회교육」

최일선

이화여자대학교 유아교육과(문학사)

이화여자대학교 대학원 유아교육과(문학석사, 문학박사)

현 경인교육대학교 유아교육과 교수

저서: 「유아교육개론」

「유아교육평가의 이론과 실제」

제4판
유아교육기관에서의

유아생활지도

초　판 1쇄 발행 2004년 8월 30일
초　판 7쇄 발행 2007년 7월 24일
개정판 9쇄 발행 2012년 7월 18일
제 3 판 12쇄 발행 2019년 7월 11일
제 4 판 5쇄 발행 2023년 8월 11일

지 은 이 | 조운주 · 최일선
펴 낸 이 | 김기섭
편 집 인 | 이윤희
펴 낸 곳 | 창지사 www.changjisa.com
08589 서울시 금천구 가산디지털 1로 83 파트너스타워 1차 9층
전화 (02) 719-2211~3
팩스 (02) 701-9386
등　록 | 1977년 4월 28일 · 제1-421호

ISBN 978-89-426-1286-4 (93370)

값 22,000원